Andreas Sudmann
Dogma 95

DOGMA 95

Die Abkehr vom Zwang des Möglichen

Andreas Sudmann

Kultur und Gesellschaft
Herausgegeben von
Heinz Brüggemann und Wolfgang Lenk

Band 2

http://www.offizin-verlag.de

ISBN 3-930345-30-7
© Offizin Verlag Hannover, Boedekerstr. 75, D-30161 Hannover
Fon: 0511-807 61 94
Fax: 0511-62 47 30
Erstausgabe, 2001
Umschlaggestaltung: freestyle Grafik, Hannover
Satz: Oliver Heins
Druck: Uni-Druck Hannover

Titelfoto: Lars Høgsted

Die Deutsche Bibliothek - CIP-Einheitsaufnahme

Sudmann, Andreas:
Dogma 95 : die Abkehr vom Zwang des Möglichen /
Andreas Sudmann. - Hannover : Offizin-Verl., 2001
(Kultur und Gesellschaft ; Bd. 2)
ISBN 3-930345-30-7

Inhalt

Vorwort

Ähnlich wie in der Kunstgeschichte ist auch in der Geschichte des Films der Bruch mit konventionalisierten ästhetischen Produktionsweisen immer wieder in Manifesten artikuliert worden, von denen eine radikale Erneuerung der künstlerischen Arbeit ausging. Doch als Lars von Trier und Thomas Vinterberg ihr provokantes Manifest Dogma 95, gedruckt auf feuerrotem Papier, auf einer Konferenz zum 100. Geburtstag des Films im Pariser Odéon-Theater verteilten, wurde dies eher als witzige Aktion, allenfalls als ironischer Kommentar zur Krise des europäischen Kinos wahrgenommen. Welcher Ernst damit verbunden war, zeigte sich erst drei Jahre später, als die beiden dänischen Regisseure ihre ersten Dogma-Filme in Cannes vorstellten und Vinterbergs FESTEN prämiert wurde. Inzwischen ist nicht zu übersehen, wie sich heute, angeregt durch das gewiß nicht ironiefreie Manifest und seine »Keuschheitsregeln«, eine neue Filmavantgarde herausbildet, deren Bildsprache zudem auch die ästhetischen Praktiken in verschiedenen anderen kulturellen Feldern wie Videokunst, Werbung und politischem Plakat inspiriert, und nunmehr selbst vom Hollywoodfilm aufgegriffen wird. Darin mag wesentlich mehr zum Ausdruck kommen, als eine bloße »Wirkung« des Dogma-Films, vielleicht eher ein aus verschiedenen Quellen entspringendes, tieferreichendes Unbehagen an den ebenso konfektionierten wie opulenten Darstellungswelten der kulturindustriellen Illusionsmaschinerie, eine Krise des »Ausstellungswerts« (Benjamin) jener neuen ästhetischen Ökonomie des High-Tech-Kapitalismus, deren Zeichensysteme scheinbar nur noch auf Zeichensysteme verweisen und von der Produktion lebendiger gesellschaftlicher Erfahrung gänzlich abgekoppelt sind.

»Filme können nur überleben, wenn sie etwas wagen. Sie können nur dort etwas wagen, wo Zuschauer in das Kino Vertrauen setzen. Das Überleben des Films wird mit Solidaritätsgeld bezahlt«, schrieb Alexander Kluge 1983. Weil die Dogma-Regisseure die Krise des Films als doppelte Krise begreifen, als Krise sowohl seiner Produktionsweisen wie seines Erfahrungsgehalts, können sie ihre Innovation weder an der Präferenz für alternative Stoffe, noch an ästhetischen Techniken allein festmachen. Vielmehr geht es um den Aufbau von Hürden, die solche künstlerischen Arbeitsweisen unmöglich machen sollen, welche die Gewinnung eines Raums authentischer Erfahrung und Narration versperren. Authentizität ›haftet‹ nicht am Objekt, am Dargestellten selbst, sondern bezeichnet ein Verhältnis von Dargestelltem und Rezipienten, das es dem Subjekt ermöglicht, dem ästhetischen Gehalt zu ›vertrauen‹, weil dieser den Erfahrungs- und Erkenntnisbedürfnissen der Rezipienten entgegenkommt. In eigentümlicher Unbewußtheit erscheint der Dogma-Film auch von jenem Impuls inspiriert, den Adorno, sich des unabdingbaren Scheins von Unmittelbarkeit bewußt, auf den der realistische Film angewiesen ist, einmal als Suche »nach anderen Mitteln der Unmittelbarkeit« bezeichnet hat: »Unter ihnen mag die Improvisation, die dem Zufall ungesteuerter Empirie planvoll sich überläßt, obenan rangieren.«

Andreas Sudmann erschließt den Zusammenhang zwischen den ›asketischen‹ filmästhetischen Spielregeln und einem veränderten Verhältnis zum Rohstoff der ›Wirklichkeit‹. Eine Perspektive, die von Mogens Rukov, bei dem von Trier und Vinterberg ihr Filmstudium absolviert haben, in einem der Interviews, die wir eigens für diesen Band geführt haben, nachdrücklich begrüßt wird.

Einer der bekanntesten deutschen Filmpublizisten, Georg Seeßlen, hat in einer ersten Zwischenbilanz den Dogmafilmern vorgeworfen, ihre Ästhetik sei nicht allein puritanisch im Gebrauch des Mediums, sondern auch in ihrer Darstellung des Körpers und der Lust. Ihre Ästhetik repräsentiere eine Haltung, die sich von den utopischen Träumen eines anderen Lebens verabschiede, »die Handkamera, die den Körper umkreist, die Familie ganz direkt zersetzt«, sei das Instrument »der neuen Pharisäer, die sich über ihre eigenen Sünden, ihre eigenen Experimente, ihre eigene Lust nicht mehr verständigen wollen.« Sudmann zeigt indes sehr subtil, warum eine solche Kritik den Erfahrungsgehalt eines Films wie FESTEN verfehlt, geht es doch zunächst um die Offenlegung einer ›Wahrheitspolitik‹, die beharrlich in den Arkanbereich der bürgerlichen Familie eingeschrieben ist. Weniger der Inzest, als die verwickelte Dramatik, die entsteht, wenn eine unterdrückte Wahrheit ans Licht gezwungen wird, und welche anderen emotionalen Intensitäten, Abwehr- und Machtmechanismen dabei zum Vorschein kommen, bilden das thematische Zentrum des Films. Das Zelebrieren der Enthüllung läßt sich auch als eine filmische ›Rache‹ an der Hartnäckigkeit entziffern, mit der menschliche Verhältnisse der Gewalt und der Komplizenschaft unter dem Schein intakter Privatheit verborgen bleiben. In dieser dramaturgischen Konstellation steckt gewiß ein für die

90er Jahre bezeichnender zeitdiagnostischer Kern, wird doch an die Stelle der leichtfertigen Illusion, die Verhältnisse ließen sich gleichsam ohne Weiteres umwälzen, eine künstlerische Praxis gesetzt, die an der ebenso tiefenhermeneutischen wie lustvollen Entzifferung gesellschaftlichen Stillstands laboriert. Ohne diese läßt sich noch immer schlecht tagträumen, jedenfalls außerhalb Hollywoods.

Die heutigen kulturellen Wirklichkeiten muten an wie ein Dschungel, der von aufmerksamen Spähern zuerst einmal sorgfältig erkundet werden muß. In dieser neuen Publikationsreihe werden Theoriedetektive und Spione zu Wort kommen, die die Grenzverläufe der eigenen Disziplin überschreiten und sich an neuen Formen der Analyse des Zusammenhangs von Kultur und gesellschaftlicher Entwicklung versuchen. Innerhalb einer zeitgemäßen Kritik der ästhetischen Ökonomie nehmen die elektronischen Kommunikationsmedien gewiß eine Schlüsselstellung ein: Sie inflationieren die Erfahrung von kulturellen Unterschieden und Mehrdeutigkeiten, treiben aber zugleich die Fragmentierung sozialmoralischer und ästhetischer Alltagsorientierungen voran. Sie prägen die semiotischen Konturen der Macht und fordern zugleich die Kreativität von Avantgarden heraus.

Hannover, im Juli 2001   Wolfgang Lenk

Einleitung

»Demnächst werden sie Filme mit Schnurrbärten verbieten«, antwortete Claude Chabrol (Zander 1999b: online) auf die Frage, was er von der »neuen Welle« aus Dänemark halte. Diese wird repräsentiert durch die dänischen Regisseure Lars von Trier, Thomas Vinterberg, Søren Kragh-Jacobsen und Kristian Levring, die mit »Dogma 95« ein ebenso vielbeachtetes wie umstrittenes Regelwerk für ein »Kino der Keuschheit« definiert haben.

Jenseits der Diskussion um die Einhaltung der einzelnen Gebote begründeten sie ein Manifest gegen das ihnen zufolge dekadente, individualisierte Kino der Illusionen, einen »Dekalog der artifiziellen Verarmung« (Seeßlen 1999: S. 43), dazu bestimmt (das ist nicht neu in der Geschichte des Kinos), dem Verlangen nach Authentizität gerecht zu werden.

Erlaubt ist nur natürliches Licht, synchroner Originalton und eine Handkamera, die sich der Handlung unterzuordnen hat und nicht umgekehrt. Diese Handlung muß »hier und jetzt« spielen, Rückblenden oder andere zeitliche Verfremdungen sind demnach nicht gestattet. Musik ist nur als visuell präsenter Teil der Filmerzählung zulässig. Es dürfen keine optischen Tricks und Effekte eingesetzt werden. Requisiten und Bauten müssen am Drehort bereits vorhanden sein, und Kostüme sind nicht vorgesehen. Ein Dogma-Film darf keine oberflächliche »action« enthalten (Morde, Waffen etc.), ebensowenig einem Genre angehören. Schließlich darf der Regisseur nicht genannt werden: Ein Dogma-Werk soll kein Autorenfilm sein.

Gerade im Hinblick auf Letztgenanntes verwundert es nicht, daß die Öffentlichkeit das Manifest kaum ernstgenommen hat, denn im Mittelpunkt standen die Filmemacher von Beginn an, seit der Vorstellung des Dogmas 1995 in Paris, als eine Realisierung der Filme noch in weiter Ferne stand. Zu diesem Zeitpunkt existierten weder Drehbücher noch Zusagen hinsichtlich der Finanzierung des Vorhabens.

Doch die Verlautbarungen des Manifests, dessen Duktus dem expressiven Stil von Filmtexten eines Eisenstein oder Wertow ähnelt, sind nicht unbedingt wörtlich zu nehmen. So betonen die Regisseure selbst, daß sie viel Spaß beim Aufstellen des Regelwerks hatten, und letztlich wurden in den ersten vier Dogma-Filmen (FESTEN Dogma #1

(1998), Idioterne #2 (1998), Mifunes Sidste Sang #3 (1999),[1] The King Is Alive #4 (2000)), entsprechend dem Temperament des Regisseurs oder den Umständen, Verstöße gegen die Regeln begangen, wie die Filmemacher in einem demonstrativ ironischen Akt der Reue beichteten.[2] Daß in den von pathetischem Gestus getragenen Forderungen des Manifests nach einem reinen illusionsfreien Kino die Ironie unverhohlen mitschwingt, hat sich, zumindest die öffentliche Resonanz betreffend, nicht negativ ausgewirkt, sondern im Gegenteil als wirksame PR-Strategie erwiesen, die sich auch in der weiteren Vermarktung der Filme fortsetzt. Zugleich ist der ironische Gestus des Dogmas hervorragend dafür geeignet, sich gegen eine Kritik zu immunisieren, die den Anspruch des Manifests zum Maßstab ihrer Beurteilung nimmt, wobei diese Sichtweise auch von Thomas Vinterberg geteilt wird (s. Interview).

Trotzdem ist Dogma 95 nicht als Aktion einer Art »Spaßguerrilla« zu verstehen, die alles und sich selbst in Frage stellt. In den drei Filmen ist das Bemühen, den selbstauferlegten Regeln so weit wie möglich gerecht zu werden, eindeutig identifizierbar.[3]

Das »Gelöbnis der Keuschheit« (s. Manifest im Anhang) ist nicht als ein in alle Ewigkeit bindender Schwur aufzufassen. Für die Urheber des Manifests besitzt es vor allem den Status eines Projekts oder Experiments (vgl. Forst 1998: S. 174). Ein Experiment, das von ihnen ausdrücklich zur Nachahmung ausgeschrieben wurde.

Mittlerweile sind dem Sendungsbewußtsein der vier Dänen über 20 weitere Regisseure gefolgt, u.a. der französische Schauspieler Jean-Marc Barr mit seinem Regie-Debüt Lovers (1999) Dogma #5 und der US-Filmemacher Harmony Korine mit Julien Donkey-Boy (1999) Dogma #6. Wie bei allen Dogma-Produktionen enthält der Vorspann

---

[1] Im folgenden Mifune genannt.

[2] Nachzulesen auf der Dogma-Website: www.dogme95.dk und in den Pressemitteilungen zu den Filmen.

[3] Dieses doppelte Moment von ernsthaftem Bemühen um Einhaltung der Regeln und ironischer Brechung wird besonders aus folgendem ersichtlich: Eine im Drehbuch von Idioterne angelegte Szene, in der Susanne und Axel in Lyngby (Stadtteil Kopenhagens) Dekorationen, Luftballons und einen kleinen Kassettenrecorder für Stoffers Geburtstag einkaufen, kommentiert Regisseur Lars von Trier mit der Vorbemerkung: »Diese Szene wird aus dem endgültigen Film herausgeschnitten werden und wird nur gedreht, um Bruder Vinterbergs ziemlich dogmatischer Einstellung zu Dogma gerecht zu werden.« (Trier, Idioterne, englisches Drehbuch, S. 100 zit. n. Forst 1998: S. 167 f.)

dieser Filme das »berüchtigte« Dogma-Zertifikat, dessen ästhetisches Erscheinungsbild dem übertriebenen ironischen Pathos des Manifests durchaus entspricht.[4] Für Filmemacher, die einen Film gemäß dem Dogma zu drehen beabsichtigen, wurde zudem ein Sekretariat etabliert, das entsprechende Zertifikate ausstellt, sobald ein unterzeichnetes Bekenntnis zum Dogma eingereicht wird (vgl. Kragh-Jacobsen et al., How To Make a Dogme95–Film, 1999, online). Offizielle Zertifikate wurden bisher beispielsweise an Filmemacher aus Frankreich, Argentinien, den USA, den Niederlanden, der Schweiz, Schweden, Italien und Korea vergeben.

Auch wenn jedes Mitglied der »cineastischen Bruderschaft« betont, sein nächster Film werde sicherlich kein Dogma-Film sein,[5] so schnell konnten sich Lars von Trier und die anderen dänischen Regisseure nicht von dem Projekt trennen.

Zur Jahrtausendwende gab ihnen das dänische Fernsehen die Möglichkeit, das Programm zu gestalten, und zwar auf sechs Kanälen (DR1, TV2, TV3, TVDanmark1, 3+, DR2 und TVDanmark2). Um die Geschichte eines Bankraubs zu erzählen, schickte in der Silvesternacht jeder Regisseur einen Schauspieler, von einer Kameracrew begleitet, los. Die Kameras mußten 70 Minuten ununterbrochen (von 23.30 bis ca. 00.40) laufen. Am Neujahrsabend, zur Primetime, wurden die vier Filme synchron auf den einzelnen Sendern ausgestrahlt. Die Zuschauer konnten sich so ihren eigenen Film via Fernbedienung »zusammenschneiden« oder wahlweise den Regisseuren im Kontrollzentrum zuschauen, wie sie Schauspieler und Crew anleiteten. Einer der Sender ermöglichte es schließlich, über ein Split-Screen-Verfahren alle Charaktere gleichzeitig auf dem Bildschirm zu verfolgen. Möglicherweise soll zu einem späteren Zeitpunkt aus dem Rohmaterial ein Kinofilm erstellt werden (vgl. o.V., Dogme Directors to do joint Millenium film live on New Year's Eve 2000, 1999: online).

---

[4] Dementsprechend fallen auch die Beschreibungen des Zertifikats aus: »Es erinnert an die vergilbten Diplome, die in Wurstfachgeschäften für zunftgerechte Qualität bürgen« (Heybrock, Tages-Anzeiger (CH), 1999, online) oder »(...) von dem seltsamen Zertifikat, das, häßlich wie eine Prohibitionsurkunde, sekundenlang vor den Titeln eingeblendet gewesen war« (Schulz-Ojala 1999: online)

[5] Tatsächlich drehte Lars von Trier ein aufwendiges Musical DANCER IN THE DARK, das in Cannes die »Goldene Palme« als bester Film des Jahres 2000 erhielt. Seine Hauptdarstellerin Björk bekam den Preis für die beste Darstellerin.

Ohne die Mitwirkung Lars von Triers, der sich spätestens seit dem 1996 in Cannes mit dem Großen Preis der Jury ausgezeichneten Film BREAKING THE WAVES (1995) einen Namen gemacht hat, wäre Dogma 95 möglicherweise nicht zustandegekommen. Da man unbedingt eine Finanzierung der vier Filme anstrebte, aber keineswegs beabsichtigte, die Drehbuchmanuskripte vorzulegen, wie in den Richtlinien der staatlichen Filmförderung Dänemarks vorgeschrieben, gab es von dieser Seite keine Gelder. Letztlich wurde das Projekt von Svend Abrahamsen unterstützt, der bei »Danmarks Radio TV« für Co-Produktionen verantwortlich ist und 1992 bereits Auftraggeber des Lars von Trier-Films RIGET (GEISTER) war. Abrahamsen akquirierte weitere Produktionspartner und konnte mit deren Hilfe die Finanzierung der Dogma-Filme schließlich absichern (vgl. Forst 1998: S. 166).

Welche Folgen das Dogma noch zeitigen wird, ist kaum abzuschätzen. Bestimmte Erscheinungen des gegenwärtigen Kinos[6] offenbaren jedoch ähnliche Tendenzen wie die Ästhetik der Reduktion des dänischen Dogma.

So ist der finnische Regisseur Aki Kaurismäki mit JUHA (1999), einer tragischen Liebesgeschichte, in die Ära des Stummfilms zurückgekehrt. Konsequenterweise ist der Film schwarz-weiß. Die wenigen Dialoge werden als Zwischentitel eingeblendet. Ein anderer dem Dogma verwandter Film, der vermutlich kommerziell erfolgreicher ist als alle bisherigen Dogma-Produktionen zusammen, kommt wieder aus den USA: BLAIR WITCH PROJECT (1999), das Werk zweier Filmstudenten aus Florida, dessen Herstellungskosten lediglich ca. 35.000 Dollar betrugen, der aber bis dato knapp 200 Millionen Dollar eingespielt hat. Ohne Stars, Spezialeffekte und zusätzliche Filmmusik, aus der Hand mit einem Hi8-Camcorder und einer 16mm-Kamera gedreht, erzählt BLAIR WITCH PROJECT die Geschichte von drei Filmstudenten, die in den Wäldern Marylands einer Hexenlegende nachspüren wollten und nie wieder zurückkehrten. Nur ihr Equipment tauchte ein Jahr später auf.

---

[6] ... und sogar in der Fernsehwerbung, so beklagt sich Thomas Vinterberg in einem Interview: »In der Werbebranche leuchten sie mittlerweile in einer bestimmten Weise aus, um alles so häßlich wie möglich, so Dogma-artig wie möglich aussehen zu lassen. Und ich kann sehen, daß wir jetzt so etwas wie einen Autopiloten haben, man preßt einfach den Dogma-Knopf, und das enttäuscht mich ein wenig.« (Rundle 1999: online) Die Abkehr vom »perfekten« Bild wurde allerdings schon vor Dogma vollzogen, beispielsweise mit der Super 8-Ästhetik vieler Videoclips. Diese Entwicklung war angesichts immer brillanterer Bilder vorhersehbar.

Der Film gibt vor, aus diesen »authentischen« Aufnahmen zusammengesetzt zu sein.

Gus van Sants Remake von 1998 kopiert Hitchcocks PSYCHO (1960) zwar in Farbe, aber dennoch beinahe eins zu eins, sicherlich eine Spielart ästhetischer Selbstbeschränkung, die in das nähere Umfeld der Dogma-Idee gehört. Ebenso experimentierte Hitchcock selbst mit der Idee der Reduktion, beispielsweise in LIFEBOAT (1943) und REAR WINDOW (1954) mit der Beschränkung des Raums, genauso in ROPE (1948), hier aber zusätzlich auf jeglichen Schnitt verzichtend. Die Idee eines Films ohne Schnitt wurde 1984 erneut aufgegriffen. Jim Jarmuschs STRANGER THAN PARADISE wurde auf 16mm schwarz-weiß gedreht, das Ende einer Szene wird jeweils durch das Ende einer Filmrolle markiert.

Schließlich hat sich auch das große Hollywood-Kino mit Stephen Soderberghs realitätsnahem, ausschließlich aus der Hand gefilmtem Drogen-Drama TRAFFIC der Dogma-Ästhetik angenommen. Und Joel Schumacher (FLATLINERS, 1990; FALLING DOWN, 1993; BATMAN FOREVER, 1995; 8 MM, 1999) drehte nach einem Skandinavien-Aufenthalt einen explizit an Dogma 95 orientierten Vietnamfilm (TIGERLAND, 2000) auf 16 mm und mit Handkamera.

In der folgenden Arbeit soll zunächst aufgezeigt werden, daß das Bemühen um ein »realistisches«, den Erzählformen und (»illusionistischen«) Bilderwelten des Mainstream-Films entgegengesetztes Kino, in einer bestimmten filmhistorischen Tradition steht und Verbindungslinien zu dieser Tradition anhand exemplarischer Filmströmungen wie dem italienischen Neorealismus, dem amerikanischen Direct Cinema und der Nouvelle Vague Frankreichs nachgezeichnet werden. Das Interesse richtet sich dabei vor allem auf einerseits die Parallelen (oder Differenzen) hinsichtlich der ästhetischen Produktionsstrategien und andererseits den spezifischen Realismusbegriff, der diesen Filmrichtungen zugrunde liegt bzw. in ihnen zum Ausdruck kommt.

Außerdem sollen in einem zweiten Schritt die filmtheoretischen Anknüpfungspunkte des Dogmas untersucht werden, ebenfalls exemplarisch anhand der Theorien André Bazins, Siegfried Kracauers und Bertolt Brechts.

Ein Motor künstlerischer Entwicklung, ob in Kunst, Literatur oder im Film, war immer, die vorherrschenden Strömungen zu brechen. Ähnlich im Dogma: Dessen filmischer Purismus ist die diametrale Reaktion auf die fortschreitende technische Perfektionierung der illusionistischen Mittel im Kino, ermöglicht durch den Einzug der digitalen Technik, die schon jetzt nahezu jegliche visuelle Vorstellung eines Menschen zu realisieren vermag. So wären viele der in den letzten Jahren vor allem in Hollywood produzierten Filme in ihrer spezifischen Form nicht ohne den Einsatz von Computer Generated Images (CGIs) möglich gewesen. Welche Konsequenzen die Digitalisierung für das Kino im allgemeinen und den Status der Bilder im besonderen hat, wird in diesem zweiten Teil behandelt werden neben der Frage, in welcher Weise das Manifest die Entwicklungen des gegenwärtigen (digitalen) Kinos reflektiert bzw. gegen diese opponiert. Die im Manifest postulierte Abkehr von den Konventionen des Films wird hier bewußt mit Blick auf das dominierende Hollywood-Kino diskutiert.

Im dritten Teil wird eine exemplarische Analyse des Films FESTEN erfolgen. Die Auswahl gerade dieses Films ist darin begründet, daß er als erste offizielle Dogma-Produktion ohnehin eine besondere Stellung einnimmt und außerdem seitens der hier herangezogenen Kritiken als die gelungenste der bisherigen Dogma-Produktionen betrachtet wird. Die methodologischen und methodischen Fragestellungen, wie das spezifische Erkenntnisinteresse der Filmanalyse, werden in einem gesonderten Teil erörtert.

Hollywood ist in der Wahl der Waffen selten zimperlich, wenn zwischen einem Messer und einer Atombombe zu entscheiden ist, wird letztlich immer die Atombombe gewählt werden müssen, und sollte auch nur ein Knoten einfacher emotionaler Verwirrungen zu lösen sein. Allein die Möglichkeit des Machbaren, der Opulenz der phantastischen Bilder, der Fülle des Umsetzbaren zwingt in ihren Bann. Ein Kino perfekter Illusionen, die vollständig überzeugende Inszenierung surrealer und aller erdenklichen Welten, das eigentlich immer angestrebte Ziel Hollywoods, ist mittlerweile möglich. Man hat dem Dogma-Kollektiv vorgeworfen, es errichte ein zu strenges, nicht einzuhaltendes, in Details auch sinnloses Regelwerk. Auf der anderen Seite ist den Filmschaffenden mit dem Hollywood-Kino ein ebenso enges und unnachgiebiges Korsett angepaßt worden (Ausnahmen bestätigen hier die Regel). So erfordert z.B. der Zwang des Machbaren einen weitaus größeren Stab, höhere Geldmittel, Anpassung an Hollywood-Standards, Rücksichtnahme auf vorgebliche Zuschauerwünsche, Verlust von Spontaneität, die Aufgabe eines hohen Prozentsatzes eigener Vorstellungen von der Umsetzung einer Geschichte, meist auch der Komplexität der Handlung bzw. der Charaktere, Anpassung an eine standardisierte Dramaturgie und dergleichen mehr. Zum Abschluß der Arbeit soll somit versucht werden, die Frage zu beantworten, inwieweit durch die Abkehr vom Zwang des Möglichen tatsächlich das selbstgesteckte Ziel eines höheren Grades an Authentizität im Spielfilm zu erreichen ist.

I. Realismus im Film: Exemplarische Theorien und Filmströmungen jenseits des Mainstream-Kinos

1. Filmgeschichtliche Bezugspunkte

Italienischer Neorealismus

Für den Neorealismus gab es nie ein Manifest oder Programm. Und obwohl er nur wenige Jahre vorherrschte (ca. 1942-1949) und sein Erscheinungsbild ausgesprochen heterogen war, stellt er sich in der Rückschau als eine der einflußreichsten Filmströmungen dar, an der sich beispielsweise die Regisseure der Nouvelle Vague und des Free Cinema, wie Filmemacher im England der 80er und 90er Jahre (z.B. Ken Loach) orientierten.

In der Literatur wird immer wieder auf die Definitionsschwierigkeiten verwiesen, die aufgrund der unterschiedlichen Eigenschaften der Filme und mangels eines Konzeptes entstehen (vgl. Bremer 1979: S. 3). Fest steht, daß der Neorealismus nur im Zusammenhang mit dem und als Reaktion auf das faschistische Regime und dessen soziale, politische und kulturelle Konsequenzen verständlich wird (vgl. Armes 1971: p. 31 ff.).

Unter Mussolini wurde verstärkt in die italienische Filmindustrie investiert (Gründung der Filmschule Centro Sperimentale di Cinematografia und des internationalen Filmfestivals von Venedig, Bau der großen Filmateliers der Cinecittà, deutliche Steigerung der Produktion), nicht zuletzt, um ihr propagandistisches Potential auszunutzen. So brachte das faschistische Kino eine Reihe konventionell gemachter, übertrieben opulenter Studiofilme hervor. Neben diesen »Filmen der weißen Telefone«[1] konnten aufgrund gewisser künstlerischer Freiräume – die anders als im nationalsozialistischen Deutschland – zugelassen wurden, auch bedeutende Filme realisiert werden. Noch während des 2. Weltkrieges entstand beispielsweise Luchino Viscontis OSSESSIONE (1942), den man als einen der ersten, wenn nicht *den* ersten neorealistischen Film bezeichnen kann. Hier wird ein anderes Italien als jene vom faschistischen Kino präsentierte Welt des schönen Scheins gezeigt: karge Landschaften, einsame Straßen, verfallene Häuser und zwei, in all

---

[1] So genannt, weil weiße Telefone als ständige Requisite auftauchen.

ihrer Zerrissenheit dargestellte Menschen, die zur Erfüllung ihrer Begierden zu töten bereit sind. Mit diesem Film versuchte Visconti das zu leisten, was die Hauptintention des Neorealismus ausmachen sollte: *Wirklichkeit* zu zeigen.

Die Bedingungen dafür, daß sich eine neue Filmästhetik vollständig entfalten konnte, waren aber erst nach der Befreiung vom Faschismus gegeben. Der Versuch, die Realität des Italien der 40er Jahre abbildgetreu darzustellen, entsprach dem Bedürfnis, die jüngste Vergangenheit wie die Gegenwart – den Krieg, den Kampf der Resistenza, der Italien in zwei Lager gespalten und zahllose Opfer gefordert hatte, die chaotischen Verhältnisse der Nachkriegszeit, die soziale Armut – zu verarbeiten.

Die Dogma-Regisseure knüpfen mit Regel Nr. 7, die zeitliche Verfremdungen verbietet, an den Gegenwartsbezug des Neorealismus an. »Der Film sollte nie zurückschauen. Er sollte die Gegenwart als seine *conditio sine qua non* akzeptieren. Das Heute, Heute, Heute, Heute.« (Zavattini 1972: S. 214; Herv. i. Orig.) Ein Unterschied zum Dogma besteht allerdings gerade darin, daß die kritische Auseinandersetzung des neorealistischen Films mit der aktuellen gesellschaftlichen Situation einen direkten Bezug zu der eigenen Nation und deren unmittelbarer Vergangenheit hat. Dies ist bei den dänischen Dogma-Filmen nicht der Fall. Die Form, in der sie Gesellschaftskritik üben, steht in keinem offensichtlichen Zusammenhang mit den spezifischen Problemen Dänemarks. Abgesehen von THE KING IS ALIVE, könnte die Handlung von MIFUNE, FESTEN oder IDIOTERNE in jedem nord-, west- oder mitteleuropäischen Land angesiedelt sein.

Im Neorealismus spiegelte sich das Verlangen nach authentischen Filmen auch in den neuen Produktionsstrategien wieder, die in entscheidenden Punkten dem Dogma-Manifest entsprechen: Statt im Studio zu drehen, wurde die Kamera nun an »alltäglichen« Orten (*der Straße*) aufgestellt (vgl. Armes 1971: p. 184). Die Unkontrollierbarkeit der Drehbedingungen dort trug erheblich zum Eindruck unmittelbarer Wirklichkeit bei. Man arbeitete, wie in den Dogma-Filmen, mit natürlicher Beleuchtung und verzichtete weitestgehend auf optische Effekte und Tricks.

Dialoge dagegen wurden meist nachsynchronisiert, was den Realitätseindruck der Filme jedoch nicht, wie im Dogma vermutet (Regel Nr. 2), beeinträchtigte. Vielmehr erlaubte die Unabhängigkeit von der

Tonsituation eine größere Mobilität in der Darstellung vor der Kamera, als es bei Originaltonaufnahmen *damals* der Fall gewesen wäre (vgl. Bazin 1975: S. 145). Ebenso wurden im neorealistischen Film Stative und Kamerawagen eingesetzt, nachträglich Musik hinzugefügt und die Autorenschaft bejaht.

Die neorealistischen Filmemacher arbeiteten häufig ohne Drehbuch und festgelegte Dialoge (z.B. LA TERRA TREMA (1948), ebenfalls Visconti) oder besetzten die Rollen mit Laiendarstellern, deren Sprache durch den jeweiligen Dialekt geprägt war (z.B. PAISA (1946), LADRI DI BICICLETTE (1948), SCIUSCIA (1946), LA TERRA TREMA). Dennoch konnte man offenbar nicht auf den Einsatz professioneller Schauspieler verzichten;[2] diese Annahme, die sich in der Literatur immer wieder findet (vgl. Chiellino 1979: S. 24), gehört zum »Mythos« Neorealismus, der von den Filmemachern, etwa Rossellini, allerdings häufig selbst geschürt wurde (vgl. Meder 1993: S. 164).

Im allgemeinen haben die Regisseure des Neorealismus vom Potential der Improvisationstechniken profitiert. Es handelte sich hierbei nicht nur um eine Frage der Ästhetik, sondern war ebenso materiell bedingt. Im Dogma-Manifest werden weder Angaben zur Frage der Laiendarsteller noch der Regie gemacht.

Der Produktionsweise und der Aktualität der Themen, die einen wichtigen Beitrag zum »Reportagestil« (Bazin) des Neorealismus leisteten, entsprach der Einsatz der Kamera. Cesare Zavattini, Drehbuchautor Vittorio De Sicas bei mehreren neorealistischen Produktionen und Filmtheoretiker dazu: »Die Kamera hat wirklich ›alles vor sich‹; sie sieht die Dinge und nicht den Begriff der Dinge. Wenigstens unterstützt sie uns in dieser Richtung.« (Zavattini 1972: S. 206)

Der italienische Neorealismus ist nicht nur als Stil zu begreifen, vielmehr ist er Ausdruck eines moralischen und humanistischen Weltbildes. Insbesondere diesen Aspekt betont Bazin: »Sein Sinn für die Beschreibung der Aktualität macht den italienischen Film bewundernswert und sichert ihm ein Publikum mit großem moralischen Empfinden in den westlichen Nationen. In einer Welt, die noch immer und schon wieder von Terror und Haß beherrscht wird, in der Wirklichkeit fast nicht mehr um ihrer selbst willen geliebt, sondern abgelehnt oder als

---

[2] Siehe Schauspielerinnen wie Anna Magnani, etwa in Rossellinis ROMA, CITTA APERTA (1945).

politisches Symbol verteidigt wird, *ist es einzig der italienische Film, der, selbst im Herzen der Epoche, die er beschreibt, einen revolutionären Humanismus bewahrt.*« (Bazin 1975: S. 135; Herv. i. Orig.)

Die moralische oder humanistische Realismusauffassung erforderte eine neue Form der Erzählung und Darstellung. Der »klassische Held«, wie man ihn aus dem faschistischen Kino oder dem amerikanischen Film kannte, wurde abgeschafft. Nach der neorealistischen Filmauffassung sind alle Menschen Helden (vgl. Zavattini 1972: S. 209). Die Helden des Alltags – Bauern, Arbeiter und immer wieder Kinder – wurden mit ihren existentiellen Problemen, ihren Schwächen und in ihrem oft tragisch endenden Kampf gegen die erdrückende Realität gezeigt. Inwieweit die dänischen Regisseure einen vergleichbaren moralischen Anspruch haben, wird weder aus dem Manifest noch aus Interviewäußerungen ersichtlich. Sie beweisen aber insofern »moralische Qualitäten«, als sie sich kritisch und analysierend mit gesellschaftlichen Verhältnissen auseinandersetzen. Der Realismus der dänischen Filme besteht hier vor allem darin, daß die sozialen Verhältnisse als nicht (ohne weiteres) veränderbar dargestellt werden (Ausnahme vielleicht MIFUNE). Wie der Vater in LADRI DI BICICLETTE das gestohlene Fahrrad eben nicht wiederfindet, genauso wenig können sich »die Idioten« in Lars von Triers Film dauerhaft den gesellschaftlichen Bedingungen entziehen – sie können aber jederzeit in die heile Ordnung ihrer bürgerlichen Existenz zurückkehren, weil sie schon da sind, wo der Vater aus de Sicas Film niemals hinkommen wird.

In den Erzählweisen des Neorealismus lassen sich gravierende Unterschiede, etwa zwischen dem Stil Rossellinis und dem De Sicas, feststellen. So zeichnen sich De Sicas Filme neben ihrer ausgesprochenen Authentizität durch eine eher dramaturgisch gestaltete und poetisch komponierte Handlung aus. Rosselinis Filme dagegen haben eine ausgeprägtere phänomenologische dokumentarische Erzählstruktur; insbesondere in PAISA wird dies durch den episodischen Aufbau der Erzählung verstärkt. Bazin verteidigt Rossellini in einem Brief vom August 1955 an Aristarco, den Chefredakteur der Zeitschrift Cinema Nuovo, und geht so weit zu sagen, daß Rossellini »nur Tatsachen« zeige und dies in einer scharfen, rücksichtslosen und direkten Form (vgl. Bazin 1975: S. 163 f.). Bazin wollte, laut eigenen Aussagen, damit den Neorealismus keineswegs lediglich im Sinne eines »objektiven Dokumentarismus« (ebd.: S. 161) begreifen. Schließlich sei es »das Verdienst des italienischen Films, noch einmal daran erinnert zu haben, daß es keinen ›Realismus‹ in der Kunst geben kann, der nicht zuallererst und zutiefst ›ästhetisch ist‹.« (Ebd.: S. 140)

Nouvelle Vague

Neben dem italienischen Neorealismus hat es wohl keine nationale Filmströmung gegeben, die so nachhaltig den internationalen Film der Nachkriegszeit beeinflußt hat wie jene französische Erneuerungsbewegung Ende der 50er, Anfang der 60er Jahre, die in die Geschichte des Films unter dem Begriff »Nouvelle Vague« eingegangen ist und auf die sich die dänischen Regisseure in ihrem Manifest explizit beziehen.

Eine Bewegung allerdings, die man kaum im Sinne einer Schule oder Gruppe auffassen kann (nicht einmal ihre Hauptvertreter Truffaut, Chabrol, Godard, Rivette und Rohmer – trotz deren gemeinsamer Biographie als Kritiker bei den »Cahiers du Cinema« und Schüler des Mitbegründers der Pariser Filmzeitschrift André Bazin). Allein die Tatsache, daß in den Jahren 1958 bis 1962 mindestens 97 junge Regisseure ihre ersten abendfüllenden Spielfilme realisiert und veröffentlicht haben (Lux 1995: S. 46), zeigt, daß »Nouvelle Vague« im Grunde nicht mehr als ein Sammelbegriff sein kann. Die meisten dieser Debütanten hatten jedoch nicht den andauernden Erfolg wie die Cahiers-Gruppe, als »Kernmannschaft«, mit der die Nouvelle Vague gemeinhin identifiziert wird.[3] Und längst nicht alle Jungregisseure dieser Zeit teilten deren erklärtes Ziel, die überkommenen Strukturen des traditionellen französischen Films der 50er Jahre über Bord zu werfen. Diesen Filmen, die bereits Gegenstand ihrer theoretischen Filmkritik waren, wollten die »Cahiers« eine neue Filmpraxis entgegensetzen. So entstand in dieser Zeit der Begriff der »politique des auteurs«, der als

---

[3] Von herausragender Bedeutung für die Entwicklung der Nouvelle Vague war das Jahr 1959: Auf den Filmfestspielen in Cannes wurden die Debüts von gleich zwei französischen Jungfilmern gekürt, LES 400 COUPS von François Truffaut, der mit dem Regiepreis ausgezeichnet wurde, während Alain Resnais für HIROSHIMA MON AMOUR den Preis der internationalen Kritik erhielt. Claude Chabrol erhielt im selben Jahr für seinen Debütfilm LE BEAU SERGE den Jean-Vigo-Preis und in Berlin für seinen zweiten Film LES COUSINS den Goldenen Bären. Auch die anderen Kritiker der Cahiers begannen 1959, ihren ersten abendfüllenden Spielfilm zu drehen, so Eric Rohmer mit LE SIGNE DU LION, Jean-Luc Godard mit A BOUT DE SOUFFLE, Jaques Doniol-Valcroze mit L'EAU A LA BOUCHE, während Jaques Rivette gerade seinen Film PARIS NOUS APPARTIENT beenden konnte (vgl. Lux 1995: S. 44).

»Autorenfilm«-Theorie bis heute – wie das Dogma-Manifest zeigt – nachwirkt.

Bereits 1948 wurde ein Artikel des französischen Regisseurs Alexandre Astruc veröffentlicht, der die Entwicklung der »Neuen Welle« anzukündigen schien, wenngleich er zum Zeitpunkt seines Erscheinens relativ unbeachtet blieb (Hohenberger 1988: S. 225): »Die Geburt einer neuen Avantgarde: die Kamera als Federhalter«.

Offenbar beeinflußt vom neorealistischen Film Italiens, vertritt Astruc die Auffassung, daß der Film jenseits des versteinerten Traditionskinos eine Entwicklung vollziehe, die ihn zu einem originären Ausdrucksmittel, d.h. zu einer Sprache werden läßt:

»Einer Sprache, das heißt zu einer Form, in der und durch die ein Künstler seine Gedanken, so abstrakt sie auch seien, ausdrücken oder seine Probleme so exakt formulieren kann, wie das heute im Essay oder Roman der Fall ist. Darum nenne ich diese Epoche des Films die Epoche der Kamera als Federhalter (*la caméra-stylo*). Dieses Bild hat einen genauen Sinn. Es bedeutet, daß der Film sich nach und nach aus der Tyrannei des Visuellen befreien wird, des Bildes um des Bildes willen (*l'image pour l'image*), der unmittelbaren Fabel, des Konkreten, um zu einem Mittel der Schrift zu werden, das ebenso ausdrucksfähig und ebenso subtil ist wie das der geschriebenen Sprache.« (Astruc 1964: S. 212, Herv. i. Orig.) Dies impliziert, »daß der Szenarist seine Filme selber macht. Besser noch, daß es keinen Szenaristen mehr gibt, denn bei einem solchen Film hat die Unterscheidung zwischen Autor (*auteur*) und Regisseur (*réalisateur*) keinen Sinn mehr. Die Regie (*mise en scène*) ist kein Mittel mehr, eine Szene zu illustrieren oder darzubieten, sondern eine wirkliche Schrift. Der Autor schreibt mit seiner Kamera wie ein Schriftsteller mit seinem Federhalter.« (Ebd.: S. 114; Herv. i. Orig.)

Astrucs Theorie des caméra-stylo wurden nur die wenigsten der damaligen Filme[4] gerecht, seine eigene Werke eingeschlossen (vgl. Armes 1970: p. 112). Dennoch wurden seine Positionen von der französischen Filmkritik einige Jahre später explizit aufgegriffen und gehören somit zum integralen Bestandteil der Nouvelle Vague.

---

[4] Exemplarisch verweist Astruc auf Jean Renoirs LA REGLE DU JEU (1939) und auf Robert Bressons LES DAMES DU BOIS DE BOULOGNE (1945) (vgl. Astruc 1964: S. 111).

Als »zweite theoretische Etappe in der Vorgeschichte der ›neuen Welle‹« (Reichow 1983: S. 34) ist ein Artikel des damals 22jährigen François Truffaut zu bewerten, der 1954 unter dem Titel »Eine gewisse Tendenz im französischen Film« erschien und beinahe als ein inoffizielles Manifest der Nouvelle Vague betrachtet werden kann. Truffaut greift darin mit zuweilen scharfer Polemik eine Reihe französischer Nachkriegsfilme an, die er im negativen Sinne als »Tradition der Qualität« bezeichnet. Ihre Autoren – exemplarisch kritisiert er die Scènaristen Jean Aurenche und Pierre Bost – nennt er geringschätzig »In-Szene-Setzer« (»metteurs en scène«). So wirft Truffaut ihnen u.a. vor, eine Form der Literaturadaption zu betreiben, die nicht kinogerecht sei, weil sie nicht von Filmemachern, sondern in erster Linie von Literaten stamme, die sich gegenüber dem adaptieren Werk nur deshalb untreu verhalten, weil ihnen keine adäquate filmische Umsetzung einfalle (vgl. Truffaut 1964: S. 122). Dagegen setzte Truffaut wie die anderen Cahiers-Mitarbeiter die Auffassung von der »politique des auteurs«. Wie es zuvor bereits Astruc formuliert hatte, betrachteten sie den Film als eine Kunst, in der sich die individuelle, persönliche Sicht des Filmemachers als Autor/Schöpfer des Films realisieren sollte.

Da die Autorenfrage schon aufgrund der kollektiven Produktionsweise des Filmes problematisch ist, erforderte die Strategie des »cinéma des auteurs« ein Differenzierungskriterium, nach dem »Autorenfilme« von anderen unterschieden werden konnten: den individuellen Stil, der sowohl den einzelnen Film als auch das Gesamtwerk eines Regisseurs auszeichnen sollte. Um dies zu erreichen, war nach Ansicht der »Cahiers« eine Konzentration vor allem des Drehbuches und der Regie notwendig. Die individuelle Handschrift, deren überwiegende Abwesenheit (abgesehen von Regisseuren wie Robert Bresson oder Jean Renoir) die »Cahiers-Kritiker« im französischen Kino beklagten, fanden sie bei amerikanischen Regisseuren wie Orson Welles, Alfred Hitchcock, Howard Hawks oder John Ford, die, nicht zuletzt deshalb, immer so etwas wie Vorbilder für Truffaut, Chabrol und andere waren (vgl. Bundesarbeitsgemeinschaft für Jugendfilmarbeit und Medienerziehung 1985: S. 13). Die Filme dieser amerikanischen Regisseure wurden von den »Cahiers« gefeiert, weil es Filme waren, wie sie sie selbst machen wollten. Dies wird auch in den Filmkritiken deutlich, die, wie Frieda Grafe formuliert, »Projektionen künftiger Filme sind.« (Grafe 1996: S. 11)

An der Vorstellung eines »cinéma des auteurs«, wie es die Nouvelle Vague, speziell die »Cahiers-Gruppe« vertrat, üben die Dogma-Regisseure strenge Kritik. Zwar wird das Verdienst der Nouvelle Vague, dem traditionellen Kino eine Absage erteilt zu haben, geradezu biblisch als ein Akt der »Auferstehung« (»resurrection«; s. Manifest im Anhang) und »richtiges Ziel« (»correct goal«; ebd.) gewürdigt, aber allein – so schreiben sie – die Mittel seien falsch gewesen. So liest man im Dogma-Pamphlet: »Das anti-bourgeoise Kino wurde selbst bourgeois, weil die Grundlagen, auf denen seine Theorien fußten, aus der bourgeoisen Wahrnehmung von Kunst entsprangen. Das Konzept des Auteur war von Anfang an bourgeoiser Romantizismus und damit ... falsch!« (Ebd.)

Damit greifen die dänischen Regisseure eine häufig an die Nouvelle Vague gerichtete Kritik auf: daß deren Film-Revolution längst nicht so revolutionär war, wie sie von den Beteiligten oder ihren Epigonen dargestellt wurde; wobei diese Kritik sich auf mehr bezog als auf den Zusammenhang von antibürgerlichem Film und Autorenidee, wie beispielsweise die – im vorhergehenden bereits erwähnte – Abwesenheit einer gesellschaftskritischen Haltung. Darum geht es den dänischen Regisseuren in ihrer Kritik aber nicht. Sie greifen die Idee des individuellen Films, kurz des Autorenfilms, an, dessen Konzept »bürgerlichem Romantizismus« entspricht. Indem die Regisseure der Nouvelle Vague für sich und den Film reklamierten, was für die anderen Künste (Malerei, Roman) längst galt, Schöpfer eines Kunstwerkes zu sein, reproduzierten sie die Vorstellung von der Identität des Autors als bürgerlichem Subjekt. Einer solchen Vorstellung von »künstlerischer Autonomie« kann man das kollektive Arbeitsprinzip des Films entgegenhalten, nach dem mehrere »Autoren« für das Produkt Film verantwortlich sind und dieses prägen. Selbst wenn der Regisseur zugleich als Produzent, Autor und Cutter fungiert, bleibt als künstlerisch relevante Leistung zumindest immer ein gewisser (wenn dann auch sicherlich geringerer) Eigenanteil des Kameramanns und der Schauspieler und seiner/ihrer Vorstellungen von dem Film.

Die dänischen Regisseure zumindest lehnen den individuellen Film (d.h. für sie auch, mit dem Film ein Kunstwerk zu schaffen) ab und postulieren das »cinéma collectif«, auch wenn dies zu Lasten ästhetischer Überlegungen gehen sollte.

Was die Dogma-Regisseure allerdings genau mit dem Vorwurf »bürgerlicher Romantizismus« (ebd.) meinen, geht aus dem Manifestinhalt nicht genau hervor.

Außerdem wird der im Autorenkonzept enthaltene Autonomie-Gedanke von den dänischen Regisseuren *nicht* im Hinblick auf die Eigenschaft des Films als Massenmedium und Ware eines kulturindustriellen Verwertungsprozesses kritisiert. Und dies aus gutem Grund: Denn genau wie die Regisseure der Nouvelle Vague sich trotz ihrer »antibürgerlichen Gesinnung« und neuer Produktionsmethoden dem etablierten Produktions- und Vertriebsapparat der französischen Kulturindustrie letztlich nicht verweigert haben, ist auch das Dogma-Kino »kein Protest von unten, nicht eine Neuauflage einer Punk-Ästhetik jener, die von den ästhetischen Produktionsmitteln ausgeschlossen sind, sondern ein Marktprodukt aus der Mitte der bescheidenen europäischen Produktion selber.« (Seeßlen 1999: S. 43)

Geradezu grotesk erscheint jedoch der Umstand, daß die im dänischen Manifest postulierte und in pompöser Selbstinszenierung vorgetragene Ablehnung der Autorenidee sowie der Verzicht der Regisseure auf die Nennung ihres Namens im Abspann gerade nicht zur Herausstellung der Kollektivleistung der Filme, sondern ganz im Gegenteil zur besonderen Herausstellung der Regisseure als Schöpfer der Filme führt. Schließlich entsprechen die Dogma-Filme gerade der Theorie der »politique des auteurs«, insoweit ihre Regisseure gleichzeitig die Drehbuchautoren sind.

Des weiteren hat die Unterwerfung unter das formalästhetische Dogma-Regelwerk – wie am Beispiel FESTEN noch gezeigt wird – nicht die Eliminierung des individuellen Stils zur Folge. Die Frage ist nur, ob dieser identifizierbar individuelle Stil der persönlichen Handschrift des Autors zugerechnet werden kann oder eher Resultat eines filmischen Produktionsverfahren ist, das die kollektive Arbeitsweise des Films zu forcieren und produktiv zu nutzen weiß.

Die Bedingungen für die Realisierung der »politique des auteurs« innerhalb der französischen Filmindustrie waren denkbar ungünstig. 1948 wurde für amerikanische Filme, die den französischen Markt geradezu überschwemmten, eine Einführungsbeschränkung erlassen, was zwar zu einer quantitativen Steigerung der nationalen Produktionen führte, sich aber kaum auf deren Qualität auswirkte (vgl. Hohenberger 1988: S. 226). Die Situation veränderte sich erst, als 1953 eine Qualitätsprämie für Kurzfilme eingeführt wurde, wodurch auch junge Regisseure die Möglichkeit hatten, eigene Filme zu drehen. Viele der später bekannten Nouvelle Vague-Regisseure begannen mit Kurzfilmen, wie die bereits 1953 gegründete »Gruppe der Dreißig«, die dokumentarische Kurzfilme drehte und zu der Regisseure wie Alain Resnais, Chris Marker, Georges Franju oder Agnes Varda zählten, die während der Nouvelle Vague-Jahre der eher links-intellektuellen Gruppe des »Rive Gauche« angehörten.

Erst als diese Kurzfilme kommerziellen Erfolg hatten, wurde die französische Filmindustrie auf die Nachwuchsfilmer aufmerksam und begann sie zu fördern, was vorher nur wenige Produzenten wie etwa Pierre Braunberger oder Anatole Daumann gewagt hatten.

Als die Regisseure der Nouvelle Vague so endlich die Gelegenheit bekamen, ihren ersten Langfilm zu drehen, behielten sie die einfache Produktionsweise bei, nicht zuletzt, weil die finanziellen Ressourcen auch zu diesem Zeitpunkt noch knapp waren. Schließlich befand sich der französische Film Ende der 50er Jahre auch ökonomisch in einem Stadium der Stagnation. So muß die Flut der Debütfilme zunächst wie ein Widerspruch erscheinen. Tatsächlich sah die französische Filmindustrie in den innovativen Impulsen eines Generationswechsels ihre einzige Chance, die wirtschaftliche und künstlerische Krise zu bewältigen.

Die Regisseure verfaßten gemäß der Idee des Autorenfilms ihre Drehbücher selbst, arbeiteten mit kleinen Produktionsteams und teilweise mit Laiendarstellern, drehten an Originalschauplätzen oder in privaten Appartements. Sie bevorzugten die Arbeit mit natürlichem Licht und verwendeten Handkameras wie die leichte Arri-Reportagekamera, die zum ersten Mal überhaupt im Spielfilmbereich eingesetzt wurde (vgl. Lux 1995: S. 54 u. Grafe 1996: S. 8 f.). Jean-Luc Godards Erstlingswerk A BOUT DE SOUFFLE (1960) ist nur ein Beispiel für diesen spezifischen Produktionsstil. Der Zwang, die Kosten gering zu halten, bedingte so eine besondere Art filmischer Produktion und eine ihr eigene Ästhetik, die eine zeitlang das beherrschende Charakteristikum der Nouvelle Vague sein sollte und auch für die »realistische Tendenz« der Filme verantwortlich war. Noch stärker ähnelt hier also die Produktionsweise derjenigen der Dogma-Filme, allerdings mit dem gewichtigen Unterschied, daß die dänischen Regisseure die Entscheidung, sich dieser Produktionsweise zu bedienen, nicht aus

Budgetüberlegungen ableiten. Die Dogma-Filme können kaum als Low-Budget-Produktionen bezeichnet werden. So hat beispielsweise FESTEN mit einem Budget von ca. 1,3 Millionen US-Dollar nur unwesentlich weniger gekostet als eine durchschnittliche dänische Spielfilmproduktion.

Zu den Merkmalen des Produktionsstils gehört im Fall der »Cahiers-Gruppe« – auch da sie direkt von der Filmkritik zur Filmpraxis wechselten – ein gewisser handwerklicher und filmtechnischer Amateurismus. Das gesamte filmische Know-how der »Cahiers-Gruppe« basierte allein auf dem Besuch zahlreicher Filmvorstellungen, vorzugsweise in der »Cinémathèque Francaise«. Keiner von ihnen hatte je eine Filmhochschule besucht oder eine Assistenztätigkeit bei etablierten Regisseuren vorzuweisen (vgl. Bundesarbeitsgemeinschaft für Jugendfilmarbeit und Medienerziehung 1985: S. 18). Ein Mangel, der allerdings durch Enthusiasmus kompensiert wurde. Eine ähnlich amateurhafte Ästhetik zeichnet auch die dänischen Werke aus, letztere allerdings bedienen sich dieser, anders als ihre französischen Vorläufer, als einer bewußten, beabsichtigten Strategie.

So konnte die »Cahiers-Gruppe« nicht zuletzt aufgrund ihrer formalen Methoden einen Zugang zum profilmischen Geschehen finden, der sich deutlich von der »Tradition der Qualität«, dem Spektakelkino der »ausgeklügelten Einstellungen, komplizierten Beleuchtungseffekten, ›geleckten‹ Fotos« und dessen Adaptionspraxis, visuelle Probleme durch das Tonband zu umgehen, unterschied« (Truffaut 1964: S. 123).

Andererseits haben die Filmemacher der Nouvelle Vague z.B. Musik nachträglich hinzugefügt, den Ton nachsynchronisiert und auch vor filmtechnischen Tricks nicht zurückgeschreckt. Truffaut hat aus der Anwendung filmtechnischer Trickverfahren, auch wenn sie »nur« zu Korrekturzwecken des Aufnahmematerials eingesetzt wurden, keinen Hehl gemacht. In einem Interview von 1964 antwortete Truffaut auf die Frage, ob das nicht sein Gefühl für die Wirklichkeit verletze, unter anderem: »Realismus im Film hat nichts mit dem Realismus der Dinge zu tun.« (Gregor 1966: S. 161 f.)

Den Dogma 95-Unterzeichnern kommt es aber gerade auf diesen »Realismus der Dinge« (ebd.) an. Ihre Methoden zielen darauf ab, »die Wahrheit aus [den] Charakteren und Situationen zu erzwingen.« (s. Manifest im Anhang) und das vor dem Hintergrund vorgefundener

Schauplätze und Dekors. Vom Bemühen um Realismus in der Nouvelle Vague der beginnenden 60er Jahre zeugt auch Rohmers Kommentar, daß »jeder große Film ein Dokumentarfilm sei« (Grafe 1996: S. 9) oder die Aussage Godards, daß die Nouvelle Vague eigentlich nie eine Trennung zwischen Dokumentar- und Spielfilm gezogen haben (vgl. ebd.).

Inhaltliche Parallelen in den filmischen Erzählungen der »Cahiers-Gruppe« zu identifizieren ist zwar schwierig, der Bruch mit dem traditionellem Kino aber auch auf dieser Ebene als gemeinsames Merkmal erkennbar. Die Filme haben häufig, wie in JULES ET JIM (1962), individuelle Geschichten mit kleinem Personeninventar zum Gegenstand. Die Protagonisten sind meistens jung (selten älter als die Regisseure) und werden in ihren alltäglichen Konflikten untereinander und/oder mit der älteren Generation dargestellt, wobei der autobiografische Bezug auffallend ist, so z.B. in Chabrols LE BEAU SERGE (1960) (vgl. Lux 1995: S. 52). Viele Filme der Nouvelle Vague behandeln »klassische« Themen wie Liebe, die weniger romantisch verklärend dargestellt wird, sondern gerade durch eine gewisse Libertinage, einen ungezwungeneren Umgang mit Sexualität und Sinnlichkeit gekennzeichnet ist. Ähnliches gilt für die Darstellung weiblicher Figuren. Entgegen stereotyper Rollenmuster, die die traditionellen Filme reproduzierten, besitzen die Frauen der Nouvelle Vague-Filme nicht mehr den Status von »Objekten«, sondern werden den männlichen Figuren als gleichwertige Personen gegenübergestellt und realistischer gezeichnet (vgl. Lux 1995: S. 56).

Eines allerdings vermißt man in Filmen der Nouvelle Vague meistens: gesellschaftskritische oder politische Themen. Die Ursache dafür lag wohl nicht nur in der fehlenden Bereitschaft, sich derartiger Themen anzunehmen, sondern in einer restriktiven Zensurpraxis, die vor dem Hintergrund des Algerienkrieges jede Kritik an Staat und Gesellschaft unterbinden sollte, wie der Fall LE PETIT SOLDAT (1960) von Godard zeigte.

Dogma 95 und Nouvelle Vague entsprechen sich auch in ihrer Motivation, die vor allem aus der Ablehnung einer bestehenden Auffassung und Umsetzung von Film(-kunst) resultiert, während sich die Kritik z.B. des italienischen Neorealismus und des neueren britischen Kinos in erster Linie an den gesellschaftlichen Zuständen und erst in zweiter Linie am Zustand des Kinos orientiert.

Auf den ersten Blick erscheint es irritierend, ausgerechnet eine Doku-
mentarfilmrichtung wie das amerikanische Direct Cinema (Uncon-
trolled Cinema[5]) als Bezugspunkt für ein Manifest heranzuziehen, das
sich ausschließlich auf den Spielfilm bezieht.

Da das Direct Cinema aber, ähnlich wie die Nouvelle Vague, ein
wichtiger Bestandteil der internationalen Renaissance realistischer
innovativer Tendenzen des Kinos zu Beginn der 60er Jahre war und weil
die Parallelen zum Dogma so auffällig sind, scheint eine Berücksichtigung allemal gerechtfertigt.

Die Aura einer revolutionären Aufbruchsstimmung, die das Direct
Cinema vor allem in seiner Frühphase umgab, hatte weniger mit
inhaltlicher Radikalität zu tun, sondern war Ergebnis der von ihren
Vertretern mitentwickelten technischen Innovationen und einem daran
gekoppelten, klar definierten ästhetischem Programm, das seine volle
Entfaltung auf Basis der neuen technischen Möglichkeiten erst noch vor
sich hatte (vgl. Beyerle 1997: S. 10).

Die folgenden Ausführungen konzentrieren sich vor allem auf den
von Richard Drew vertretenen Ansatz, dessen Film PRIMARY (1960) als
der erste Dokumentarfilm des Direct Cinema gilt.

Technische Voraussetzung für das Direct Cinema-Konzept war im
wesentlichen, neben Zoom, lichtstarken Objektiven und hochempfindli-
chem Filmmaterial, die Entwicklung leichter 16mm-Kameras mit
kabelloser Synchrontonvorrichtung. Damit war es zum ersten Mal
möglich, ein Geschehen direkt vor Ort, ohne die störenden Einflüsse
einer unhandlichen, umfangreichen Technik auf die Wirklichkeit, auditiv
und visuell aufzuzeichnen. Die so gewonnene Mobilität im filmischen
Aufnahmeprozeß, die Möglichkeit, Alltags- und Gesprächssituationen
unbehindert darzustellen, wird in den Direct Cinema-Filmen häufig in
langen Einstellungen zelebriert, die die organische Entwicklung von
Ereignissen, den ungestörten Redefluß betonen. Generell fällt Beyerle

---

[5] Eine alternative Bezeichnung für diese Form des Dokumentarfilms. Mit dem cinemá vérité darf
man das Direct Cinema nicht verwechseln. In beiden Verfahren wird zwar eine leichte mobile
Ausrüstung benutzt und auf eine inszenierende Gestaltung der Szene verzichtet; während aber das
cinéma vérité die Anwesenheit der Kamera bewußt machen will, um so einen Realismuseffekt
durch Verfremdung zu erzielen, versucht das Direct Cinema, die Präsenz der Kamera möglichst
verschwinden zu lassen (vgl. Beyerle 1991: S. 92).

auf, wie stark konstituierend die Sprache in zahlreichen Dialogszenen, Diskussionen und Telefongesprächen für die Bedeutung der Filme wirkt (vgl. Beyerle 1991: S. 32).

Dem Dogma-Manifest vergleichbar, ist das ästhetisch-theoretische Programm der Filmemacher des Direct Cinema an selbstgewählte methodische Beschränkungen geknüpft. So besteht die Intention des Direct Cinema darin, »die sich vor der Kamera (...) entfaltende Wirklichkeit möglichst objektiv wiederzugeben« (ebd.: S. 32), wodurch das profilmische Geschehen in seinem realen unkontrollierbaren Verlauf mittels Ton und Kamera spontan erfaßt werden soll. Die Filmemacher sehen sich in der Rolle des Beobachters, der jeglichen unmittelbaren Eingriff in die Aufnahmesituation zu unterlassen hat.[6] Dieses Prinzip der Nichtmanipulation bzw. der Nichtinszenierung beschränkt sich aber nicht nur auf die Drehsituation, sondern betrifft den gesamten Filmproduktionsprozeß. So wird in der Montage des Materials versucht, der Chronologie der gefilmten Ereignisse so weit wie möglich zu folgen. Ferner verzichten die Vertreter des Direct Cinema auf den, für den traditionellen Dokumentarfilm üblichen erklärenden, allwissenden oder wertenden Kommentar (voice over) genauso wie auf den Einsatz extradiegetischer, nachträglich hinzugefügter Musik.

Hier wird bereits deutlich, wie evident die Parallelen zwischen dem Direct Cinema- und dem Dogma-Ansatz sind, sei es im Hinblick auf den hohen Authentizitätsanspruch oder die Gemeinsamkeiten der Produktionsstrategien (Drehen an Originalschauplätzen, Verwendung von Handkamera und Originalton, Verzicht auf extradiegetische Musik, die Unterordnung der Kamera unter die Handlung etc.).

Mittels der ästhetischen Strategien des Direct Cinema sollte der Zuschauer in die Lage versetzt werden, »die Erfahrungen der Filmemacher am Drehort nachzuvollziehen«, um sich so eine eigene, undeterminierte Meinung über das filmisch Dargestellte zu bilden. Dieser normative Anspruch führte tatsächlich zu einer kontroversen Rezeption der Filme, abhängig von der ideologischen Haltung des Zuschauers gegenüber dem

---

[6] Das Prinzip des Nichteingreifens in das profilmische Geschehen wurde von David Neuman, der zwischen 1965 und 1970 als Tonmann zusammen mit dem Filmemacher Ed Pincus stärker gesellschaftskritisch ausgerichtete Filme nach Art des Direct Cinema drehte, forciert: Um einen intimeren, persönlicheren Stil zu erreichen, machte er Versuche, 16mm-Kamera und Synchrontonaufnahmen mit nur einer Person durchzuführen (vgl.: Decker 1996: S. 11).

Dargestellten (vgl. Beyerle 1991: S. 32 f.). Dieses deuteten die Filmemacher als Bestätigung ihrer objektiven Vorgehensweise.

Seitens der Filmkritik wurde intensiv und emotional über die methodischen Vorsätze des Direct Cinemas diskutiert. Besonders wurde dabei der Anspruch auf Objektivität angegriffen und als unhaltbar zurückgewiesen. Wenngleich sich, wie Beyerle meint, wohl niemand bemühte, die Werke einer eingehenderen Untersuchung zu unterziehen. Tatsächlich konnte das Direct Cinema dem selbstauferlegten theoretischen Anspruch nicht gerecht werden. Viele Filme kamen weder gänzlich ohne einen wertenden Kommentar aus, noch darf man vermuten, daß die Musik immer Teil der Filmdiegese war, d.h. jeweils vor Ort synchron zum Bild aufgenommen wurde, was Beyerle besonders in dem Film von Alan Pennebaker YOU'RE NOBODY 'TIL SOMEBODY LOVES YOU (1964) festzumachen glaubt. (So wurden sowohl im Direct Cinema wie in den Dogma-Filmen Regelverstöße gegen die eigenen Prämissen begangen.)

Besonders umstritten war die Montage, die der Chronologie der Ereignisse folgen sollte. Ein Anspruch, dessen tatsächliche Einhaltung zu überprüfen ohnehin schwierig ist, da nicht zuletzt selbst die Einfügung einer nachgedrehten Szene in das vorhandene Material wie im Falle THE CHAIR dem Zuschauer im montierten Film nicht auffällt (vgl. Beyerle 1991: S. 33). Die Kritik am Objektivitätsanspruch des Direct Cinema bestand im Kern darin, daß der Film deswegen nicht objektiv sein kann, weil jede Einstellung, jeder Schnitt einem Selektionsvorgang unterliegt, d.h. auch dem Zwang, eine beträchtliche Menge an Material zu verwerfen, was insbesondere bei einem so hohen Drehverhältnis wie im Direct Cinema relevant ist. Die Problematik der Montage war den Filmemachern bewußt, was sich bereits an dem Versuch ablesen läßt, »den für Spontaneität, Unkontrolliertheit und Enthüllung stehenden Drehakt in den Vordergrund zu rücken.« (Beyerle 1997: S. 102)

Ein wesentliches Charakteristikum gerade der frühen Direct Cinema-Filme von Drew Associates war die Krisenstruktur innerhalb der Werke, wobei diese Krise sich in den meisten Fällen als Wettbewerbssituation spezifizieren läßt (vgl. Hohenberger 1988: S. 126).

»Zwei Antagonisten begegnen einander, für die die Frage, welcher von ihnen als Gewinner oder als Verlierer aus dieser Situation hervorgehen wird, im Zentrum steht. So treten beispielsweise in PRIMARY zwei Politiker gegeneinander an, in FOOTBALL geht es darum, welche Mannschaft das Spiel gewinnen wird, und in JANE, einem Film über die Schauspielerin Jane Fonda, rückt die Frage, ob ihr neues Broadway-Stück von der Kritik positiv oder negativ aufgenommen wird, in den Vordergrund.« (Beyerle 1997: S. 94)

Die Vorteile der Krisenstruktur waren aus Sicht der Filmemacher einerseits, daß die gefilmten Personen die Kamera kaum wahrnehmen, weil sie mit sich selbst und ihren Zielen beschäftigt sind und sich ihr Verhalten somit dem Objektiv in natürlicher, unkontrollierter Weise offenbart. Andererseits stellt die Krisensituation eine Erzählstruktur bereit, die zum Ende des Filmes immer eine Auflösung des Konflikts einschließt, was den Präferenzen der Zuschauer nach einer geschlossenen Handlung entgegenkommt. Zuweilen haben die Direct Cinema-Filmemacher auch erst gegen Ende einer Krise mit den Aufnahmen begonnen, so daß die Drehzeit zumeist auf wenige Tage reduziert werden konnte. Davon erhoffte man eine Garantie, sich dem Thema des Filmes sowie den Personen gegenüber, unvoreingenommen zu verhalten. Im allgemeinen bestand aber die Tendenz, mit mehreren Teams über einen längeren Zeitraum zu drehen. Für THE CHAIR etwa wurden zwei Aufnahmeteams zur selben Zeit an verschiedenen Orten eingesetzt und die sich aufeinanderbeziehenden Sequenzen in der Montage zu einem Gesamteindruck zusammengefügt. Für den Schnitt ist diese Arbeitsweise vorteilhaft, da eine Geschichte über wenige Handlungspersonen zu erzählen, häufig Anschluß- bzw. Kontinuitäts-probleme erzeugt. Ein einzelnes Ereignis, aus verschiedenen Per-spektiven erzählt, ist dagegen wesentlich einfacher zu montieren – es muß lediglich der Logik der Ereignisse entsprechend parallel hin- und hergeschnitten werden (Parallelmontage).

Als konstitutives Element der Dramaturgie hat die Krisenstruktur fiktionalisierenden Charakter: »Ein krisenhaftes Ereignis mit starkem Selbstinszenierungscharakter lieferte den Filmen des Direct Cinema ein dramaturgisches Muster, das der klassischen Erzählkonstruktion mit einer Exposition, einem Höhepunkt und einer Auflösung folgte.« (Schändlinger 1998: S. 100)

Allerdings steht so nicht der dramatische Höhepunkt, der mit der Auflösung des Konflikts einhergeht, im Mittelpunkt der Filme, sondern die Ereignisse auf dem Weg dorthin. Der eigentliche Höhepunkt ist tendenziell »antiklimatisch« (Beyerle 1997: S. 95). Entscheidend ist, daß die beschriebene Erzählstruktur ermöglicht, die psychisch-physischen Reaktionen der beteiligten Personen in der Streßsituation genau zu beobachten, da – so die Annahme – unter diesen Bedingungen der »wahre« Charakter der Akteure enthüllt wird. Beyerle spricht in diesem Zusammenhang von »privilegierten Momenten der Enthüllung«, deren besonderes Kennzeichen ihre emotionale Intensität ist: »Sie vermitteln den Eindruck, man könne Einblick in das innere Erleben der Personen nehmen und ihnen wirklich nahe sein, wenn auch nur für einen kurzen Augenblick. Inhaltlich haben diese Momente oft wenig mit der eigentlichen Entwicklung der Krise zu tun, sie verleihen dem Gezeigten aber eine menschliche, psychologische Dimension, die das emotionale Engagement der Zuschauer für die Akteure und ihre Geschichte fördert und der Sympathielenkung dient.« (Beyerle 1997: S. 95)

Auch die »Krisenstruktur« der Direct Cinema-Filme, die ohnehin eine Annäherung an den Spielfilm bedeutet, stellt eine wichtige Gemeinsamkeit mit den Dogma-Filmen dar: In dem Maße, in dem das Direct Cinema durch die Krisenstruktur auch Charakteristika des Spielfilms trägt und sich damit gewissermaßen »fiktionalisiert« (vgl. Hohenberger 1988: S. 216), ähneln die Dogma-Filme ihrerseits vor allem aufgrund der spezifischen Bild- bzw. Kameraästhetik dem dokumentarischen Code. Der auf der Ebene des Dogma-Manifests artikulierten Absicht, die Vorhersehbarkeit einer Geschichte per Verbotsregel zu verhindern, werden die Filme (vor allem MIFUNE und FESTEN) indes nicht gerecht, nicht zuletzt, weil die Filme an klassischen Konfliktstrukturen und konventionellen Formen filmischer Erzählstrategien festhalten. Tatsächlich haben die dänischen Regisseure mehrfach zugegeben (vgl. auch Interview mit Thomas Vinterberg), daß diese Regel nicht einlösbar und eigentlich paradox ist.

Auch für das Direct Cinema ist die Krisenstruktur im Hinblick auf die intendierten Absichten problematisch: Sie entspricht zwar dem Bedürfnis des Publikums nach spannender Unterhaltung, doch die kommerziellen Anforderungen der Fernsehsender, in deren Auftrag die Filme entstanden, wirkten sich in den Augen von Richard Drews Kollegen (z.B. Pennebaker)[7] nachteilig aus. Das starre Erzählkonzept

---

[7] Diese trennten sich schließlich von Richard Drews und gründeten eigene Produktionsfirmen, um ihre individuellen Ansätze zu realisieren.

führte ihrer Auffassung nach zu einer Überdramatisierung der Ereignisse und im schlimmsten Falle sogar dazu, dem Material eine Struktur aufzuzwingen, die es nicht in sich trug, so daß der Charakter »der gefundenen Story« und damit die beabsichtigte Authentizitätswirkung unterzugehen drohte (vgl. Beyerle 1997: S. 99).

In diesem Kontext erscheint auch die Aufnahmephase in einem anderen Licht: So ist diese sicherlich um einiges unkontrollierbarer als im Spielfilm (Hollywoods), aber nicht in dem Maße unbestimmt und unkontrolliert, wie dem Betrachter suggeriert werden soll. Welchen Verlauf die Ereignisse nehmen, ist zwar nicht sicher vorhersehbar, »dennoch ist die Aufnahmephase in gewisser Weise teleologischer Natur, da sie innerhalb eines vorgeprägten narrativen Rahmens auf zu erwartende Höhepunkte und besondere Momente der Enthüllung zusteuert.« (Ebd.: S. 107) In jedem Fall haben die Filmemacher des Direct Cinema in der Montage nur einen geringen Gestaltungsspielraum, da sie sich an dem tatsächlichen Hergang der Ereignisse orientieren müssen. Lediglich um den »Beweischarakter« des Dargestellten nicht zu gefährden, kann das Material so ausgewählt werden, daß die Ereignisse entsprechend ihres Hergangs und ihrer Bedeutung am »eindringlichsten und klarsten« (ebd.: S. 107) vermittelbar sind.

Ähnlich der Verwendung der Handkamera in den Dogma-Filmen rückt beim Direct Cinema die Art der Kameraführung den Prozeß des spontanen Erfassens und Erforschens, der nicht der Kontrolle des Kameramanns unterliegt, in den Vordergrund und unterstreicht so den Authentizitätsanspruch des Gezeigten. Dem Zuschauer wird suggeriert, er habe es nicht mit einer von den a priori-Absichten des Filmemachers geleiteten Realitätsdarstellung zu tun, sondern »daß der Filmemacher sich auf eine Suche nach einem Ziel begab, das am Anfang unbekannt war und nur durch die Suche selbst entdeckt wurde.« (Elder 1989: S. 164 zit. n. Beyerle 1997: S. 109) Auch dieser Eindruck ist letztlich auf eine »teleologische Struktur«, die in der Auflösung der Krise und »darüber hinaus vor allem in der Präsentation privilegierter Momente der Enthüllung ihre Erfüllung findet« (Beyerle 1997: S. 109), zurückzuführen.

Der bewußte Verzicht auf den Eingriff in die »vorfilmische Realität« (Hohenberger 1988: S. 30) verurteilt Kamera (und Ton) zum bloßen Reagieren; dieses »Verzögern« in dem Bemühen, das Geschehen einzufangen, bewirkt im Zuschauer den Eindruck, an einer Sichtweise von Realität teilzuhaben, »deren Komplexität und Ambiguität nicht von vornherein durch eine konzeptuelle Sichtweise beschnitten ist.« (Beyerle 1997: S. 110)

Indem die Handkamera damit immer zugleich auch auf die Bedingungen der Drehsituation verweist und sie auf diese Weise nachvollziehbar macht, ist auch die Person hinter der Kamera in der Rezeption trotz bewußter Zurückhaltung »anwesend«. »Der Charakter einer Einstellung ist ebenso wie ihre Abfolge als Konsequenz der Reaktionen und Entscheidungen des Kameramanns am Drehort zu lesen. Insofern hat die bewegte Hand- oder Schulterkamera des Direct Cinema anthropomorphe Züge.« (Ebd.) Gleichzeitig trägt der Kamerastil technomorphe Züge, die in Momenten abrupter Schärfeverlagerungen oder durch Zooms wahrgenommen werden. Ferner »[gestalten] die durch die nicht präzise kontrollierbaren Zooms und Schwenks der Handkamera oder Schulterkamera zustandekommenden ständigen Ausschnittsveränderungen (...) die Bildgrenze variabel und destabilisieren dadurch auch die Bildmitte. Das, was eben noch im Zentrum stand, kann jederzeit an den Rand gedrängt werden oder ganz im Off verschwinden (...) Darüber hinaus [sic!] verstärkt die offene Form der Bildkomposition den Eindruck des Nichtgestalteten und authentisiert damit das Gezeigte. (...) Die Kadrierung wirkt hier wie eine bewegliche Maske (cache), die das Vorhandensein einer Realität außerhalb des gewählten Ausschnittes signalisiert, die zwar momentan noch unsichtbar ist, aber jederzeit vergegenwärtigt werden und ins Bild dringen kann.« (Ebd.: S. 113)

Ein bedeutender Unterschied zwischen dem Dogma-Ansatz und dem Konzept des Direct Cinema ist auf der praktischen Ebene des Aufnahmeverfahrens wirksam: Während bei den Dogma-Filmen die Handlung unterbrochen werden kann, wenn eine Filmrolle oder Kassette zu Ende ist, ist dies beim Direct Cinema nicht möglich, somit sind Aufzeichnungslücken unvermeidlich. Dies verweist auch auf eine Differenz zwischen Dokumentar- und Spielfilm hinsichtlich der Drehsituation im allgemeinen: Unabhängig von der intentionalen Strategie kann der Einfluß des Dokumentaristen auf das profilmische Geschehen begrenzt sein: Ein Musikfestival oder ein Autorennen wird eben nicht wiederholt, nur weil kein Film in der Kamera war.

Beyerles Hauptthese ist, daß das Direct Cinema weit mehr als andere dokumentarische Filmrichtungen den Abbildcharakter des Gezeigten in den Vordergrund rückt und damit den Konstruktcharakter, den es vermeiden kann, verschleiert. Wenn demnach das Verhältnis zwischen filmisch Repräsentiertem und dem, was sich vor der Kamera zeigt, sich hinsichtlich der erwünschten Authentizität schon im Direct Cinema als prekär erweist, wie problematisch ist dieses Verhältnis dann bei den Dogma-Filmen, deren »Unechtheit« bzw. »Konstruiertheit« im Grunde allein schon durch den Einsatz von Schauspielern zementiert wird. Darüber hinaus ist das Geschehen vor der Kamera bereits durch die Erzählstruktur vorherbestimmt. Diese Problematik wird im weiteren Verlauf der Arbeit ausführlicher erörtert.

2. Filmtheoretische Bezugspunkte

André Bazin

Anders als Kracauers zusammenhängende Theorie des Films begründet Bazin seine Überlegungen in Form von Aufsätzen, Essays und Kritiken, die in theoretischer Hinsicht ein wesentlich kohärenteres Bild darstellen, als es der Einzelcharakter seiner Veröffentlichungen nahelegt.

»Es handelt sich nicht um eine Ansammlung von Kritiken, Skizzen. Dieses Gebäude steht, wenn auch nicht durch den Höhepunkt gekrönt, so doch auf festem Grund, nicht nur das Balkenwerk, sondern auch die Zwischenwände sind an ihrem Platz, und manche darunter seit langer Zeit in ihrer gültigen Form«, schreibt Eric Rohmer im Vorwort zur Aufsatzsammlung »Was ist Kino?« (Bazin 1975: S. 8).

Bazin ist sicherlich kein Filmtheoretiker, der das Hollywood-Kino negativ beurteilte, sondern diesem eher kritische Sympathie entgegenbrachte, was insbesondere in seinen Ausführungen über Orson Welles zum Ausdruck kommt. Im Zusammenhang dieser Arbeit gilt das Interesse vor allem den Überlegungen Bazins bezüglich der Begründung eines filmischen Realismus und seiner besonderen Ästhetik.

Ein wesentlicher Zugang zu dem, was Bazin unter filmischem Realismus im einzelnen versteht, ist bereits in einem frühen Beitrag über die »Ontologie des fotografischen Bildes« angelegt. Die Fotografie, so Bazin, erlaubt es, »in der Reproduktion das Original zu bewundern, das unsere Augen allein uns nicht hätten lieben gelehrt...« (Ebd.: S. 27) Die Gründe hierfür ergeben sich aus dem rein mechanisch-automatischen Re-Produktionsprozeß der Fotografie sowie dem daraus resultierenden

Vertrauen, das der Betrachter der Mechanik des Objektivs entgegenbringt:

»Diese Entwicklung zur Automatik hat die Psychologie des Bildes radikal erschüttert. Die Objektivität der Fotografie verleiht ihr eine Stärke und Glaubhaftigkeit, die jedem anderen Werk der bildenden Künste fehlt. Welche kritischen Einwände wir auch immer haben mögen, wir sind gezwungen, an die Existenz des repräsentierten Objektes zu glauben, des tatsächlich Re-präsentierten, das heißt, des in Zeit und Raum präsent gewordenen. Die Fotografie profitiert von der Übertragung der Realität des Objektes auf seine Reproduktion.«[8] (Ebd.: S. 24)

Bazin leitet hier die Entwicklung von Film und Fotografie aus einer Psychologisierung der Kunstgeschichte ab. »Eine Psychoanalyse der bildenden Kunst müßte die Praxis des Einbalsamierens als wesentliche Ursache ihrer Genese mitberücksichtigen« (ebd. 1975: S. 21), lautet der Eingangsatz, dessen implizierte Fragestellung Bazin im Verweis auf die magische Funktion und Bedeutung der Kunst in der Vergangenheit zu beantworten versucht. So interpretiert Bazin die Technik des Einbalsamierens der Verstorbenen in der ägyptischen Religion als Erfüllung eines zutiefst menschlichen Bedürfnisses: Schutz vor dem Ablauf der Zeit. Dieses Bedürfnis blieb in der weiteren historische Entwicklung der Kunst als maßgebliche Triebkraft erhalten: Zwar verschwand – bedingt durch den Fortschritt der Zivilisation und die damit einhergehende Befreiung der Kunst von ihrer magischen Funktion – der Glaube an die »ontologische Identität von Modell und Porträt« (ebd.). Aber das Verlangen, der Zeit zu trotzen, wurde in modifizierter Form bewahrt. Indem das Bild (Portrait) den Menschen an das Modell erinnert, schützt es nicht weniger vor dem Ablauf der Zeit im Sinne eines geistigen Todes. Befreit vom »anthropozentrischen Utilitarismus« (ebd.), handelt es »sich nicht mehr um das Überleben des Menschen, sondern viel

---

[8] Der Filmsemiotiker Jurij M. Lotman: »Scheinbar drängt sich also der Schluß auf, daß die dokumentarische Treue und Glaubwürdigkeit des Kinematografen ihm von vornherein Vorteile gewähren, die den Film allein dank seiner technischen Besonderheiten realistischer erscheinen lassen als die anderen Kunstgattungen.« (Lotman 1977: S. 24) Man kann in diesem Zusammenhang auch von einer Naturalisierung der Aufnahmeapparatur oder einer Entsubjektivierung des Objektivs sprechen.

allgemeiner um die Schaffung eines idealen Universums nach dem Bild der Wirklichkeit, mit seinem eigenen vergänglichen Schicksal.« (Ebd.) In der Malerei des 16. Jahrhunderts findet die dominante Auseinandersetzung zwischen dem traditionellen Anspruch der Kunst, spirituelle Wahrheit zu erzeugen, und dem zunehmenden Wunsch nach einer Säkularisierung der Kunst ihren Ausdruck. Es geht nicht mehr nur darum, die vorhandene Realität der Welt darzustellen, sie soll darüber hinaus nach Möglichkeit kopiert werden. Laut Bazin markiert die Entdeckung der Perspektive den entscheidenden Schritt einer Verwandlung, indem das zweidimensionale Abbild die Illusion eines dreidimensionalen Raumes ermöglicht.

Für ihn ist die Erfindung der Fotografie, des mechanischen Produktionsprozesses, eine Folge dieser Entwicklung, die das Bedürfnis nach Wiedergabe genauer und erschöpfender befriedigen kann als ein noch so ähnliches Gemälde. In diesem Zusammenhang weist er darauf hin, daß das

Verlangen nach der Illusion der Wirklichkeit weniger ein ästhetisches als ein geistiges Bedürfnis ist und so der Streit über den Realismus in der Kunst mit dem Mißverständnis einer unzureichenden Differenzierung zwischen ästhetischen und psychologischen Aspekten zusammenhängt. Insofern ist Bazins Hinweis auf die psychologische Dimension der Fotografie, die in dem besagten Vertrauen an die »Objektivität« der Abbildung besteht, stringent.

Der Glaube an die Unschuld des Kameraauges allerdings ist – dessen ist sich Bazin bewußt – irrationaler Natur und entspricht in abgewandelter Form dem magischen Bedürfnis nach einer umfassenden Identität von Modell und Portrait: Das Bild »ist das Modell.« (Ebd.: S. 25) So sind die Fotografien »die aufregende Gegenwart des in seinem Ablauf angehaltenen Lebens, von ihrem Schicksal befreit nicht durch den Zauber der Kunst, sondern durch die Beharrlichkeit einer leidenschaftslosen Mechanik. Weil die Fotografie nicht, wie die Kunst, für die Ewigkeit produziert, balsamiert sie die Zeit ein, sie schützt sie einfach vor ihrem eigenen Verfall.« (Ebd.) Anders als in der Malerei gehört »das fotografierte Objekt zu seinem Modell wie die Finger zu seinem Abdruck.« (Ebd.: S. 27) Die Fotografie erweitert die natürliche Schöpfung, statt sie durch eine andere zu ersetzen.

Schließlich fügt der Film dieser Fähigkeit das Moment der Dauer hinzu. Mit einem Rekurs auf die Technik des Mumifizierens schreibt er:

»Zum ersten Mal ist das Bild der Dinge auch das ihrer Dauer, eine sich bewegende Mumie.« (Ebd.: S. 25) Film und Fotografie überschreiten beide somit den Rahmen, der den Mikrokosmos des Gemalten umschließt.

In seiner Analyse der Entwicklung der Film*sprache* konstatiert Bazin, daß durch die Einführung des Tonfilms keine ästhetische Trennlinie zum Stummfilm gezogen wurde, insofern man *nicht* die Montage und die Gestaltung des Bildes für das Essentielle der Filmsprache hält. Bazin vollzieht eine andere analytische (ästhetische) Trennung, die sowohl auf die Filme der Ton- als auch die Stummfilmära angewendet werden kann: Er differenziert bei der Betrachtung des Kinos der 20er bis 40er Jahre zwischen Regisseuren, »die an das Bild glauben, und jene[n], die an die Realität glauben«. (Ebd.: S. 28) Dabei faßt er unter dem Begriff des Bildes alles, »was die Repräsentation auf der Leinwand dem repräsentierten Gegenstand hinzufügen kann.« (Ebd.) Dieser Anteil ist, wie Bazin eingesteht, sehr umfassend, kann allerdings in zwei Bereiche gegliedert werden: in die Gestaltung des Bildes (Beleuchtung, Dekorstil, Bildkadrierung etc.) und in die Montage. Bazin untersucht verschiedene Formen der Montage, die »unsichtbare Montage« des klassischen Hollywood-Films, in der die Anordnung der Einstellungen von dem Ziel bestimmt ist, die inhaltliche und dramatische Logik der Ereignisse im Sinne einer flüssigen Narration zu evozieren; des weiteren die Parallelmontage, die beschleunigte Montage und die Attraktionsmontage.[9] Allen ist eines gemeinsam: Sie bringen einen Sinn hervor, den die Bilder für sich nicht objektiv enthalten und der sich nur aus ihrer Organisation zueinander ergibt. Über die Montage und Gestaltung des Bildes kann der Film also dem Zuschauer eine bestimmte Interpretation des dargestellten Ereignisses aufzwingen. Diese Mittel waren gegen Ende der Stummfilmzeit vollständig entwickelt.

Die Kunst der Stummfilmzeit war aber nicht ausschließlich durch eben diesen Expressionismus von Bild und Montage geprägt. Es gab, wie Bazin exemplarisch am Beispiel von Erich von Stroheim oder F.M. Murnau aufzeigt, Regisseure, für die die Bedeutung der Montage sekundär war und sich auf die unumgängliche Selektion »überreicher Realität« (ebd.: S. 30) beschränkte. Den Arbeiten dieser Regisseure ist

---

[9] Vgl. Bazin 1975: S. 29. Siehe dazu auch Monaco 1995: S. 218 ff.

eine Filmsprache eigen, »deren semantische und syntaktische Einheit niemals die Einstellung ist, in der in erster Linie das Bild zählt, nicht um der Realität etwas hinzuzufügen, sondern um sie zu enthüllen.« (Ebd.: S. 31)[10]

Insofern war das Kino, das glaubte, durch den Tonfilm verdrängt zu werden, keineswegs das allein existierende Kino, »die eigentliche Trennungslinie liegt woanders, sie bestand fort und wird weiterbestehen, um 35 Jahre Geschichte der kinematographischen Sprache zu überbrücken.« (Ebd.)

Für den Filmschnitt seit Einführung des Tonfilms stellt Bazin allerdings fest, daß das »sprechende Bild«, da weniger flexibel als das visuelle, zum Realismus zurückgeführt hat, indem nach und nach die Filmemacher auf die »expressionistische« Bildgestaltung und »symbolistische« Montage (vgl. ebd.: S. 34) zugunsten einer von Bazin als »dramatisch« und »analytisch« bezeichneten Montage verzichteten: Die Montagetechniken des klassischen Hollywood-Films der Tonfilmära fügen dem Geschehen nichts hinzu. »Sie zeigen die Realität nur effektiver, einmal, indem sie ermöglichen, sie besser zu sehen, zum anderen, indem sie die Akzente dort setzen, wo sie hingehören.« (Ebd.: S. 35)

So beobachtet er in den um 1938 entstandenen Filmen eine nahezu einheitliche Schnittechnik mit einer ähnlichen Anzahl von Einstellungen (ca. 600 pro Film), für die besonders das Schuß-Gegenschuß-Verfahren, zwischen Gesprächspartnern wird der Logik des Textes folgend hin- und hergeschnitten, charakteristisch ist.

Mit dieser Form des Schnitts haben Orson Welles und William Wyler durch die Verwendung der Tiefenschärfe gebrochen. Am Beispiel von Orson Welles CITIZEN KANE erläutert Bazin deren Potential:

So können mit der Tiefenschärfe ganze Szenen gezeigt werden, während die Kamera an ihrem Standpunkt verharrt. Die Dramatik der Szene, die vorher wesentlich über die Montage transportiert wurde, wird nun dadurch erreicht, daß die Akteure innerhalb einer definierten Einstellung ihren Platz verändern.[11] Indem Tiefenschärfe die Komposi

---

[10] Nicht nur inhaltlich, sondern auch im sprachlichen Ausdruck ist Bazin hier Kracauer sehr ähnlich.

[11] Bazin weist darauf hin, daß die Unschärfe mit der Montage entstanden ist. Sie sei nicht nur technisch notwendig bei ineinanderübergehenden Einstellungen, sondern geradezu »die logische Konsequenz der Montage, ihre bildhafte Entsprechung«. (Vgl. Bazin 1975: S. 36) Allerdings

tion der Bildtiefe ermöglicht, hebt sie die Montage teilweise auf. Was mittels dieser Technik bewahrt wird, ist die Kontinuität des filmischen Raumes und ihre eigenen Dramatik. Die »mise en scène«, die innere Montage in der Schärfentiefe, ist aber nicht ausschließlich passives Reproduzieren einer Filmhandlung in einem unveränderlichen Bildausschnitt, »im Gegenteil ist die Weigerung, das Geschehen zu zerstückeln, seinen dramatischen Inhalt in der Zeit zu analysieren, ein positives Verfahren, dessen Wirkung der des klassischen Schnitts überlegen ist« (ebd.: S. 36).[12] In erster Linie relevant ist jedoch, welchen Einfluß die Tiefenschärfe auf die Rezeption ausübt. Da durch ihre Anwendung der filmische Raum intakt gelassen und nicht, wie durch die klassische Montage, im Hinblick auf eine bestimmte Sinnevozierung analysiert wird, bleibt – wenn auch nicht zwangsläufig so doch potentiell – die Vieldeutigkeit der Bildstruktur bewahrt (vgl. ebd.: S. 40).

Der Zuschauer ist demnach im idealen Fall nicht nur passives Objekt, das nur sieht, was der Regisseur für ihn als bedeutsam auswählt, sondern ihm wird auch ein Mindestmaß an Eigenleistung (Aufmerksamkeit, Verständniswillen) abverlangt. Damit plädiert Bazin implizit für den emanzipierten Zuschauer, dessen Rezeption von den Fesseln der Montage befreit ist.

Aufgrund ähnlicher Motive, begeisterte sich Bazin für die neorealistischen Filme. Diese waren in ihrer Produktionsweise zwar unspektakulärer, jedoch stimmten die Ziele überein: die Montage auf ein Minimum zu beschränken »und die Realität in ihrem wahren Ablauf auf der Leinwand zu zeigen.« (Ebd.: S. 42)

Nun kann man vermuten, daß der im Dogma vorgeschriebene Gebrauch der Handkamera ebenfalls in diesem Sinne zur Erhaltung der äußeren Einheit des Dargestellten eingesetzt wird. Dies ist aber nicht der Fall, und zwar in keinem der drei bisherigen Dogma-Filme. Besonders in FESTEN wird jeder Ansatz, die dargestellten Ereignisse in ihrer natürlichen Kontinuität zu zeigen, abrupt durch den Schnitt abgebro-

---

entspricht gerade das Fokussieren einzelner Bildebenen oder -gegenstände auch dem natürlichen Sehen des menschlichen Auges, das unmöglich den ganzen Bildausschnitt scharf zeichnen kann. Die Kamera imitiert hier also das menschliche Auge und verleugnet ihre eigene Fähigkeit, alles scharf abzubilden.

[12] Bazin betrachtet die Tiefenschärfe nicht nur als Mode des Kameramanns (etwa im Sinne eines bestimmten Beleuchtungsstils), sondern sieht diese als »ein[en] dialektische[n] Fortschritt in der Geschichte der kinematographischen Sprache.« (Ebd.: S. 37)

chen, ja zerstört. In MIFUNE sind die narrativen Strukturen der Montage derartig konventionell, als wäre das Schuß-Gegenschuß-Verfahren das einzig verfügbare ästhetische Mittel, die filmische Erzählung zu organisieren. Ebenso ist in FESTEN die innere Montage als ästhetisches Verfahren des filmischen Signifkationsprozesses die seltene Ausnahme (so z.b., wenn Christian die Rede hält und man ihn und die Zuschauer zugleich in einem der Spiegel des Festsaals sieht.)

Bazin ist sich ferner der grundsätzlich bestehenden Dialektik von formgebender und realistischer Tendenz im Film bewußt: »Der Realismus in der Kunst kann nur über einen artifiziellen Weg erreicht werden. Jede Ästhetik ist gezwungen, zwischen dem auszuwählen, was wert ist, bewahrt zu werden, was fallengelassen oder abgelehnt werden kann. Aber wenn sie, wie das der Film tut, grundsätzlich beabsichtigt, die Illusion der Wirklichkeit zu schaffen, so begründet das Auswählen einen fundamentalen Widerspruch, der gleichzeitig unannehmbar und notwendig ist. Notwendig, weil Kunst eben nur durch diese Auswahl entsteht; ohne Auswahl (...) würden wir schlicht und einfach zur Realität zurückkehren. Unannehmbar, weil die Auswahl schließlich auf Kosten der gleichen Realität geschieht, die der Film uneingeschränkt wiederher- stellen will.« (Ebd.: S. 142)

Wie Kracauer betrachtet Bazin den Film als a priori realistische Kunstform. Anders als Kracauer lehnt er aber den artifiziellen Charakter aller Künste, also auch den der Filmkunst, nicht ab. Er betrachtet diesen dialektischen Widerspruch als konstitutives Element des Films. Dieser verurteilt den Filmemacher zur Freiheit der Wahl, da nur ein Subjekt diesen Widerspruch aushalten und ihn künstlerisch umsetzen kann, um im Artifiziellen die Realität auferstehen zu lassen.

»Das Reale und das Imaginäre in der Kunst hängen ausschließlich vom jeweiligen Künstler ab; das Fleisch und Blut der Realität werden sich in den Netzen von Literatur und Film nicht leichter verfangen als die ausschweifendsten Phantasien der Imagination.« (Ebd.: S. 140)

Dieser Widerspruch wird, hält man sich lediglich an den Wortlaut des Dogmas, nicht thematisiert. Die dänischen Regisseure geben eher vor, die »Enthüllung von Realität« durch den Film wäre ein Prozeß, der mit der Negation von Kunst vereinbar ist.

Bezeichnend für die sogenannten realistischen Filmtheorien überträgt Bazin dem Regisseur als künstlerischem Subjekt große Verantwortung. Er wird in die ethische Pflicht genommen, der tatsächlichen Realität in der illusionären Realität des Filmes gerecht zu werden: »Diese Illusion ist notwendig, sie führt aber schnell zum Verlust des Bewußtseins der eigentlichen Realität, weil der Verstand des Zuschauers sie sehr schnell mit ihrer filmischen Darstellung gleichsetzt. Seitdem der Filmregisseur diese unbewußte Komplizenschaft des Publikums bewirkt hat, unterlag er mehr und mehr der Versuchung, die Realität außer acht zu lassen. Gewohnheit und Trägheit tragen dazu bei, daß er selbst nicht mehr deutlich unterscheidet, wo seine Täuschungen anfangen und wo sie aufhören. Es kann nicht darum gehen, ihm vorzuwerfen, daß er lügt, denn die Lüge begründet seine Kunst, sondern einzig darum, daß er sie nicht mehr beherrscht und sich selbst betrügt und damit jede neue Eroberung von Realität verhindert.« (Ebd.: S. 142 f.)

Siegfried Kracauer

In der »Theorie des Films« begründet Kracauer seine normativen ästhetischen Forderungen mit den spezifischen Eigenschaften des Filmes:[13] »Filme sind (...) in einzigartiger Weise dazu geeignet, physische Realität[14] wiederzugeben und zu enthüllen, und streben ihr deshalb auch unabänderlich zu.« (Kracauer 1964: S. 55)

Kracauer betrachtet den Film als Fortsetzung und Erweiterung der Fotografie, die sich beide durch vier charakteristische Affinitäten zur Realität auszeichnen, wobei zusätzlich eine explizit filmische Affinität in der Tendenz zum »Fluß des Lebens« besteht, die die Fotografie nicht besitzt.

Eine Tendenz, die Film und Fotografie gemeinsam haben, ist die zur ungestellten Realität. Obwohl der Film »alle möglichen Arten sichtbarer Dinge unterschiedslos zu reproduzieren« vermag (ebd.: S. 95), strebt er eindeutig der ungestellten Realität zu. D.h. auch, daß »alles theaterhaft

---

[13] Kracauer beschäftigt sich ausschließlich mit dem Schwarz-Weiß-Film, »wie er sich aus der Fotografie entwickelt hat«, da die beste Methode, zum Kern dieses komplexen Mediums vorzudringen, für ihn darin steht besteht, »zumindest zeitweilig, seine wesentlichen Ingredienzen und Spielarten« unbeachtet zu lassen (vgl. Kracauer 1964: S. 9). Er vernachlässigt den Farbfilm auch deshalb, weil dieser zur damaligen Zeit im Gegensatz zum Schwarz-Weiß-Film nicht den Realitätseindruck zu erreichen vermochte, den der Farbfilm heutzutage längst erreicht hat (vgl. ebd.: S. 10). Für die Dogma-Filmemacher ist der Farbfilm authentisch und sogar als Dogma-Regel (Nr. 4) vorgeschrieben.
[14] Physische Realität wird von Kracauer an anderen Stellen auch »Wirklichkeit«, »Natur«, »physische Existenz«, »Kamerarealität« und »Leben« genannt (vgl. ebd.: S. 55).

Gestellte« (ebd.), sofern es nicht mit den Grundeigenschaften des Mediums korrespondiert, für Kracauer als unfilmisch gilt. Des weiteren nennt er die Affinität zum Zufälligen; als Beispiel dient ihm die Straße als Ort flüchtigen Geschehens, auf der kalkulierte Aktionen die Ausnahme und unplanmäßige Zwischenfälle die Regel sind, sowie die Tendenz zur Endlosigkeit, die sich in dem unerfüllbaren Wunsch äußert, das »Kontinuum physischer Existenz« (ebd.: S. 99) herzustellen.[15] Auch der Hang zum Unbestimmbaren ist sowohl der Fotografie als auch dem Film eigen: Naturobjekte werden vom Film in ihrer Vieldeutigkeit widergespiegelt, die im Zuschauer eine schier unbegrenzte Zahl »psychischer und physischer Entsprechungen« (ebd.: S. 105) auslösen können. Anders als die Fotografie hat der Film schließlich eine Affinität zum »Fluß des Lebens«. Der Begriff schließt nach Kracauer »den Strom materieller Situationen und Geschehnisse mit allem, was sie an Gefühlen, Werten und Gedanken suggerieren« (ebd.: S. 109), ein. Kracauer betont in diesem Zusammenhang, daß der »Fluß des Lebens« vorwiegend als ein »materielles Kontinuum« betrachtet werden muß. Wird der Film diesem gerecht, so wird der Zuschauer den Rand der Filmleinwand nicht als wirkliche Begrenzung erfahren, sondern nur als notwendigen Ausschnitt einer potentiell unbegrenzten Welt. Bildlich gesprochen ist der Rand der Leinwand also eher ein Cache als eine tatsächliche Begrenzung. Filme, die dieser Grundaffinität des Mediums entsprechen, »schildern das Leben, besonders das tägliche Leben, als eine Aufeinanderfolge zufälliger Ereignisse oder auch als einen Wachstumsprozeß [..], und alle schildern es so, daß es als Selbstzweck erscheint.« (Ebd.: S. 357)

Wie die Fotografie, so ist auch der Film von Beginn an durch zwei »Tendenzen« charakterisiert – die »realistische und die formgebende Tendenz« –, wie am Beispiel von zwei Vertretern der frühesten Filmgeschichte, Méliès und Lumière, deutlich wird: Ersterer gab sich völlig dem künstlerischen Umgang mit dem Medium hin, während letzterer streng »realistisch« filmte. »Die Filme, die sie machten, verkörperten sozusagen These und Antithese im Hegelschen Sinn.« (Ebd.: S. 57)

Ästhetisch gültig sind für Kracauer jene Filme, die ihrer Grundeigenschaft, d.h. der realistischen Tendenz folgen, also »die Natur«, »das

---

[15] Etwa in der Form des »totalen Films«, wie er beispielsweise Andy Warhol vorschwebte.

Leben«, wie er es zuweilen nennt, entweder registrieren oder enthüllen. Die Schwierigkeit besteht jedoch darin, wie sich formgebende und realistische Tendenz vereinbaren lassen. Kracauer kritisiert, daß Regisseure in Filmen mit Spielhandlungen nur allzuoft den Bereich der »physischen Realität« verlassen und in Gebiete des Historischen, Phantastischen und Theaterhaften eindringen; Gebiete, die sich seiner Auffassung nach der »filmischen Einstellung« sperren (vgl. ebd.: S. 63 ff.), was in gewisser Hinsicht wiederum mit jener Dogma-Regel korrespondiert, die die zeitliche und geographische Einheit der Handlung fordert.

Allerdings glaubt Kracauer beispielsweise anhand Carl Dreyers LA PASSION DE JEANNE D'ARC (1928) nachweisen zu können, daß durchaus erfolgreiche Strategien existieren, »Kamera-Realität« sogar in historischen Filmen hinreichend stark zu machen, ohne dies jedoch schlüssig zu begründen.

»Worauf es im Film nicht weniger als in der Fotografie ankommt, ist, daß der Filmregisseur seine formgebenden Kräfte nach allen Richtungen entfaltet, die das Medium umspannt. Er mag seine Eindrücke von diesem oder jenem Bereich physischen Daseins dokumentarisch wiedergeben, Halluzinationen oder innere Bilder auf die Leinwand übertragen, sich ans Spiel rhythmisch bewegter Formen verlieren oder eine menschlich ansprechende Story erzählen usw. – all diese gestalterischen Bemühungen stimmen mit der filmischen Einstellung überein, solange sie der eigentlichen, auf die sichtbare Welt gerichteten Intention des Mediums zugute kommen. Wie bei der Fotografie, so hängt auch hier alles vom ›richtigen‹ Gleichgewicht zwischen realistischer und formgebender Tendenz ab; die beiden stehen aber nur dann im rechten Verhältnis zueinander, wenn sich die formgebende Tendenz nicht über die realistische erhebt, sondern sich schließlich ihr einordnet.« (Ebd.: S. 67) Entsprechend dieser »Intention« des Mediums entwickelt Kracauer Kriterien für nahezu jedes Element des Kinos, von der Art und dem Inhalt der Story, über den Ton, die Montage, den Filmschauspieler etc.

Zwischen dem Realismuskonzept Kracauers und dem des Manifests ist jedoch eine eindeutige Trennlinie identifizierbar: Für Kracauer ist die Illusion von Realität zulässig: »Nun ist diese Heranziehung szenischer Künste zweifellos dann legitim, wenn die gestellte Realität die reale treu reproduziert. Entscheidend ist, daß die im Atelier aufgebaute Szenerie den Eindruck von Wirklichkeit hervorruft, so daß der Zuschauer glaubt, Vorgänge zu erblicken, die sich im realen Leben zugetragen haben und an Ort und Stelle fotografiert sein könnten.« (Ebd.: S. 62) Diese Auffassung wird mit der ersten Regel des Manifestes, die den Dreh an Originalschauplätzen vorschreibt, von den dänischen Regisseuren eindeutig abgelehnt. Ferner hat Kracauer keine Einwände gegen den Einsatz von Filtern, Tricks und Effekten, solange sie die Realität wiedergeben oder enthüllen. Gemäß der fünften Dogma-Regel ist dieser »Gebrauch von Kosmetik« (s. Manifest im Anhang) nicht zulässig.

Und während die dänischen Regisseure offenbar Morde und Waffen als konstitutive Bestandteile oberflächlicher Filmhandlungen ansehen und ihre filmische Verwendung verbieten, hat Kracauer prinzipiell nichts gegen die Darstellung von Gewalt einzuwenden: »Das Kino zielt darauf ab, den innerlich aufgewühlten Zeugen in einen bewußten Beobachter umzuwandeln. Nichts könnte legitimer sein als sein Mangel an Hemmungen bei der Darstellung von Vorgängen, die uns außer Fassung bringen. Denn so bewahrt es uns davor, unsere Augen vor dem ›blinden Treiben der Dinge‹ zu schließen.« (Krakauer 1964: S. 92 f.)

Kracauer grenzt Film und Fotografie von den traditionellen Künsten ab, ebenso den Film vom Theater. »Ein Theaterstück zum Beispiel suggeriert eine Welt für sich, die unverzüglich in sich zusammenfiele, würde man sie auf ihre reale Umwelt beziehen.« (Ebd.: S. 55)

Laut Kracauer ist der Film materialistisch gesinnt. Seine Bewegung ist eine, die von unten (Realität) nach oben (Ideologie) geht, während die traditionellen Künste die entgegengesetzte Richtung vollziehen. Die Elemente eines traditionellen Kunstwerks dienen ihm zufolge nicht dazu, die Realität widerzuspiegeln, sondern eine Vision von ihr zu transportieren. Das realistische Material, das Rohmaterial der Natur, ist nur bloßer Erfüllungsgehilfe, wenn es nicht sogar gänzlich von den Intentionen des Künstlers gewissermaßen aufgezehrt wird.

»Filme (...) können sehr wohl in die Dimension der Ideologie hineinreichen. Doch wenn sie dem Medium gemäß sind, werden sie nicht von einer vorgefaßten Idee zur materiellen Welt herabsteigen, um diese Idee zu erhärten; umgekehrt, sie beginnen damit, physische Gegebenheiten auszukundschaften, und arbeiten sich dann in der von ihnen gewiesenen Richtung nach oben, zu irgend einem Problem oder Glauben hin. Das Kino ist materialistisch gesinnt; es bewegt sich von »unten« nach »oben«.« (Ebd.: S. 399 f.)

Der Film strebt einer Art Leben zu, die »noch aufs engste, wie durch eine Nabelschnur, mit den materiellen Phänomenen verbunden ist, aus denen seine emotionalen und intellektuellen Inhalte hervorgehen.« (Ebd.: S. 109)

Kracauers Haltung, die an Dogmatik des dänischen Manifests in nichts nachsteht, entspringt der Überzeugung, das Medium (Film) müsse sein individuelles Potential ausschöpfen, seine ureigensten, besonderen Fähigkeiten herauskristallisieren, um seine Existenz gegenüber anderen Medien zu behaupten. »Wenn Film Kunst ist, dann eine solche, die sich von andern Künsten unterscheidet. Zusammen mit Fotografie ist Film die einzige Kunst, die ihr Rohmaterial mehr oder weniger intakt läßt. Was an Kunst in Filme eingeht, entspringt daher der Fähigkeit ihrer Schöpfer, im Buch der Natur zu lesen.« (Ebd.: S. 13; vgl. ebd.: S. 69) Diese Negation von Kunst im Film findet man auch im dänischen Manifest: »Des weiteren schwöre ich als Regisseur, von persönlichem Geschmack abzusehen. Ich bin kein Künstler mehr. Ich schwöre, vom Erschaffen eines »Werkes« abzusehen, ich erachte den Augenblick für wichtiger als das Ganze. Mein oberstes Ziel ist es, die Wahrheit aus meinen Charakteren und Situationen zu erzwingen. Ich schwöre, dies mit allen zur Verfügung stehenden Mitteln und auf Kosten jeglichen guten Geschmacks und jeglicher Überlegung zu tun.« (S. Manifest im Anhang) Wenn Kracauer das »Schwelgen in filmischen Kunstmitteln und Sujets« (Kracauer 1964: S. 243) als Leugnung des Machtanspruchs der äußeren Realität ablehnt, entspricht seine Position derjenigen der dänischen Regisseure, die die »Echtheit« der Handlungen und Charaktere zu enthüllen versuchen, indem sie auf den Einsatz dieser formgebenden Mittel verzichten wollen.

Kracauers filmtheoretischer Ansatz unterscheidet sich seiner eigenen Beurteilung nach von anderen dadurch, daß er keine formale, sondern eine »*materiale* Ästhetik« (ebd.: S. 11, Herv. i. Orig.) dargelegt hat. Sein Werk »befaßt sich mit Inhalten. Es beruht auf der Annahme, daß der Film im wesentlichen eine Erweiterung der Fotografie ist und daher mit diesem Medium eine ausgesprochene Affinität zur sichtbaren Welt um uns her gemeinsam hat. Filme sind sich selber treu, wenn sie physische Realität wiedergeben und enthüllen.« (Ebd.: S. 11)

Im Zusammenhang dieser Arbeit soll auch die in der »Theorie des Films« dargelegte Konzeption des Zuschauers Berücksichtigung finden, mit der ihr Verfasser den vorrangig ästhetischen Diskurs über den Film um den gesellschaftlichen Gebrauch desselben erweitert.

Wie es in zahlreichen weiteren theoretischen Darlegungen zum Verhältnis Filmrezipient vertreten wird, geht Kracauer zunächst davon aus, daß Filme dazu tendieren, das Bewußtsein zu schwächen (vgl. ebd.: S. 217). Andererseits weist er darauf hin, daß der Zuschauer irgendwann diesen traumartigen Zustand verläßt, und insofern die Bedeutung der filmischen Erfahrung eine andere ist als in der unmittelbaren Rezeption. Der Argumentation Paul Valérys, daß der Film ob seiner Affinität zur materiellen Welt die spirituellen Bestrebungen zu unterdrücken drohe und durch die Versenkung in die Filmbilder der äußerlichen Welt das »innere Leben« erstickt werde, wird von ihm nicht geteilt (vgl. ebd.: S. 372).

Die Werte, Ideen und Glaubensinhalte, die das »innere Leben« kennzeichnen, haben nicht mehr die gleiche Autorität, die sie noch in der Vergangenheit besaßen und sind daher nicht mehr so »selbstverständlich, machtvoll und real, wie die Ereignisse der materiellen Welt, die der Film uns vorführt.« (Ebd.)

Kracauer stellt für die »intellektuelle Konstitution« (ebd.: S. 375) des Menschen der heutigen Gesellschaft zwei Hauptkriterien fest. Ein wesentliches Merkmal ist seine ideologische Obdachlosigkeit, wobei die Ursachen des Zusammenbruchs jener umfassenden Glaubensinhalte in folgendem bestehen: Der Glaube an den Fortschritt der Vernunft, der seit der Aufklärung gerade durch das Aufkommen wissenschaftlicher Konzeptionen gestärkt wurde und den allmählichen Verlust der alten religiösen Glaubensinhalte mit sich brachte, diese optimistische Sicht des Fortschritts, die der Gesellschaft und ihren Mitgliedern Freiheit von Unterdrückung, materielle und intellektuelle Freiheiten verschaffen sollte, wurde gebrochen von dem, was einst das Fundament des Liberalismus und machtvolles Instrument der Aufklärung gegen die herrschende Gesellschaftsordnung war, der Wissenschaft. Mit ihrer Indifferenz und einseitigen Ausrichtung auf den technischen Fortschritt entzieht sich die Vernunft dem Bereich des Gesellschaftlichen und verwandelt sich »aus einer substantiellen Entität zu einer anämischen Vorstellung.« (Ebd.: S. 377) Die Krise der Aufklärung begünstigt die restaurativen Strömungen – beide Tendenzen halten sich, so Kracauer, die Waage und steigern dadurch das Gefühl der Apathie.

Das zweite Merkmal, das die Situation des Individuums in der modernen Gesellschaft bezeichnet, hängt mit dem aus der Sphäre der exakten Wissenschaft stammenden Abstraktionsprinzip zusammen. Die Abstraktion findet ihren sichtbaren Ausdruck in der Technik. Die Mentalität des Technikers, der sich »mehr um Mittel und Funktionen als um Zwecke und Arten des Seins« kümmert (ebd.: S. 380), dominiert zunehmend die gesellschaftlichen und kulturellen Sphären, denen sich der Einzelne im Grunde nicht entziehen kann. »In der Tat, kaum versuchen wir, mit geistigen Entitäten in Berührung zu kommen, so drohen sie sich zu verflüchtigen. Sobald wir nach ihnen greifen, reduzieren wir sie auf Abstraktionen, die so farblos sind wie die Geräusche, auf die Radiomusik gewöhnlich reduziert wird.« (Ebd.: S. 381)

Exemplarisch verweist er hier auf die Funktionalisierung des Seelischen durch die Freudsche Psychoanalyse sowie die relativistische Reduktion des Bewußtseins. Letzteres bezeichnet die Auswirkungen, die der wachsende, ununterbrochene Informationsfluß der Massenmedien und die fortschreitende soziale Beweglichkeit auf das Allgemeinbewußtsein haben: Die durch die zunehmende Mobilität und Perspektivenerweiterung gewonnenen Vergleichsmöglichkeiten mit anderen Kulturen erschüttern (relativieren) das Vertrauen in absolute Werte und Normen.

Die Herrschaft der Abstraktion, die eng mit dem prinzipiell unumkehrbaren Verlust gemeinsamer Glaubensgehalte zusammenhängt, verhindert einerseits das menschliche Bestreben, »spiritueller Nacktheit zu entrinnen« (ebd.: S. 384), andererseits führt diese durch das Zerbrechen der Totalität zu Realitätsverlust. »Fragmentarische Individuen spielen ihre Rolle in einer fragmentarischen Realität«. (Ebd.: S. 386) Ein Ausweg aus dieser Situation, eine Wiedergewinnung der Realität ist nur möglich, wenn man sich der materiellen, physischen Dimension des Seins zuwendet, der einzigen noch verfügbaren Realität (vgl. ebd.: S. 386 ff.).

»Wenn wir uns aber der herrschenden Abstraktheit entledigen wollen, müssen wir vor allem diese materielle Dimension ins Auge fassen, die von der Wissenschaft erfolgreich vom Rest der Welt abgelöst worden ist. Denn wissenschaftliche und technologische Abstraktionen bedingen nachhaltig unser Denken; und sie alle verweisen uns auf physische Phänomene, während sie uns gleichzeitig von deren Qualitäten weglocken (...) Wir können nur dann darauf hoffen, der Realität

nahezukommen, wenn wir ihre untersten Schichten durchdringen.«
(Ebd.: S. 387) Mit der Erfindung von Film und Fotografie stehen nun
die geeigneten Instrumentarien zur Verfügung, physische Realität
wiederzugeben: »Der Film macht sichtbar, was wir zuvor nicht gesehen
haben oder vielleicht nicht einmal sehen konnten. Er hilft uns in
wirksamer Weise, die materielle Welt mit ihren psycho-physischen
Entsprechungen zu entdecken. Wir erwecken diese Welt buchstäblich
aus ihrem Schlummer, ihrer potentiellen Nichtexistenz, indem wir sie
mittels der Kamera zu erfahren suchen. Und wir sind imstande, sie zu
erfahren, weil wir fragmentarisch sind. Das Kino kann als Medium
definiert werden, das besonders dazu befähigt ist, die Errettung
physischer Realität zu fördern. Seine Bilder gestatten uns zum ersten
Mal, die Objekte und Geschehnisse, die den Fluß des materiellen Lebens
ausmachen, mit uns fortzutragen.« (Ebd.: S. 389)

Entsprechend dem Programm Kracauers der »Errettung der äußeren
Wirklichkeit«, wie letztlich auch der Untertitel seines theoretischen
Werkes lautet, ist auch im dänischen Manifest von einer »Rettungsaktion« (s. Manifest im Anhang) die Rede, wobei darin weniger das,
»was« gerettet werden soll, spezifiziert wird, sondern eher das, »wovor«
man den Film retten will, und wie dies zu erreichen ist.

Wohin diese durch den Film ermöglichte Erfahrung materieller Realität führt, deutet Kracauer indes nur an. So spricht er etwa von der entta-
buisierenden Wirkung, die erzielt wird, wenn Film beispielsweise Greu-
eltaten erfahrbar macht, die zu schrecklich sind, als daß wir sie im direkten Angesicht in gleicher Weise ertragen könnten (vgl. Kracauer 1964:
S. 395 f.). Eine Vorstellung die – wie gesagt – im Manifest explizit abgelehnt wird. Des weiteren nennt er die Möglichkeit, daß Bilder uns mit
unseren Vorstellungen über das, was sie zeigen, konfrontieren und diese
entweder bestätigen oder – was entscheidender ist – in Frage stellen.

Im vorhergehenden wurde bereits davon gesprochen, daß die Theorie
Kracauers einen ausgesprochen normativen Charakter hat, einer von
mehreren Kritikpunkten, der in vielen Rezeptionen seines Werkes auftaucht.
So schreibt etwa Werner Faulstich: »Was bei Bazin durch die Bezugnahme
auf eine bestimmte Phase der Filmgeschichte verständlich scheint,
nämlich eine normative Auffassung dessen, was der Film zu zeigen hat,
wird bei Siegfried Kracauer (...) verabsolutiert und in dieser über-
greifenden Normierung vollends fragwürdig.« (Faulstich 1991: S. 37)

Bertolt Brecht

Das Verhältnis Brechts zum Film, ebenso wie das Verhältnis des Brechtschen Theaters zum Film, ist ein mitunter widersprüchliches, gleichermaßen bestimmt durch Annäherung wie Ablehnung[16] (vgl. Gersch 1975: S. 40; vgl. auch ebd.: S. 169). So führte der Dichter und Dramatiker von seiner Jugend an eine, vor allem im Hinblick auf seine Theaterarbeit, produktive Auseinandersetzung mit den ästhetischen und soziologischen Fragestellungen des Films und bemühte sich in allen seinen künstlerischen Schaffensphasen mal mehr, mal weniger intensiv, eigene Filme zu realisieren, was aber letztlich nur einmal[17] gemäß seinen Vorstellungen gelang. Zugleich nährten die andauernde Erfolglosigkeit und Schwierigkeiten in seiner Filmarbeit, etwa bezüglich seiner Erfahrungen mit dem Hollywood-System während seiner Exilzeit oder die juristischen Auseinandersetzungen im Zusammenhang mit dem Dreigroschenfilm DIE BEULE (1930), die Brecht in der kunstsoziologischen Studie »Der Dreigroschenprozeß« verarbeitete, seinen kritischen Blick auf die Entwicklung des Films in seinem gesamtgesellschaftlichen, wesentlich durch die kapitalistische Produktionsweise bestimmten Zusammenhang. Im Zuge der Entwicklung Brechts zum Marxisten wurde die radikale Kritik des Kapitalismus und der bürgerlichen Ideologien zum Mittelpunkt seines politisch-künstlerischen Programms. Entsprechend zeigt Brecht im »Dreigroschenprozeß« die Verstrickung bürgerlicher Ideologie und Praxis am Beispiel der Filmindustrie auf.[18] Dort diskutiert er ebenfalls die Lage, die Möglichkeiten und die Aufgaben des Films, »dessen Bedeutung als enorm erkannt, soziologisch und ästhetisch umrissen wird als Aufbruch zu einer revolutionären Kunst.« (Ebd.: S. 75).

---

[16] Das deutlich ambivalente Verhältnis wurde lange Zeit in der Rezeption durch Brechts Ruf der Filmfeindlichkeit überlagert, was wiederum wesentlich mit seinen Protesten gegen die Art der Verfilmung seiner Stücke zusammenhängen dürfte.

[17] KUHLE WAMPE ODER WEM GEHÖRT DIE WELT? (1931/32)

[18] Auf Grundlage der Prozeßvorgänge sieht Brecht einen groben Widerspruch zwischen dem »entschlossensten Materialismus« (Brecht 1967b: S. 192) in der Sphäre kapitalistischer Praxis auf der einen Seite und der »großen bürgerlichen Idealität«, den »alten Vorstellungen« von Freiheit, Gerechtigkeit usf., die in ihrer »Gesamtheit eben die große bürgerliche Ideologie ausmachen«, auf der anderen Seite. (Ebd.: S. 193)

Insoweit hatten die Gegner Brechts nicht Unrecht, wenn sie ihm vorwarfen, »daß er eine ›politische Kampftendenz‹ in den Film tragen wollte.« (Ebd.: S. 39).

Brecht bezieht Position gegen die bürgerliche Kunst und ihr Selbstverständnis als gesellschaftlich autonomes, durch »vornehme Nutzlosigkeit« (ebd.: S. 78) charakterisiertes Phänomen, indem er eine inhaltlich-formale Revolutionierung der Kunst fordert, die vor allem auch den Wirkungen der Kunst, d.h. dem Betrachter (Zuschauer) eine wesentliche Rolle zuspricht. Für die Erfüllung dieser neuen Ästhetik hat der Film eine wertvolle impulsgebende Funktion: »Denn Brecht sah im Film nicht ein gewissermaßen wertneutrales, nur quantitativ neuwertiges Transportmittel von Ideen, er begriff ihn als prinzipiell neue Vermittlung, die den gesamten ästhetischen und sozialen Bereich der Kunst betrifft und verändernd auf die traditionellen Künste wirkt.« (Ebd.: S. 78)

Was Brecht am Film vor allem schätzte, und was seine künstlerische Arbeit gerade im Hinblick auf das »epische Theater« beeinflußte,[19] ist die Fähigkeit des Films, die Wirklichkeit dokumentarisch abzubilden. Dafür steht exemplarisch die Forderung: »die Kunst folgt der Wirklichkeit.« (Brecht 1967a: S. 196) Das Verhältnis zum Dokumentarischen erfuhr in der Genese des Brechtschen Denkens allerdings eine Neubeurteilung. So entsprach seine frühe Auffassung noch einer Kunstideologie vom »Gott der Dinge, wie sie sind«, was im wesentlich bedeutete, dem Zuschauer dokumentarisches Material vorzusetzen, das dieser selbst zu ordnen hatte. Doch Brecht erkannte, daß die rein »absichtslose« Schilderung des Faktischen unzureichend ist, da »weniger denn je eine einfache »Wiedergabe der Realität« etwas über die Realität aussagt. Eine Photographie der Kruppwerke oder der AEG ergibt beinahe nichts über diese Institute. Die eigentliche Realität ist in die Funktionale gerutscht. Die Verdinglichung der menschlichen Beziehungen, also etwa die Fabrik, gibt die letzteren nicht mehr heraus. Es ist also tatsächlich »etwas aufzubauen«, etwas »Künstliches«, »Gestelltes«. Es ist also ebenso tatsächlich Kunst nötig.« (Brecht 1967b: S. 161 f.)

Da jedoch der alte Begriff von Kunst, »vom Erlebnis her« (ebd.: S. 162) nach Brecht nicht zur Verfügung steht – »denn auch wer von der

---

[19] Daß der Einzug des Dokumentarischen auf der Bühne zum großen Teil dem Film zu verdanken ist, hat Brecht mit der Äußerung »Der Film macht dem Drama das Bett« bekundet (Brecht 1967a: S. 134)

Realität nur das von ihr Erlebbare gibt, gibt sie selbst nicht wieder« (ebd.) – ist es notwendig, eine »neue Vorstellung Kunst« (ebd.) zu schaffen, um der gesellschaftlichen Funktion der Kunst, »Wirklichkeit zu geben« (ebd.), gerecht zu werden,. Unter dem »Künstlichen« versteht er im wesentlichen eine verfremdende Gestaltung der dokumentarischen Abbildung, »die eben nicht a priori mit der Widerspiegelung der Oberfläche der Realität, der Erscheinung, auch ihr Wesen erfaßt«. (Gersch 1975: S. 93) Das bedeutet allerdings nicht, den Stellenwert dokumentarischer Widerspiegelungen zu reduzieren, sondern dient der Betonung des gestalterischen Zusammenhangs. Um den »gesellschaftlichen Kausalkomplex« aufzudecken (Brecht 1967c: S. 326) gilt es, diese »Fetischisierung des Dokumentarischen« (Gersch 1975: S. 94) zu vermeiden. Was Brecht im Kino (wie im Theater) anstrebt, ist ein Publikum »von lauter Reflexologen« (Brecht 1967b: S. 171). Der Zuschauer soll sich nicht in passiver Weise dem »kulinarischen« Erlebnis Kinobesuch hingeben, sondern zum Nachdenken aktiviert werden, in die Kunstproduktion als beteiligtes Subjekt integriert werden, um so zu »richtigen« Anschauungen und Haltungen über das Dargestellte zu gelangen. Dies zu erreichen, ist für ihn eben nur über ein dialektisches Verhältnis zum Dokumentarischen möglich, indem zwischen dem künstlerischen Geschehen und dem Zuschauer ein Distanzverhältnis entfaltet wird und letzterem vergegenwärtigt wird, daß er es mit einer gestalteten Kunstwirklichkeit zu tun hat.[20]

Bezogen auf den Film ist die so mögliche »technische Reproduzierbarkeit« der Wirklichkeit für Brecht eng verbunden mit der diese Abbildung konstituierenden, vermittelnden, eingreifenden Handhabung der Apparate; beides wirkt sich sowohl inhaltlich wie formal auf den Film aus. Die Apparate sollen, Brecht zufolge, abgeleitet von den technisch-analysierenden Möglichkeiten der Kamera und Montage, »wie mit Instrumenten« (ebd.: S. 157) ein zweckgebundenes Organisieren des dokumentarischen Materials ermöglichen, den Stoff organisieren, Transparenz hervorrufen, ihn »greifbar« machen.

Indem im künstlerischen Abbild das »Typische« und »Wesentliche« der Wirklichkeit herausgestellt wird und im dargestellten Konkreten,

---

[20] Zwar hat auch der »bürgerliche Film« die Möglichkeit, »Wirklichkeit zu geben«, zu nutzen gewußt. Brecht wendet sich aber gegen die suggestive, allein dem »Fluß des Lebens« (Kracauer) verpflichtete Erzählweise bzw. Ästhetik.

Einzelnen das Allgemeine zum Ausdruck kommt, kann der Film seiner »großartig induktive[n] Methode« (ebd.) gerecht werden und entsprechende Verallgemeinerungen, Abstraktionen zulassen, z.B. »verwendbare Aufschlüsse über menschliche Handlungen im Detail.« (Ebd.)

Brecht stellt seine Auffassung von Apparaten nicht ohne Polemik jener idealistischen, auf dem »subjektivistische[n] Sichausdrücken« beruhenden Kunst entgegen, durch die man etwa »nur etwas über den Autor und nichts über die Welt [erfährt].« (Ebd.) Denn »in Wirklichkeit braucht der Film äußere Handlung und nichts introspektiv Psychologisches« (Ebd.: S. 170 f.)

Die bürgerliche Kunst, die nur noch ein reines »Genußmittel« (ebd.: S. 160) ist, und daher eigentlich nur in Anführungsstrichen als die »Kunst« bezeichnet werden kann, »die »Kunst« hat sich jedenfalls gegen die Apparate mit Macht durchgesetzt.« (Ebd.) Den Begriff »Apparate« benutzt er ebenfalls für die neuen Medien (Rundfunk, Film) insgesamt, deren umwälzender Charakter auch vor den traditionellen Künsten nicht Halt macht: »Diese Apparate können wie sonst kaum etwas zur Überwindung der alten, untechnischen, antitechnischen, mit dem Religiösen verknüpften, »ausstrahlenden« »Kunst« verwendet werden. Die Vergesellschaftung dieser Produktionsmittel ist für die Kunst eine Lebensfrage.« (Ebd.: S. 158)

Der Annahme, die traditionellen Künste blieben von diesem Transformationsprozeß unberührt, tritt Brecht entschieden entgegen: »Die alten Formen der Übermittlung nämlich bleiben durch neu auftauchende nicht unverändert und nicht neben ihnen bestehen.« (Ebd.: S. 156) In den neuen Medien sieht er ein progressives Potential »einer mobilen, aktuellen, praxisbezogenen, eingreifenden Vermittlung, die den Zopf kultischer, idealistischer, die Künstlerpersönlichkeit autoritär zum Maßstab erhebender Kunst abwirft.« (Gersch 1975: S. 81)

Neben dem Hinweis auf den Verlust des Kultwerts[21] des traditionellen Kunstwerks, den der Einzug der neuen Medien mit sich brachte, betont Brecht, daß weder der Warencharakter des Films durch Kunst aufgehoben wird, noch daß die Kunst im ganzen – gleich welcher Gattung – davon unbetroffen bleibt. Brecht beurteilt dieses Verhältnis

---

[21] Inhaltlich eng an Brecht anknüpfend, spricht Walter Benjamin (1974) in seinem Kunstwerkaufsatz vom Verlust der »Aura«. Diesen Begriff lehnt Brecht hingegen als »Mystik, bei einer Haltung gegen Mystik ab« (Brecht 1973: S. 16).

offenbar jedoch nicht nur negativ: »Niemand kann sich anscheinend vorstellen, daß diese Art, in den Verkehr zu kommen, für ein Kunstwerk günstig sein könnte.« (Brecht 1967b: S. 167) Nach Brecht ist der Film in besonderem Maße auf Verwertung angelegt, in einen Prozeß der Warenzirkulation eingeschlossen, in dem »kein Ding ohne Beziehung zum anderen« übrig bleibt: »es ist eben der Prozeß der Kommunikation schlechthin.« (Ebd.: S. 168)

Die Loslösung des Kunstwerks von seiner auratischen, durch die »Einzigkeit« bestimmten Wirkung ermöglicht unter den Bedingungen einer spätkapitalistischen Gesellschaftsform allerdings noch keine progressive Nutzung der Kunst für emanzipative Zwecke, wenngleich die Warenförmigkeit des Filmes diesen beispielhaft als funktions-bestimmte Kunst ausweist (was Brecht als seine Stärke gegenüber elitären Vorstellungen einer »nutzlosen« Kunstpraxis hervorhebt):

»Die Phase der Ware wird ihr heutiges Spezifikum aufgeben, aber das Kunstwerk mit einem anderen ihr innewohnenden Spezifikum beladen haben. Auch der Satz: Das Kunstwerk ist eine Ware, wäre ja eine prädikative tautologische Aussage, wenn nicht doch etwas mehr von Funktion darinnen steckte, etwas, was seinen Hauptwert ausmacht. In diesem Sinne ist die Umschmelzung geistiger Werte in Waren (Kunst-werke, Verträge, Prozesse sind Waren) ein fortschrittlicher Prozeß, und man kann ihm nur zustimmen, vorausgesetzt, daß der Fortschritt als Fortschreiten gedacht wird, nicht als Fortgeschrittenheit, daß also auch die Phase der Ware als durch weiteres Fortschreiten überwindbar angesehen wird.« (Brecht 1967b: S. 201 f.) Die optimistische Sichtweise auf eine Zukunft des Films (der Kunst) im progressiven Sinne hat sich, so Gersch, nicht bestätigt. Der von Brecht hervorgehobene Hauptwert wird vielmehr durch die auf Profitmaximierung ausgerichteten Inter-essen der Kulturindustrie »beschädigt, wenn nicht liquidiert.« (Gersch 1975: S. 84) Dies zeigt exemplarisch die Verfilmung der DREIGRO-SCHENOPER (1931).

Der Film, der am ehesten dem Brechtschen politisch-ästhetischen Programm eines proletarisch-realistischen Films gerecht wurde, mußte nicht »die Phase der Ware« durchschreiten, da eine »proletarische« Filmgesellschaft, die »Prometheus Film-Verleih und Vertriebs GmbH«, die Finanzierung übernahm: KUHLE WAMPE ODER WEM GEHÖRT DIE WELT? (1931/32) des Kollektivs Brecht (Buch), Dudow (Regie), Eisler (Musik) und Ottwalt (Buch). Auf der Basis einer von allen Mitstreitern des Kollektivs geteilten marxistischen Ästhetik, behandelt der Film in einer funktionalen dialektischen Erzählweise[22] Stellung und Milieu der Arbeiter zur Zeit der Weltwirtschaftskrise. Die Verelendung des Proletariats wird darin ursächlich auf das kapitalistische Gesellschaftssystem zurückgeführt, wobei die Lösung der geschilderten Mißstände nur durch den vereinigten, organisierten Kampf der Arbeiterklasse im Zuge einer Revolution der Gesellschaft als möglich dargestellt wird, getreu der Brechtschen Auffassung: »Realistische Kunst ist kämpferische Kunst.« (Brecht 1964: S. 315) Ein wesentliches Kennzeichen der Brechtschen Erzähltechnik ist, wie im Film deutlich wird, sein ästhetisches Verfahren einer »Trennung der Elemente« (vgl. Brecht 1967a: S. 495 ff.), d.h. daß die filmischen Gestaltungsebenen (Montage, Musik, Dialoge, etc.) den dargestellten Vorgang nicht in gleicher Weise interpretieren, sondern einen relativen Status innehaben, um sich so in einem »artistischen Zusammenspiel« (Gersch 1975: S. 133) gegenseitig zu kommentieren und »zu verfremden«.

Am Beispiel des Films KUHLE WAMPE[23] wird besonders deutlich, was Brecht unter künstlerischer Tätigkeit versteht: »die bewußte parteiliche Widerspiegelung der Wirklichkeit (im Interesse der arbeitenden Massen), wobei das künstlerisch tätige Subjekt die vielfältigsten Mittel so anwendet, daß der Mensch auf sinnlich-anschauliche, unterhaltsame und lehrhafte Weise in der gestalteten Kunstwirklichkeit die Realität ›richtig‹ und als veränderbar begreifen kann.« (Happel 1980: S. 173). Laut Brecht wurden die künstlerischen Intentionen, die das Brecht-Kollektiv mit KUHLE WAMPE versuchte umzusetzen, erstaunlicherweise ausgerechnet von einem der Zensoren, die den Film wegen seiner kommunistischen Gesamttendenz zunächst verbieten wollten, schließlich aber auf öffentlichen Druck der Veröffentlichung einer entschärften Fassung zustimmten, am treffendsten erkannt. So urteilt Brecht über diesen Zensor: »Er war weit tiefer in das Wesen unserer künstlerischen Absichten eingedrungen als unsere wohlwollendsten Kritiker. Er hatte

---

[22] D.h. das Einzelne wird unmittelbar in Beziehung gesetzt zum Allgemeinen. Angestrebt wird die (dialektische) Einheit von Abbild und Funktionalität.

[23] Der vor allem aus zwei Gründen (trotz des Kollektivgedankens) als Brecht-Film bezeichnet werden kann. Einerseits war Brecht in allen Phasen aktiv an der Produktion beteiligt, andererseits waren die Kollegen des Kollektivs »Parteigänger« (Gersch 1975: S. 108) der Ästhetik Brechts.

ein kleines Kolleg über den Realismus gelesen. Vom Polizeistandpunkt aus.« (Brecht 1967b: S. 216)

Inwieweit Elemente der Brechtschen Ästhetik und seiner Auffassung des Realismus auch in den Dogma-Filmen aufzufinden sind, ist nicht leicht zu beantworten. Was der Dogma-Ansatz vor allem mit Brechts Vorstellungen vom Film gemeinsam hat, ist der antibürgerliche Gestus. Doch die Dogma-Filme sind keine proletarische Filmkunst, wie man es von KUHLE WAMPE sicherlich behaupten kann, daher existiert bei den Dänen auch keine dem Brechtschen Ansatz vergleichbare Vorstellung (Utopie) von der revolutionären Verwendung des Films im Sinne einer gesellschaftsverändernden Funktion. Die Gesellschaftskritik der Dogma-Filme beschränkt sich auf die negative Schilderung der dargestellten Welt. Es werden keine positiven Lösungen angeboten, genauso wenig praktizieren sie eine dialektisch-materialistische Ästhetik. Es gibt keine den dokumentarischen Gestus der Filme brechenden Verfremdungs-effekte. Allenfalls könnte man die Interview-Sequenzen in IDIOTERNE in diesem Sinne interpretieren, insofern sie den linearen Ablauf der Filmerzählung unterbrechen und durch die Befragung der Akteure über ihre Erfahrungen zugleich den Zuschauer zur Reflexion auffordern. Das Wackeln und die grobkörnige Struktur der Bilder sind aber nicht Ausdruck einer künstlerischen Intention, die darauf zielt, dem Realismus der Bilder entgegenzuwirken. Und schließlich haben die Dogma-Filme eine Gemeinsamkeit, die Brecht explizit ablehnt, ihr hohes Maß an »psychologische[m] Realismus« (vgl. Seeßlen 1999: S. 43).

II. Dogma 95 und das Kino im digitalen Zeitalter

1. Filmkultur im Wandel: Die Digitalisierung und ihre Folgen für das Kino

Seit jeher hat man im Film, insbesondere im Hollywood-Film, jedes nur erdenkliche illusionäre Verfahren verwendet, um eine Geschichte zu erzählen, in der Regel tunlichst darum bemüht, jene Spuren aus den Bildern zu löschen, die verraten könnten, daß längst nicht alles so ist, wie es zu sein scheint. Modelle, Masken, Puppen, Rück- und Aufprojektionen, Matte-Bilder, Blue- oder Greenscreenwände, optische Printer, Pyroeffekte, künstliches Blut, Motion-Control, Preßluftgewehre, Wind- und Schneemaschinen (vgl. Hamilton 1998) – fortwährend ging es darum, mit Effekten und Tricks zu experimentieren, die Illusionstechniken zu perfektionieren, um das Repertoire des Darstellbaren gemäß den Visionen der Filmemacher zu erweitern, sowohl innerhalb der »phantastischen« Genres wie dem Science Fiction- oder dem Horrorfilm als auch in Bezug auf »realistische« Genres wie Krimis, Liebesfilme usf.

Im Zusammenhang mit dem Autorenfilm der 60er Jahre steht im Manifest der Dänen: »1960 hieß es: Genug ist genug! Der Film wurde zu Tode geschminkt, sagten sie; seitdem ist der Gebrauch von Kosmetik explodiert.« (S. Manifest im Anhang)

In der Tat, mit dem Eintritt in das digitale Zeitalter hat sich das Kino (wie die Medienlandschaft insgesamt) in entscheidender Weise verändert. Haben die Special Effects und Illusionstricks bis vor kurzem noch eher eine Randexistenz hinsichtlich ihrer öffentlichen Beachtung gefristet, rücken diese mit dem Aufkommen des digitalen Mediums ins Zentrum der Aufmerksamkeit (vgl. Manovich 1997: S. 32). Der Transformationsprozeß, der durch Digitalisierung eingeleitet wurde, ist sicherlich vergleichbar mit dem, den das Kino durch die Einführung des Tons und des Farbfilms erfahren hat (vgl. Hoffmann 1998a: S. 241).

Dennoch, wie zu Beginn jeder technischen Revolution besteht auch im Hinblick auf die digitale Technik die Gefahr oder die Versuchung, sich wilden Spekulationen und Befürchtungen über ihre Folgen hinzugeben, die den analytischen Blick verstellen können. Um so wichtiger ist es, den hypothetischen Charakter der Beurteilungen über

Ausmaß und Qualität der Veränderungen nicht aus den Augen zu verlieren.

In jedem Fall greift die digitale Technik in die Kernbereiche des Films ein, von der Produktion über die Postproduktion bis zur Projektion.[1] Zwei Aspekte sind dabei hervorzuheben:

Einerseits die Narration: Kino bedeutet für die meisten Zuschauer, Kritiker und Filmemacher vor allem eine Geschichte zu erzählen. Gerade die Erzählung wird aber durch die interaktive Einflußnahme auf den Verlauf von Handlungen und Charakteren im Kino, ermöglicht durch die digitale Technik, entscheidend verändert.[2]

Die Frage ist hier, inwieweit die interaktive Einflußnahme auf den Film und die Wahl zwischen verschiedenen narrativen Pfaden überhaupt dem entspricht, was die Besonderheit des Kinos ausmacht: sich einer Bilderwelt auszusetzen, die man nicht aktiv beeinflussen kann, sondern der man sich (zumindest physisch) passiv aussetzt, von der man sich bewußt oder unbewußt überwältigen läßt; ein Raum, den man betritt, um gleichsam durch die Augen eines anderen zu sehen (und mit seinen eigenen Erfahrungen zu verbinden).

Kurzum lautet die Frage, ob man ins Kino geht, um zum scheinbaren »Produzenten«, genauer »Mitproduzenten«, einer Geschichte zu werden. Die Integrationsmöglichkeiten, die ein auf interaktiver

---

[1] So hat Regisseur George Lucas seinen Film STAR WARS EPISODE ONE – THE PHANTOM MENACE, den Nachfolger der STAR WARS-Trilogie, in einem Kino in Los Angeles digital vorgeführt. Die Filmbilder, noch in »klassischer« Weise auf 35mm-Material gedreht, wurden zunächst vorab in einen Computer eingelesen und von dort über einen Spezialprojektor auf die Leinwand projiziert. Wann die digitalen Abspielgeräte die herkömmliche Vorführtechnik und damit irgendwann die traditionelle Filmrolle ersetzen werden, ist nicht zuletzt eine Kostenfrage. Experten der Filmindustrie gehen dabei von einem Zeitraum von 5 bis 10 Jahren aus. Der Preis eines digitalen Projektors liegt derzeit allerdings noch bei rund 250.000 US-Dollar, was gerade für kleinere Kinobetriebe nicht zu finanzieren ist. Lucas hat jedenfalls schon angekündigt, sein nächstes Werk nicht mehr auf Film, sondern ausschließlich digital zu drehen (vgl. Löwenthal 1999: S. 23).

[2] Interaktive Kinofilme wurden bereits öfter vorgeführt. Kinobesucher können mit- bzw. gegeneinander spielend in das Filmgeschehen eingreifen. Für das computergesteuerte Leinwandspektakel erhalten alle Besucher eine farbige Kelle, mit der sie vom Kinoraum aus die Filmhandlung mitbestimmen. Spezielle, im Saal installierte Kameras können Reflexionen auf den Kellen erfassen, in Bruchteilen von Sekunden auswerten und auf der Leinwand umsetzen, so daß beispielsweise ein Flugzeug vom Publikum durch eine virtuelle Landschaft gesteuert werden kann. Ermöglicht wurde dieses System der interaktiven Publikumsbeteiligung von dem Computerwissenschaftler Loren Carpenter. Sein Erkenntnisinteresse zielt dabei auf die Erforschung des kreativen Potentials einer aktivierten Gruppenintelligenz.

Erzählung beruhender Film anbietet, sind ohnehin präformiert: Gewählt bzw. abgestimmt werden kann ausschließlich zwischen dem, was der Film, besser das Programm, zur Verfügung stellt, so komplex die Auswahlvarianten und Handlungsoptionen im einzelnen auch sein mögen. Das interaktive Kino, ähnlich wie das Computerspiel, integriert zwar auch die Narration, diese läuft aber insgesamt nicht mehr »klassisch« linear ab, sondern non-linear, simultan oder – wenn man so will – multi-linear. Und welcher Strang der Erzählung gerade verfolgt wird, wird durch einen Abstimmungsprozeß bestimmt, dessen Ergebnis naturgemäß nicht mit den Wünschen aller korrespondiert.

So ist das interaktive Kino[3] im Grunde nichts anderes als ein Computerspiel mit einem überdimensionierten Bildschirm, an dem man zusammen mit oder auch gegen die anderen Besucher des interaktiven Kinos teilnehmen kann.

Filme und Spiele sprechen aber äußerst unterschiedliche Bedürfnisse an, das eine wird das andere wohl kaum ersetzen können und vice versa. Dies bestätigt auch die gegenwärtige Marktsituation: Wurde der interaktive Spielfilm noch vor zwei, drei Jahren verheißungsvoll angekündigt, hat sich mittlerweile Ernüchterung auch auf Seiten der Hersteller ausgebreitet: Statt interaktive Filme herzustellen, produzieren die entsprechenden Dependancen der Spielfilmstudios in Hollywood CD-Rom-Spiele und Webseiten der Kinohits (vgl. Jacobs 1998: online). Insoweit ist es eher wahrscheinlich, ohne Prophetie betreiben zu wollen, daß der interaktive *Kino*film, wenn überhaupt, seinen Platz nur innerhalb sogenannter Themenparks behaupten kann.

Andererseits betrifft die Digitalisierung den Status des Bewegungsbildes (Gilles Deleuze) im allgemeinen, und gerade dieser Aspekt ist im Rahmen der vorliegenden Arbeit besonders relevant.

Für Lev Manovich, Künstler und Theoretiker im Bereich der neuen Medien, »definieren digitale Medien die Identität des Kinos vollständig neu«, insofern nämlich, genügend Geld und Zeit vorausgesetzt, »nahezu alles in einem Computer simuliert werden kann, physikalische Realität zu filmen nur *eine* Möglichkeit ist.« (Manovich 1997: S. 30) Mit anderen Worten, das für das Kino des 20. Jahrhunderts charakteristische

---

[3] Das Kino war eigentlich in dem Sinne schon immer »interaktiv«, insofern jeder Zuschauer ohnehin aufgrund seiner individuellen Erfahrungsdisposition einen anderen Film sieht.

filmische Prinzip, sei es im feature film Hollywoods oder in europäischen Kunstfilmen (abgesehen von experimentellen Filmen), nämlich eine auf Linsen-Technik basierende Aufzeichnung der vom Kameraauge erfaßten »Realität« zu sein, diese gleichsam ontologische Basis des Films, die für Manovich eben die Identität des Kinos schlechthin ausmacht, hat sich durch die digitale Technik in grundsätzlicher Weise gewandelt.

»Aber was geschieht mit der indexikalischen Identität des Kinos, wenn es möglich ist, fotorealistische Szenerien anhand von 3-D Animationen vollständig im Computer zu generieren; individuelle Gestalten oder ganze Szenerien mit Hilfe digitaler Zeichenprogramme zu verändern; digitalisierte Filmbilder zu etwas zuzuschneiden, verformen, strecken, zurechtzubasteln, das vollkommene fotografische Glaubwürdigkeit besitzt, obwohl es tatsächlich nie gefilmt wurde?« (Ebd.: S. 30 f.)

Herkömmlich gefilmte Bilder kann ein Computer, sobald sie digitalisiert sind,[4] nicht von ausschließlich computergenerierten Bildern unterscheiden, da sich nunmehr alle aus Pixeln zusammensetzen. Aus dieser Perspektive verlieren die »realen Aufnahmen« ihren privilegierten, wenn auch seit je her zweifelhaften Status, »Wirklichkeit« zu repräsentieren – sie sind wesentlich leichter veränder- und ersetzbar, als es bei tatsächlich gefilmtem Material möglich ist, nur noch Rohmaterial für die weitere Bearbeitung, reduziert auf den Stellenwert einer Grafik, die nahezu keine optisch sichtbare Differenz zu einer manuell erschaffenen aufweist.

»Tatsächlich, die eigentliche Unterscheidung zwischen Schöpfung und Modifikation, die in den auf Film basierenden Medien so deutlich zutage tritt, (Aufnehmen im Gegensatz zu den Vorgängen in der Dunkelkammer in der Fotografie, Produktion im Gegensatz zur Postproduktion im Film) gilt für das digitale Kino nicht mehr, seitdem jedes Bild, ungeachtet seines Ursprungs, eine Reihe von Programmen durchläuft, ehe es in den endgültigen Film eingefügt wird.« (Ebd.: S. 33)

Ob eine Differenzierung zwischen der klassischen Produktion (Aufnahme der Bilder) und Postproduktion (Nachbearbeitung, Montage der Bilder) obsolet geworden ist, wie Manovich behauptet, sei dahingestellt. In jedem Fall gewinnt die Postproduktion durch die

---

[4] Sei es, daß sie auf Film, Video oder gleich in einem digitalen Format aufgezeichnet werden.

digitale Technik gegenüber der klassischen Produktionsphase größeres Gewicht. Indem also »live action footage« nunmehr zu Rohmaterial für weitere Animations-, Kompositions- und Morphing-Verfahren auf dem Computer degradiert wurde, bezieht es nach Manovich dadurch die Plastizität, die vorher ausschließlich in der Malerei und der Animation möglich war. Die fertigen Bilder eines Filmes werden manuell aus verschiedenen Elementen zusammengesetzt und alle Elemente entweder neu kreiert oder vorhandene verändert.

Diese Aspekte zusammenfassend, definiert Manovich den digitalen Film: »Digitales Kino ist ein besonderer Fall von Animation, in dem »live action footage« als eines von vielen Elementen genutzt wird.« (Ebd.)

Der Film löst sich also aus seiner engen Verbindung zur Fotografie und strebt nicht nur einer besonderen Form der Animation zu, sondern der Malerei, Malerei in der Zeit, was eine noch emphatischere Beurteilung jenes »Übergangs dessen, was man als die optische (die fotografische) bezeichnen könnte, in die digitale (die post-fotografische) Art der Bild-Produktion« bedeutet (Elsaesser 1998b: S. 205). Was diese Entwicklung für die Rolle des Künstlers bewirkt, wird im nachfolgenden dargelegt und mit der in Dogma 95 manifestierten Haltung zum Schaffen von Kunst in Beziehung gesetzt werden.

Mit einem Blick auf die Kulturgeschichte der bewegten Bilder stellt für Manovich die manuelle Konstruktion von Bildern im digitalen Kino auch eine Wiederkehr vor-kinematographischer Verfahren des 19. Jahrhunderts dar, als die bewegten Bilder von Hand gemalt und animiert wurden;[5] bevor sich schließlich im Übergang zum 20. Jahrhundert die handwerklichen Techniken in Form des Animationsfilm von dem Kino als »aufzeichnende[r] Kunst« (Monaco 1995: S. 37) schieden, um sich letztlich im digitalen Zeitalter wieder zu vereinigen und so gleichsam einen Zyklus zu beschreiben.

Die digitale Technik bedeutet für den Kinofilm allerdings nicht nur eine Annäherung an die Animation, sondern verleiht den Special Effects

---

[5] Z.B. in dem Praxinoskop (1877 von Émile Reynaud entwickelt). In diesem optischen Apparat wird ein Streifen handgemalter Bilder in einer Trommel angebracht, in deren Mitte sich ein Zylinder mit Spiegeln befindet. Wird die Trommel bewegt, sieht man in den Spiegelflächen die Bewegung der einzelnen Bilder. Charakteristisch für die vorkinematographischen Techniken ist das Schleifen oder Kreisprinzip (vgl. auch Zoetrope oder Phenakistoskop).

im Film (wieder) eine zentrale Bedeutung, allen voran in den Blockbuster-Produktionen Hollywoods. Bei einigen der aktuellen Kinoproduktionen werden nicht mehr allein die Handlung oder Stars beworben, sondern die Anzahl und Qualität der Spezialeffekte, bei manchen Filmen stehen diese sogar eindeutig im Mittelpunkt. So verweist der Werbespruch von GODZILLA (1998) »size matters« (neben der sexuellen Anspielung) nicht nur auf die Größe des Monsters, sondern steht zugleich für den enormen finanziellen und technischen Aufwand dieses Blockbusters. Auch die Zahlen bestätigen, daß der Einsatz von Spezialeffekten den kommerziellen Erfolg eines Filmes nicht unbeträchtlich lanciert. In der rund 20jährigen Firmengeschichte hat der Special Effects-Hersteller Industrial Light&Magic, der unbestrittene Marktführer der Branche, bis 1996 an 110 Filmen mitgewirkt, wovon sechs Filme sich in den Top 10 der größten Kassenschlager plazieren konnten (vgl. Cotta Vaz/Duignan 1996: S. 7). Mit der Ausdehnung der Produktion sogenannter »Making Ofs« hat die Filmindustrie mitterweile eine Art »Mini-Genre« für Effekte und Tricks geschaffen, in denen deren Konstruktion offengelegt und nicht wie im herkömmlichen Film sorgfältig verborgen wird.

In vielen Blockbuster-Produktionen der vergangenen Jahre, in denen Computer Generated Images (kurz: CGIs) verwendet wurden, tritt allerdings die ästhetische Qualität der Story deutlich hinter den Zauber der digitalen Illusionen zurück, wie z.B. bei TWISTER, INDEPENDENCE DAY, DAYLIGHT, VOLCANO, ARMAGEDDON, um nur einige zu nennen. Nicht unerwähnt bleiben soll auch der Kassenschlager und bis dato teuerste Film aller Zeiten James Camerons TITANIC (1997), dessen gravierend diffuse, unzusammenhängende und banale Geschichte sich hinter einem nie zuvor dagewesenen Konglomerat aus aufwendiger Ausstattung, Kostümen, Celebrity und CGI dankbar verstecken ließ.

Die Digitalisierung hat aber nicht nur zu einer Perfektionierung der Illusionsmittel geführt in dem Sinne, daß die traditionellen Effekte optimiert oder Arbeitsprozesse erleichtert wurden.[6] Sie ermöglicht

---

[6] Bevor der Computer mit den traditionellen Methoden der Special Effects-Herstellung konkurrieren und sie schließlich bis zum heutigen Zeitpunkt in weiten Bereichen verdrängen konnte, mußten grundlegende Voraussetzungen zur Verfügung stehen, wie z.B. die Realisierbarkeit von Hochauflösung, großer Bildkomplexität oder die Darstellung sogenannter »motion blur«-Effekte.

vielmehr, bestimmte Bilder und Szenarien visuell zu realisieren, die vorher undenkbar gewesen wären. Auf folgende Filmbeispiele sei verwiesen, um die Möglichkeiten der digitalen Bilderzeugung zu verdeutlichen:

Mit WILLOW (1988) wurde die digitale Morphing-Technik in die Welt des Spielfilms eingeführt. Mittlerweile ein gewohnter Effekt in Filmen, Musikvideos oder Werbeclips, erlaubt sie die fortschreitende Veränderung eines Bildes, um sich nahtlos in ein anderes Bild zu transformieren, so daß die jeweilige Person oder der Gegenstand gewissermaßen eine Metamorphose durchläuft. Voraussetzung dieses digitalen Effektes ist eine Kombination von Blue-/Greenscreen- wie Scanverfahren und dem Einsatz digitaler Bildbearbeitungssoftware.

In TERMINATOR II: JUDGEMENT DAY (1991) wurde das Morphing-Prinzip mittels eines neuen Digitalscanners und der Entwicklung hochspezialisierter Software weiter »verfeinert«: Nicht nur, daß ein Chromroboter aus einer Feuersbrunst steigt und sich in einen Menschen verwandeln kann, der Flüssigmetalcyborg »T-1000« sollte im Film auch die Form umgebender Objekte gleicher Größe annehmen, Schußwunden und andere »Verletzungen« heilen und sich vollständig regenerieren können, nachdem er in seine Bestandteile explodiert ist. In einer Szene wächst der Cyborg aus dem schachbrettgemusterten Boden eines Hospitalflurs wie Phoenix aus der Asche hinter einem Polizisten heraus, langsam aus einer flüssigen Metallmasse zu einer festen Struktur zusammengleitend.

Die Gesamtheit der Effekte in TERMINATOR II wurden von der Produktionsfirma Industrial Light&Magic zum ersten Mal vollständig digital zusammengesetzt. Insgesamt wurden 44 Einstellungen computergeneriert bzw. waren bei 7.965 Einzelbildern dreidimensionale Bildgenerierungsprozesse erforderlich. (Vgl. ebd.: S. 201) Trotzdem sind die digitalen Bilder auf Referenzen aus der »realen Welt« angewiesen: Um den »Chrom-Cyborg« digital – vom Stadium einer Rasterform bis zu

---

Ein großer Vorteil der digitalen Technik ist natürlich die Möglichkeit, Bilder ohne Generations-verlust zu bearbeiten; ferner kann der Arbeitsprozeß am Computer durch einfaches Abspeichern und Laden zu jedem Zeitpunkt unterbrochen und an genau gleicher Stelle fortgesetzt werden. Darüber hinaus erspart der Computer dem Visual Effects-Künstler das aufwendige und sehr kostenintensive Nachdrehen von Szenen, das bei Fehlern in der herkömmlichen Bearbeitung von Filmmaterial nötig wurde (vgl. z.B. Cotta Vaz/Duignan 1996: S. 109 f.).

einer vollbewegten Figur aus Haut und Muskulatur – herzustellen, mußten die Spezialisten von Industrial Light&Magic die Bewegungscharakteristika des Schauspielers Robert Patrick (der gewissermaßen die menschliche Hülle des Cyborgs spielt) fotografisch aufzeichnen. Zu diesem Zweck wurde dem Akteur ein schwarzes Gitter auf den Körper aufgemalt, was dem Computer die Aneignung der physischen Daten erleichtert, um den Darsteller anschließend mit frontal und seitlich plazierten Kameras zu filmen. Im Anschluß wurde das Referenzmaterial eindigitalisiert und Bild für Bild ein digitales Skelett erstellt, Grundlage für die weitere Bearbeitung (vgl. ebd.: S. 204 f.).

Mit Hilfe digitaler Bildbearbeitungstechniken kann auch historisches Bildmaterial deutlich einfacher und ausgefeilter manipuliert werden, als es bis dato der Fall war. So trifft in FORREST GUMP (1994) der Hauptdarsteller Tom Hanks verschiedene US-Präsidenten, schüttelt ihre Hand und unterhält sich mit ihnen.[7] Für die Empfangszene mit Kennedy im Weißen Haus, wurde Tom Hanks vor einer Blue Screen-Wand fotografiert, wobei ihm Markierungen als Orientierungshilfe für seine Blickrichtung und Armhaltung dienten. Kennedy selbst wurde aus Archivaufnahmen extrahiert. Dieses »Kennedy-Element« wurde mit den Bluescreen-Bildern von Hanks vor einem Bild des Oval Office digital zusammengefügt. Der realistische Eindruck des Händeschüttelns der beiden kam durch entsprechende Morphing-Software zustande (vgl. ebd.: S. 248 ff.). Kay Hoffmann sieht als Folge dieser einfachen Manipulationsmöglichkeit historischen Bildmaterials, daß »eine diskret chronologische Zeit und ein einzigartiger historischer Raum unterminiert werden« (Hoffmann 1998b: S. 161).

Jüngstes Beispiel für die rasante Entwicklung der Illusionstechnologie Hollywoods ist THE MATRIX (1999). In diesem Science-Fiction-Film bewegen sich die Helden wesentlich schneller als ihre Gegner in sogenannter »bullet-time«, »Kugelzeit-Geschwindigkeit«. Der Film enthält Sequenzen, in denen dynamische Kamerabewegungen slow motion-Ereignisse mit 12.000 Bildern pro Sekunde aufzeichnen. »Bullet Time Photography« haben deshalb die Brüder Andy und Larry

---

[7] Diese Idee ist nicht neu. Einige Jahre zuvor, 1989, drehte Wolfgang Petersen den Film IN THE LINE OF FIRE. Dort wurde Clint Eastwood aus einer Filmsequenz von DIRTY HARRY (1971) elektronisch isoliert und mit Aufnahmen Kennedys zusammengesetzt, wobei Eastwood nebenbei der erste digitale Haarschnitt der Filmgeschichte verpaßt wurde (vgl. Hoffmann 1998b: S. 160).

Wachowski, verantwortlich für Buch und Regie der Produktion, dieses Verfahren genannt. Dieser »Flow-Mo«-Prozeß ermöglicht nahezu unbegrenzte Flexibilität in der Gestaltung der Geschwindigkeit und Bewegung von Bildelementen: So kann z.b. eine Figur, die in die Luft springt, um ihren Gegner zu treffen, bis zum Höhepunkt ihres Sprunges beschleunigen, scheinbar in der Luft schweben, das Bein blitzschnell ausfahren, um schließlich sanft auf den Boden hinabzusinken.

Das für die visuellen Effekte des Films zuständige Team um John Gaeta entfernte zunächst die Action-Handlungen, die im Computer bearbeitet werden sollten und filmte die Szenerie mit herkömmlichen Kameras. Danach wurden die aufgenommenen Bilder unter Verwendung eines Laser-gestützten, sogenannten »Tracking-Systems« in den Computer eingescannt und die Bewegungen der Kamera, die die fertige Szene aufnehmen sollte, festgelegt. In einem Studio wurden dann separat 120 hochentwickelte Standfotokameras entlang eines zuvor definierten Aktionsbereichs kreisförmig plaziert, von der jede jeweils ein einzelnes Standfoto der an einem Drahtseil aufgehängten Darsteller aufnehmen sollte, während im Hintergrund nur eine riesige Greenscreen-Wand zu sehen ist (abgesehen von den notwendigen Auslassungen für die Standfoto-Kameras).

Diese Fotoaufnahmen wurden in den Rechner eingelesen. Damit verfügte man über einen Streifen von Standbildern, ähnlich traditionellen Animationseinheiten. Der Computer erzeugte schließlich die »Zwischenzeichnungen« der Bilder – so wie Animateure Bilder zeichnen, um ihre Charaktere langsam von einer Stellung zu nächsten zu »bewegen« – und die komplette Bildserie konnte nun so schnell oder langsam an dem Zuschauerauge vorbeiziehen, wie es der Intention der Regisseure entsprach, ohne daß Unschärfen entstanden. Dieses Verfahren ist zwar sehr zeitaufwendig und erfordert ein hohes Maß an Präzision, bedeutet aber eine völlig neue Art, bewegte Objekte oder Menschen zu »rendern« (vgl. o.V., Bullet Time Walk Through, 1999: online).

Die hier genannten Beispiele sind nur einige aus einer Reihe von Filmen, die verdeutlichen, wie die digitale Technologie die fotorealistische Darstellung nahezu jeder Vision erlaubt: von einer Wasserkreatur, die die Gesichter der Besatzung assimilieren kann in THE ABYSS (1989) bis zur überzeugenden Computergenerierung von Dinosauriern in Steven Spielbergs JURASSIC PARK (1993).

Angesichts der bisherigen technischen Fortschritte scheint es nur noch eine Frage der Zeit zu sein, bis die vielleicht letzte große Herausforderung von den Animationskünstlern und Visual Effects-Spezialisten gelöst wird: die fotorealistische Darstellung synthetischer Schauspieler. Eric Armstrong, ILM-Mitarbeiter: »Ich habe eine Wette laufen, mit einem der Animatoren hier, über den Zeitpunkt zu dem ein fotorealistischer Mensch erschaffen sein wird, ...« zugleich fügt er aber hinzu: »... aber mein Gefühl bei dieser Sache ist, wenn man einen Schauspieler haben kann, der es macht, warum soll man es mit CGI machen?« (Cotta Vaz/Duignan 1996: S. 277) Andererseits wurde bis jetzt noch immer alles umgesetzt, was möglich ist.

Nicht zuletzt ist der finanzielle Aufwand einer Szene mitunter (noch) so groß, daß die Produzenten statt dessen – sofern möglich – auf traditionelle Tricktechniken zurückgreifen. In Roland Emmerichs INDEPENDENCE DAY (1995) sollte eine Feuerwalze New York zerstören. In der digitalen Variante hätte dieser Effekt 150.000 Dollar gekostet, nicht zuletzt weil Feuer und Explosionen, bis vor kurzem zumindest, am Rechner nur sehr schwer digital erzeugt werden konnten. Doch es gab eine einfachere Methode: Man konstruierte das Modell einer New Yorker Straße, stellte dieses hochkant, zündete eine Explosion und ließ das Feuer nach oben in die Richtung der Kamera steigen. Die ganze Prozedur wurde in normaler Geschwindigkeit gefilmt. Das Ergebnis war ein recht authentischer Effekt, der z.B. auch Feuerreflexionen in den Fensterscheiben zeigte. Die Herstellungskosten beliefen sich auf nur 30.000 Dollar (vgl. Hoffmann 1997: S. 27 f.).

Welche Auswirkungen hat nun die Digitalisierung auf das Kino, wenn man die bisherigen Entwicklungen betrachtet? Zerstört sie, wie Manovich drastisch formuliert, »die Identität des Kinos als eine Medienkunst«? (Vgl. Manovich 1997: S. 31) Und falls dies zutrifft, kann man dann von einer kulturellen Krise in unserem Verhältnis zu den Bildern sprechen? Wird mit den synthetischen Bildern aus den Rechnern dem »Mythos der Realitätskonstruktion« (Thal 1985: S. 215) im Spielfilm der endgültige Dolchstoß versetzt? Oder: »Sind wir nur Zeugen einer neuen Runde im Kampf zwischen den Anwälten des ›Realismus‹ und den Perfektionierern des ›Illusionismus‹?« (Elsaesser 1998b: S. 201 f.)

Sicherlich hat die Digitalisierung Auswirkungen auf den indexikalischen Status der (Kino-)Bilder, der mit Recht eine kritische Betrachtung verlangt. Das Vertrauen, das die Zuschauer in die »Wahrheit« der Filmbilder investieren,[8] resultierte dabei bisher nicht nur aus der mechanisch-automatischen Reproduktion oder Repräsentation von »Realität«. Es hing vielmehr auch damit zusammen, daß bewegte Bilder, waren sie erst einmal aufgenommen, sich bisher schwer manipulieren ließen.

Beides hat sich im digitalen Zeitalter verändert: Die Repräsentation von Realität wird langsam durch ihre Simulation verdrängt, während aufgenommene Bilder sich im Computer wesentlich einfacher und schneller manipulieren lassen, als es vorher je möglich war. Selbst die Authentizität des Live-Fernsehbildes verliert ihre suggestive Kraft, wenn das Bild – wie derzeit schon technisch möglich – vor seinem Erscheinen auf den Bildschirm bereits digital verändert ist. Man denke nur an die virtuelle Bandenwerbung[9] bei der Übertragung von Fußballspielen: Ein internationales Fußballspiel, empfangen in Deutschland, zeigt dann andere Werbung als dasselbe Spiel in England ausgestrahlt, während die reale Werbefläche im Stadion nur eine leere einfarbige Fläche bleibt (um vom Computer als einheitliches Objekt erkannt und dann digital bearbeitet werden zu können).

Dennoch hat die Digitalisierung oder Computerisierung noch längst nicht die gesamte Welt des Films auf den Kopf gestellt und wird es wahrscheinlich auch nicht, genausowenig wie die elektronischen Bilder bis dato den Tod des Kinos zur Folge hatten.

»Aus Sicht der Produktion war das Kino immer ein vielschichtiges Geschäft, in dem am Ende eine Vielzahl von Fertigkeiten und sehr unterschiedliche Techniken und Technologien zusammentrafen. Die Digitalisierung hat hier die Balance zwischen Präproduktion und Postproduktion zugunsten der letzteren verlagert. Aber trotz allem wird der vollendete Film wahrscheinlich immer noch »live action« in echter Umgebung, im Studio, am gemalten Set, »live action« und Animation kombiniert, mechanische Spezialeffekte, »Robotics« und »Animatronics« in Kombination mit digitalen visuellen Effekten und vor allem digitalen Soundeffekten beinhalten. In dieser Hinsicht ist das digitale Kino an und

---

[8] Andererseits betonte bereits Hitchcock, daß es sinnlos sei, einen Zauberer seine Kunststücke in einem Film vorführen zu lassen, da der Zuschauer um die Möglichkeiten der Manipulation der Handlungsabläufe weiß.

[9] Aus medienrechtlichen Gründen derzeit in Deutschland noch verboten.

für sich nichts Neues, aber ein möglicherweise effizienterer und auf lange Sicht sogar billigerer Weg, die langjährige Praxis des Illusionismus im Kino fortzuführen, während man dem Misch-Medium ein weiteres Element hinzufügt, diesem Multi-Media-Hybrid, das kommerzielles Filmemachen ist.« (Ebd.: S. 204)

Elsaesser betrachtet den Film im digitalen Zeitalter also eher in der Kontinuität seiner bisherigen Erscheinungsform, insofern die Bedeutung der Narration und des Starbesetzungssystems für das ökonomische System der internationalen Filmindustrie kaum an Tragweite verlieren wird:

»In jedem Fall hat die Digitalisierung Auswirkungen, aber weder reguliert noch stört sie das in seiner Logik kommerzielle, unternehmerische bzw. kapitalistisch-industrielle System.« (ebd.: S. 203). Auch das Problem des Indexikalischen ist für ihn durch die Auswirkungen der Digitalisierung nicht ad acta gelegt, denn »unsere Kultur ist mehr als nur ein wenig zögerlich, wenn es darum geht, sich von der Wissenschaft von Zeichen und Eindruck zu verabschieden, das heißt, das Konzept von Aufnahme und Beweis der Wahrheit und Authentizität aufzugeben.« (Ebd.: S. 206) Dies impliziert auch, daß die Digitalisierung ebensowenig das Ende der Abbilddebatten gerade auch im Spielfilm zur Folge haben wird (vgl. Winkler 1994: S. 300 ff.).

2. Dogma 95: Filmischer Purismus als Befreiungsstrategie vom (digitalen) Illusionskino

Dem Kino der Illusionen, das im digitalen Zeitalter in einer Weise perfektioniert wurde, die beinahe jede Ausgeburt menschlicher Phantasie darstellbar macht, steht nun der Ansatz von Dogma 95 als diametrale Reaktion gegenüber: filmischer Purismus als Befreiungsstrategie von dem – besonders durch die Traumfabrik Hollywood verkörperten – »dekadenten« und »individuellen« Film, dessen oberstes Ziel laut Manifest die Täuschung des Zuschauers ist. Den Unterzeichnern zufolge werden im gegenwärtigen Kino Emotionen letztendlich durch Illusionen vermittelt, die mittlerweile beliebig der »persönlichen Trickkiste« entnommen werden können, eine Tendenz, die zum Lob ausschließlich »oberflächlicher Action« und »oberflächlicher Filme« geführt hat. »Durch die Verwendung neuer Technologie kann jeder zu jeder Zeit die letzten Körnchen Wahrheit in die tödliche Umarmung der Sensation eintauchen. Die Illusion ist alles, hinter dem sich der Film verstecken kann.« (S. Manifest im Anhang)

Dieses Dogma-Zitat spielt, mit dem Hinweis auf die »neue Technologie«, wenn auch nicht explizit formuliert, recht eindeutig auf das digitale Kino und seine Manipulationsmöglichkeiten an. Daß die damit im Zusammenhang stehende neue Dimension des Illusionszaubers häufig Filme trotz vermeintlich oberflächlicher Handlungen und Actionszenen gleichsam mit einem Glanz versieht, der die Banalität der Story überstrahlt, steht im Einklang mit den vorhergehenden Beobachtungen.

Auch die verbale Attacke der Dänen gegen das Autorenkonzept, den »individuellen« Film, präsentiert sich im Zusammenhang mit den Auswirkungen der Digitalisierung in einem anderen Licht. Wenn man, wie Manovich, davon ausgeht, daß in der digitalen Ära Kino zu einem »Sub-Genre« der Malerei wird, hat dies Konsequenzen: »Eine neue Form individuellen Inputs ist erforderlich, tatsächlich handwerklicher Einsatz von Kunstfertigkeit und künstlerischen Fähigkeiten, was bedeutet, daß hier die Rückkehr des ›Künstlers‹ als Quelle und Ursprung des Bildes markiert wird.« (Elsaesser 1998b: S. 205 f.)

Es stellt sich natürlich die Frage, ob die Verfasser des Manifests eben jene »Rückkehr des Künstlers«, von der Elsaesser spricht, im Auge haben, wenn sie sich ausdrücklich gegen den individuellen Film stellen und sich selbst expressis verbis nicht als Künstler sehen. Eher ist anzunehmen, daß sie generell gegen das Konzept des Autorenfilms bzw. gegen die Vorstellung, mit dem Film ein Kunstwerk zu erschaffen, zu Felde ziehen, ohne dabei einen Zusammenhang zwischen Digitalisierung und Künstlerbegriff herzustellen. Die intentionale Reichweite dieser Dogma-Position kann hier letztlich nicht genau eruiert werden. Das Problem wird im folgenden aber nochmals aufgegriffen, wenn es um eine andere Manifestäußerung geht, und zwar jene, die als Folge des gegenwärtigen »technologischen Sturms« eine »ultimative Demokratisierung des Kinos« prognostiziert. (S. Manifest im Anhang)

In jedem Fall erhalten die Angriffe auf den individuellen Film im Manifest, betrachtet man sie im Kontext der theoretischen Überlegungen Manovichs und Elsaessers, eine neue, ungleich spannungsreichere Dimension.

Mit dem Manifest wird nicht nur filmischer Purismus der Opulenz des Illusionskinos gegenübergestellt, sondern gleichermaßen auch die

Abkehr vom Kunstschöpfungsgedanken als Gegenpol zur Rückkehr des Künstlers im digitalen Zeitalter. Darüber hinaus gilt es in diesem Zusammenhang, daran zu erinnern, daß der filmische Purismus von Dogma 95 sich nicht allein auf die Ablehnung digitaler oder traditioneller Tricks und Effekte beschränkt, sondern eben auch künstliche Beleuchtung verbietet und den Gebrauch der Handkamera obligatorisch vorsieht und damit in gewisser Hinsicht viel weitergeht als manch andere Ansätze, die sich dem Realismus im Film verschrieben haben.

Die radikale Selbstbeschränkung, der sich die Dogma-Regisseure unterwerfen, ist ein an (formaler) Radikalität kaum zu übertreffender Gegenentwurf zu einem Kino, in dem in der digitalen Ära das Potential des Darstellbaren die Grenzen des Vorstellbaren erreicht hat. Dennoch wird das ohnehin nicht strenge Diktat des Dogma-Regelwerks nach dem Selbstverständnis der dänischen Filmemacher nicht als bloßer Zwang aufgefaßt, sondern gerade als Befreiungsschlag aus dem wesentlich mächtigeren Korsett, daß das konventionelle (Hollywood-)Kino mit all seinen trügerischen Möglichkeiten vorschreibt. Es ist gleichsam die Abkehr vom Zwang des Möglichen. Dieser Aspekt, der – wie noch gezeigt werden soll – mehr umfaßt als das an dieser Stelle beschriebene, ist ein wesentliches, wenn nicht gar das entscheidende Charakteristikum für das Projekt Dogma 95 hinsichtlich seiner künstlerisch-kulturellen Dimension.

3. Das »andere« Hollywood

Verteidiger des Hollywood-Kinos verweisen immer wieder auf amerikanische Filme, in denen die Konventionen gebrochen wurden, sei es hinsichtlich narrativer Strukturen, Inhalte, Politik, ästhetischer oder stilistischer Mittel. Filme von Regisseuren wie David Wark Griffith (INTOLERANCE, 1916) oder Erich von Strohheim (GREED, 1923) zeugen von der Experimentierlust des frühen amerikanischen Kinos und später Orson Welles (CITIZEN KANE, 1941), Billy Wilder (THE LOST WEEKEND, 1945), Charles Laughton (THE NIGHT OF THE HUNTER, 1955), der Film Noir, John Cassavetes (SHADOWS, 1959), Alfred Hitchcock (PSYCHO, 1960), Allen Baron (BLAST OF SILENCE, 1961), Stanley Kubrick (LOLITA, 1962), Samuel Fuller (SHOCK CORRIDOR, 1963), Arthur Penn (BONNIE AND CLYDE, 1967), John Schlesinger (MARA-

THON MAN, 1976), Kenneth Anger, Roman Polanski (ROSEMARY'S BABY, 1968), Mike Nichols (WHO'S AFRAID OF VIRGINIA WOOLF, 1966), Hal Ashby (HAROLD AND MAUDE, 1971), Francis Ford Coppola (THE CONVERSATION, 1973; APOCALYPSE NOW, 1979), Milos Forman (ONE FLEW OVER THE CUCKOO'S NEST, 1975), Jim Jarmush (STRANGER THAN PARADISE, 1984), David Lynch (BLUE VELVET, 1985), Todd Solondz (WELCOME TO THE DOLLHOUSE, 1995), Robert Altman (SHORT CUTS, 1993), Quentin Tarantino (PULP FICTION, 1994), Oliver Stone (NATURAL BORN KILLERS, 1994), David Cronenberg (EXISTENZ, 1999), David Fincher (FIGHT CLUB, 1999), aber auch Paul Verhoevens STARSHIP TROOPERS (1997) oder Ridley Scotts THELMA AND LOUISE (1991) und dergleichen mehr.

Nur, Erich von Strohheims GREED wird vom Produzenten um mehr als zweidrittel gekürzt, seit 1933 arbeitet er nach anhaltenden Problemen mit dem Studio nur noch als Schauspieler. Griffiths INTOLERANCE paßt nicht in das politische Milieu und wird ein finanzieller Mißerfolg. 1942 kündigt RKO den Vertrag mit Orson Welles, der daraufhin seine selbstproduzierten Filme mit Auftragsarbeiten und Schauspielerei finanziert. Billy Wilders LOST WEEKEND wird vom Studio ein Happy End aufgezwungen. THE NIGHT OF THE HUNTER scheitert bereits in der Uraufführung, Charles Laughton führt nie wieder Regie. BLAST OF SILENCE bleibt Allen Barons einziger Spielfilm, später dreht er TV-Serien wie LOVE BOAT und FANTASY ISLAND. Stanley Kubrick wandert nach England aus und dreht dort A CLOCKWORK ORANGE und weitere Meisterwerke. Alfred Hitchcock hat PSYCHO selbst produziert und ihn immer wieder als Film für Filmemacher bezeichnet, der Erfolg hat ihn überrascht.

Die Filme des Schauspielers John Cassavetes sind durch seine eigenen Erfahrungen mit Hollywood motiviert. Von der Filmarbeit frustriert, will er den Schauspielern Gelegenheit geben, freier zu agieren. Er setzt die Kamera flexibler ein (in SHADOWS nur Handkamera), läßt den Raum gleichmäßig ausleuchten, die Schauspieler Dialoge improvisieren. »Wir haben gedreht, wann immer die Schauspieler bereit waren. Wir waren ihre Sklaven. Wir waren nur dazu da, das, was sie taten, aufzunehmen. (...) Und man muß seinen Stil opfern.« (Gelmis 1970: S. 83) Die Dogma-Regisseure haben sich allerdings nie auf Cassavetes berufen, obwohl die Parallelen offensichtlich sind. Von der ersten Fassung von SHADOWS unbefriedigt, drehte er einzelne Szenen nach und schnitt den

Film völlig neu: »Folgendes war mir in der ersten Fassung passiert: Als Regisseur hatte ich mich in die Kamera verliebt (...) Ich kümmerte mich nur noch um filmtechnische Möglichkeiten (...); ich filmte durch Bäume und Fenster. Dadurch bekam ich sehr schöne rhythmische Sequenzen, die aber nichts mit mehr mit den Personen zu tun hatten. (...) Wir fingen noch einmal an, und ich versuchte, vom Standpunkt des Schauspielers aus zu filmen. Und ich bin der Meinung, daß wir damit Glück hatten, denn die Schauspieler sind großartig; vorher sah man sie vor lauter Bäumen und Autos nicht.« (Streiter 1995: S. 12)

Im Laufe der 60er und 70er Jahre scheint sich das amerikanische Kino mit seinen experimentierfreudigen Regisseuren zu arrangieren. Nach der aufreibenden McCarthy-Ära sicher auch eine Folge der veränderten politischen Verhältnisse. Der Hays Production Code, die Selbstzensurbestimmung der amerikanischen Filmindustrie, wird wiederholt gelockert und schließlich 1968 durch das sogenannte »ratings system« abgelöst.

Filme wie A PATCH OF BLUE (1965), IN THE HEAT OF THE NIGHT (1967) und GUESS WHO'S COMING TO DINNER? (1967) reagieren mehr oder weniger gelungen auf die Bürgerrechtsbewegung und die Rassenunruhen in den USA. Underground-Filmemacher wie Kenneth Anger und Andy Warhol beeinflussen Filminhalte und -ästhetik. Ende der 60er, Anfang der 70er feiert man die sogenannten »movie brats«, als Regisseure wie George Lucas, Stephen Spielberg, Martin Scorsese, Francis Ford Coppola, Robert Altman[10] oder Brian DePalma mit ihren Debüt-Filmen eine Art amerikanische Variante des Autorenkinos etablieren und damit ausgesprochen erfolgreich sind.[11] Vietnam-Protest, Hippiekultur, Frauenbewegung, Drogenerfahrungen, Studentenproteste, nur in wenigen Filmen wie EASY RIDER (1969), ALICE'S RESTAURANT (1969) oder ZABRISKIE POINT (1969) werden sie thematisiert. Doch das gewandelte Klima schlägt sich in neuen inhaltlichen, stilistischen und ästhetischen Formen nieder.

Michelangelo Antonionis ZABRISKIE POINT (MGM) ist allerdings symptomatisch für eine Strategie des amerikanischen Kinos, genau wie

---

[10] Altman nutzte in den 60er und 70er Jahren den Zoom mit einer ähnlichen Motivation wie die Dogma-Regisseure die Handkamera. Er konnte so aus der Totalen heraus einzelne Schauspieler anvisieren und spontane Groß- oder Nahaufnahmen filmen.

[11] Francis Ford Coppola gründet für DEMENTIA 13 (1963) eine eigene Produktionsfirma Zoetrope.

die französische Nouvelle Vague und der italienische Neorealismus aufgegriffen wurden und in der Bilderwelt und den Erzählstrukturen Hollywoods aufgingen, holten sich die Studios immer wieder erfolgreiche Regisseure aus Europa, Australien und Asien. Die vielen Unbekannten, die aus eigenem Antrieb nach Amerika gingen, wurden selten mit Erfolg belohnt, Hollywood wollte immer nur die bereits Erfolgreichen: Ernst Lubitsch, Billy Wilder, Alfred Hitchcock, Joseph von Sternberg, Max Ophüls, Otto Preminger, Fred Zinnemann, Nicolas Roeg, Richard Attenborough, Louis Malle, Roman Polanski, John Schlesinger, Milos Forman, Sergio Leone, Constantin Costa-Gavras, Ivan Passer, Alan Parker, Ridley Scott, Peter Weir, Wim Wenders, Stephen Frears, Akira Kurosawa, Paul Verhoeven, Neil Jordan, Kenneth Brannagh, James Cameron, Wolfgang Petersen, Lasse Hallstrøm, David Cronenberg, Jean Pierre Jeunet,[12] John Woo, Ang Lee, Sam Mendes und so weiter und so fort. Viele blieben, einige gaben nur ein Gastspiel, viele scheiterten, wenige konnten sich etablieren.

Für Todd Gitlin steht diese Import-Praxis europäischer Regisseure nach Hollywood nicht etwa für die Offenheit der amerikanische Filmindustrie für abweichende Strömungen, sondern für »das Vermögen, Filmleute einzukaufen, um sie zu unterwerfen.« (Gitlin 1992: p. 1)

Und immer wieder haben ausländische Regisseure das totgesagte, zumindest sieche amerikanische Kino wiederbelebt, zuletzt Sam Mendes (GB) mit seinem 5-Oskar-Erfolg AMERICAN BEAUTY (2000).[13] Tatsächlich führten bei allen, in den letzten fünf Jahren als »Bester Film« mit dem Oscar preisgekrönten Filmen »Nicht-Amerikaner« Regie: 1997: THE ENGLISH PATIENT, Anthony Minghella (GB), 1998: TITANIC, James Cameron (CAN), 1999: SHAKESPEARE IN LOVE, John Madden (GB), 2001: GLADIATOR, Ridley Scott (GB) .

Steven Soderberghs TRAFFIC (Regie-Oscar 2001) markiert den Einzug der Handkamera in das Hollywood-Kino, die hier bislang ein Schattendasein fristete, als dramaturgisches Stilmittel vor allem in

---

[12] Die 20th Century Fox wollte eigentlich auch Marc Caro, der mit Jeunet Regie bei den erfolgreichen französischen Filmen DELICATESSEN (1991) und CITÉ DES ENFANTS PERDUS (1995) geführt hatte, für ALIEN RESSURECTION (1997). Caro aber hatte keine Lust, sich von den Studios bevormunden zu lassen und lehnte das Angebot ab.

[13] ... der trotz allem verdienten Lobs stark Ang Lees in den 70ern angesiedelten Film THE ICE STORM (1997), nach dem Roman von Rick Moody, erinnert.

Horrorfilmen. Bei Soderbergh bedeutet sie das Eindringen des Dokumentarischen in das Fiktionale. TRAFFIC ist beileibe kein Dogma-Film, aber sichtbar von der Dogma-Ästhetik beeinflußt und symptomatisch für das, was Hollywood mit Dogma machen wird. Es ist die alte Geschichte: Beeinflußt vom Neorealismus und der Nouvelle Vague hatten bereits die »movie brats« dem Hollywood-Kino neue Impulse gegeben. Das Hollywood-Kino der »unbegrenzten Möglichkeiten« ist aber weit davon entfernt, sich neue Regeln, im Sinne von Triers oder Vinterbergs, vorschreiben zu lassen. Es hat genug eigene. Es nimmt sich Dogma 95, insbesondere die Möglichkeit, gegen alle Kamerakonventionen zu verstoßen, und gewinnt dadurch noch mehr ästhetische Freiheit. Nun darf das Bild halt auch verwackelt und grobkörnig sein oder die Schnitte sprunghaft und unmotiviert wirken. Letztendlich dient das alles der Perfektionierung der Illusionsmaschine Hollywoods.

Der Praxis, ausländische Erfolgsfilme unter Leitung eines amerikanischen Regisseurs mit amerikanischer Besetzung neu zu verfilmen (LA CAGE AU FOLLES, 1978 wird zu BIRDCAGE, 1996; TROIS HOMMES ET UN COUFFIN, 1985 zu THREE MEN AND A BABY, 1987), folgt die Taktik, ausländische Regisseure ihre Erfolge in Amerika mit US-Schauspielern erneut verfilmen zu lassen. Der dänische Regisseur Ole Bornedal dreht 1998 das weitaus uninteressantere Remake (NIGHTWATCH, 1998) seiner eigenen Produktion NATTEVAGTEN (1994). Sönke Wortmann soll DER BEWEGTE MANN (1994) noch einmal machen und Katja von Garnier BANDITS (1997). Daß dies die innovativen Impulse für das US-Kinos des neuen Jahrtausend sein werden, halte ich allerdings für äußerst fraglich.

Im Vergleich zur relativen Freiheit und Innovationslust der 60er und 70er Jahre erscheint die Filmkultur der 80er wie ein politischer, moralischer und erzählerischer Rückfall in die 50er Jahre. Der erzkonservative Schauspieler Ronald Reagan (einer derer, die mit McCarthy kooperierten) wird Präsident der USA.[14] Hollywood überschwemmt nach der Wiederauferstehung des Studiosystems, das die »movie brats« für kurze Zeit außer Kraft zu setzen schienen, die Kinos mit einer Welle patriotischer und chauvinistischer Filme: FIRST BLOOD (1982), RAMBO: FIRST

---

[14] Und überlebt den Anschlag des Jodie-Foster-Fans John Hinckley, der TAXI DRIVER imitieren will – symptomatisch.

BLOOD PART II (1985), RAMBO III (1987), ROCKY III (1982), ROCKY VI (1985), RED SCORPION (1989), RED DAWN (1984), CONAN THE BARBARIAN (1980), AN OFFICER AND A GENTLEMAN (1982), THE TERMINATOR (1984), YEAR OF THE DRAGON (1985), TOP GUN (1985), belanglosen Teenager-Komödien (FERRIS BUELLER'S DAY OFF, 1986) und kitschigen Tanzfilmen (FOOTLOOSE, 1983; DIRTY DANCING, 1987).

Auf der anderen Seite immer noch und doch wieder Regisseure, die mit neuen Erzählformen und Bilderwelten experimentieren, unabhängige Projekte wie Jim Jarmuschs PERMANENT VACATION (1982) und STRANGER THAN PARADISE (1984), Alan Rudolphs TROUBLE IN MIND (1985) und Spike Lees SHE'S GOTTA HAVE IT (1986) oder von den Studios finanzierte Produktionen wie Terry Gilliams BRAZIL (1985), Ivan Passers CUTTER'S WAY (1981), David Lynchs BLUE VELVET (1985) oder Alan Parkers BIRDY (1985) und ANGEL HEART (1986). Außerdem entstehen die ersten Filme des »schwarzen Hollywood«, so Robert Townsends HOLLYWOOD SHUFFLE (1987) oder Spike Lees DO THE RIGHT THING (1989).

Wie läßt sich nun das Hollywood der Gegenwart, der letzten zehn Jahre, charakterisieren? »Narrative Komplexität wird auf dem Altar des Spektakels geopfert«: Diese Kritik am »New Hollywood« wird nicht nur von dänischer (europäischer), sondern auch von amerikanischer Seite geübt und läßt sich schließlich durch zahllose Beispiele belegen (s. Kapitel II Abschnitt 1). Kürzlich hat sogar ein renommierter »Autor«[15] wie Robert Towne, der an Filmen wie YAKUZA (1975), THE GODFATHER (1971) oder MARATHON MAN mitarbeitete, bei MISSION IMPOSSIBLE II (2000) das Drehbuch um bereits vom Regisseur John Woo vorgegebene Actionsequenzen herumgeschrieben.

Andererseits kann man das »Event-Kino« nicht von vornherein als ein die Narration suspendierendes Konglomerat spektakulärer Stunts, Stars und Special Effects bezeichnen. Vielmehr bedienen sich die meisten Regisseure derartiger Filme der gleichen konventionellen standardisierten Erzählstrategien des Classical Hollywood Cinema, wie sie bereits in der sogenannten Studioära vorherrschten (vgl. Thompson 1999: S. 344).

---

[15] Robert Towne ist vor allem durch seine Tätigkeit als Script-Doctor berühmter Hollywood-Filme bekannt geworden.

Und haben damit schließlich nach wie vor Erfolg, beispielsweise TITANIC[16] (1997), SHAKESPEARE IN LOVE (1998), TERMINATOR II: JUDGEMENT DAY (1991), ENEMY OF THE STATE (1998), BRAVEHEART (1995).

Was aber hat sich in Hollywood verändert? Neben den Auswirkungen der digitalen Effekttechnik verweist Kristin Thompson auf den Einfluß der Musikvideo-Ästhetik, deren schnellen Schnitte und jump cuts, während im Gegenzug Stilmittel wie Überblendungen beinahe verschwunden sind und Auf- und Abblendungen im amerikanischen Kino der 90er lediglich noch zur Markierung wichtiger Szenenwechsel eingesetzt werden (vgl. Thompson 1999: S. 19). Jedoch gibt es gerade im gegenwärtigen »Spektakelkino« Hollywoods Filme, die die klassische Erzähltechnik zweifellos brechen; insofern die Opulenz der Bilder mit einer Erzählstruktur korrespondiert, die nicht mehr allein in der strikten dramaturgischen Ordnung eines kausal-logischen Gefüges daherkommt, sondern durch assoziative Verknüpfungen und Leerstellen bestimmt ist, die vom Zuschauer ergänzt bzw. ausgefüllt werden sollen oder auch nicht; beispielsweise NATURAL BORN KILLERS (1994), PULP FICTION (1994), THE MATRIX (1999), LOST HIGHWAY (1997), EXISTENZ (1999), STARSHIP TROOPERS (1997) oder FIGHT CLUB (1999). Im Gegensatz zum »post-klassischen« Hollywood-Bild ist deren Opulenz und assoziative Erzählstruktur aber *nicht* mit einem Verlust an narrativer Komplexität verbunden, im Gegenteil. Dies gilt sowohl bezüglich der Charakterzeichnung der Figuren als auch im Hinblick auf die Beschaffenheit der Plots. Nicht zuletzt handelt es sich hierbei um Filme, deren Regisseuren, seien es nun David Lynch, Quentin Tarantino, Oliver Stone, David Cronenberg oder Paul Verhoeven, ein individueller Stil zugeschrieben wird und die insofern die Tradition der »movie brats« fortsetzen (vgl. Elsaesser 1998c: S. 192).

Von einem ehemaligen »movie brat« stammt dann auch eines der wohl außergewöhnlichsten Experimente der letzten 20 Hollywood-Jahre Robert Altmans wegweisendes SHORT CUTS (1993). Nach den Gewaltrechtfertigungsfilmen der 80er zeigt Hollywood die dunkle, oft auch lustvolle Seite der Gewalt und wird dafür heftig angegriffen. Filme

---

[16] Robert Towne über TITANIC: »I wish the writing had been better.« (Robert Towne zit. n. Schwager 2000: online)

wie WILD AT HEART (1990), NATURAL BORN KILLERS (1994), FALLING DOWN, PULP FICTION (1994), THE SILENCE OF THE LAMBS (1991), FROM DUSK TILL DAWN (1996), AMERICAN HISTORY X (1999) oder SEVEN (1995) reflektieren die Albträume Amerikas in blutigen Bildern und demontieren den von Reagan und Bush erneut heraufbeschworenen willensstarken Helden, wie bereits in den 70ern. Symptomatisch ist Finchers düsteres ALIEN III, nach einer Cameron-Version ALIENS (1986), die Marinegeist und Einzelkämpfertum feiert, findet Fincher zurück zur ursprünglichen Einsamkeit und Hilflosigkeit der Protagonistin Ripley. In FARGO (1996), THE BIG LEBOWSKI (1998), BOYS DON'T CRY (1999), WHAT'S EATING GILBERT GRAPE (1993), MAGNOLIA (1999), THE OPPOSITE OF SEX (1998), WELCOME TO THE DOLLHOUSE, THE STRAIGHT STORY (1998), THE ICE STORM (1997) und SHORT CUTS stehen die Schwächen, das Gefühl einer feindlichen Umwelt ausgeliefert zu sein, die ambivalenten, manchmal netten, häufig boshaften Charaktere der Helden im Mittelpunkt des Geschehens, die herkömmlichen und alltäglichen Stereotypien werden unterminiert und auf den Kopf gestellt. In DEAD MAN WALKING (1995) haben wir zum ersten Mal Mitleid nicht mit einem unschuldig Hingerichteten, sondern mit einem brutalen Mörder. STARSHIP TROOPERS verweist auf den alltäglichen militärischen Wahnsinn und die grotesken Formen, die Patriotismus und Feindbilder annehmen können. THE MATRIX (1999) und BEING JOHN MALKOVICH (1999) stellen nicht nur Fragen nach der Identität des Individuums, die sie nicht beantworten können oder wollen, sondern kokettieren darüber hinaus mit dem, was die Identität Hollywoods bedroht, die Fiktionalität der Bilder.

Dogma 95 nimmt im Hinblick auf das Hollywood-Kino keine Differenzierungen vor, weil die Identitätslogik seines Gegenkinos keine Brüche kennt. Es wurde gezeigt, daß diese »Brüche« in Hollywood zu jeder Zeit existierten, wenn auch in qualitativ und quantitativ unterschiedlicher Ausprägung. Und auch die dominierenden Formen des Hollywood-Kinos verändern sich mit der Zeit. Diese vorherrschenden Tendenzen des Gegenwartskinos werden von Dogma 95 mit Recht problematisiert. Doch das Manifest ignoriert nicht nur die »Brüche« des gegenwärtigen Hollywood-Kinos, sondern auch seine Kontinuitäten. Die Opposition des Dogmas richtet sich gegen die dominanten Erscheinungsformen, durch die sich Hollywood bereits in der klassischen Periode der Studioära auszeichnete.[17] Diese beschränken sich letztlich nicht nur auf Hollywood, sondern gelten ebenso für den europäischen und im besonderen auch für den dänischen Film. So betont Vinterberg, daß das vorrangige Ziel Dogmas das Aufbrechen allgemeiner filmsprachlicher Konventionen und nicht nur der Hollywoods ist. Der Versuch, filmsprachliche Konventionen durch die Errichtung eines neuen Regelkanons zu brechen, bleibt dennoch paradox. Und auch diese Paradoxie ist sehr bewußt eingesetzt, ausgestattet mit dem Charakter unverblümter Provokation ist sie ein weiteres spielerisches Element, das neben der Ironie und Ambivalenz des Projekts seinen Reiz begründet.

4. Neue Technologien, Demokratisierungsprozesse im Kino und die Rolle der Avantgarde

Im folgenden soll zunächst jene Dogma-These wieder aufgegriffen werden, derzufolge aus der Expansion des technologischen Fortschritts ein Demokratisierungsprozeß für das Kino abgeleitet werden kann.

So behaupten die dänischen Filmemacher in ihrem Manifest, daß gegenwärtig zum ersten Mal, dank der allgemein breiteren Zugangsmöglichkeiten zu den Medien, jeder die Möglichkeit hat, selbst Filme herzustellen; eine ziemlich erstaunliche Aussage, deren Argumentationshintergrund leider ebensowenig entfaltet wird wie auch der anderer Behauptungen im Manifest. Nun existieren in der Tat Hoffnungen, die an die neue digitale Technologie und den Nutzen aus der »multimedialen« Verbindung von Computer, Video, Film und Internet herangetragen werden und die dahingehen, daß im Zuge der allgemeinen Verbreitung und Kostensenkung im Bereich dieser Technologien ein Demokratisierungsprozeß einsetzt, der z.B. die monopolistische Stellung Hollywoods brechen könnte.

So stehen zwar schon seit längerem auch dem Amateur relativ kostengünstige digitale Aufnahmesysteme und Software zur Verfügung,

---

[17] Jim Hillier beispielsweise behauptet in seiner Untersuchung über The New Hollywood: »Trotz aller Veränderungen unterscheidet sich das Hollywood der späten 80er und frühen 90er Jahre nicht im Geringsten vom Hollywood der letzten vierzig Jahre.« (Hillier 1994: S. 18)]

mit deren Hilfe sich Filme produzieren lassen, die am Computer geschnitten und dann via Internet veröffentlicht werden können. Weder läßt sich damit (bisher) allerdings eine dem Hollywood-Standard auch nur annähernd entsprechende Filmlänge oder Bildqualität erzielen, noch erreicht sie die oben beschriebene Dimension visueller Darstellungsmöglichkeiten (vgl. Löwenthal 1999: S. 23).[18] Ferner ist es mehr als fraglich, ob die verbesserten Zugangsmöglichkeiten zu den neuen Technologien auch von allen Teilen der Gesellschaft wahrgenommen werden, abgesehen von der Frage, für welche Zwecke diese Medien schließlich genutzt werden. Ähnliche Vorstellungen von einer Demokratisierung der Medien, die zudem mit einer politisch-emanzipatorischen Hoffnung verknüpft wurden, existierten beispielsweise in den 70er Jahren, als die Videotechnik sich auf breiter Basis durchsetzte (vgl. Medienwerkstatt Freiburg 1988: S. 88 ff.).

»Denken Sie nur daran, wie die Videokamera und die Videokassette, ihre Vielseitigkeit und die geringen Kosten dazu geeignet waren, jedermann zu einem Kunstproduzenten zu machen, oder das Fernsehen für das ›Volk‹ zu öffnen, indem sie ihm ›freien Zutritt‹ gewähren und somit eine alternative öffentliche Sphäre schaffen. Was am Ende von diesen politischen Programmen und emanzipatorischen Träumen geblieben ist, sind die häuslichen Videorecorder, bereit, das Fußballspiel aufzunehmen, die vorgefertigten Videokassetten für ›Filme ab 18‹, die über das Wochenende ausgeliehen werden oder im Regal neben den Camcorder-Familien-Videos von Hochzeiten, Ferien, Geburten und Familienfeierlichkeiten stehen.« (Elsaesser 1998a: S. 13 f.; vgl. auch: Hoffmann 1998a: S. 243)

Die Hoffnungen, die an das Medium Video geknüpft wurden, haben sich in der Tat nicht erfüllt. Ob sich dies durch die Möglichkeiten der digitalen Technik in Verbindung mit dem Internet ändern wird, bleibt letztlich abzuwarten.[19] Auch Vinterberg äußert sich in diesem Zusammenhang eher skeptisch (siehe Interview).

---

[18] Mit den bisherigen Dogma-Produktionen wird allerdings ansatzweise bewiesen, daß ein Kinofilm nicht so perfekt daherkommen muß wie ein Hollywood-Film, daß er trotzdem erfolgreich sein und eine breite Öffentlichkeit ansprechen kann.
[19] So werden beispielsweise die Polizeieinsätze gegen Demonstranten während der Tagungen des Internationalen Währungsfonds mittlerweile von den Demonstranten mit digitalen Videokameras dokumentiert, ins Internet gespeist und so einer breiten Öffentlichkeit zugänglich gemacht.

Ausgehend von der »Demokratisierungsthese« leiten die Dogma-Regisseure die Notwendigkeit einer Avantgarde ab, die vorexerzieren soll, wie Filme zu machen sind. Und weil der Begriff Avantgarde militärische Konnotationen hat, wie es im Manifest heißt, und weil Militär schließlich etwas mit Disziplin und Uniformen zu tun hat, muß auch der Film in eine Uniform ›gesteckt‹ werden, »denn der individuelle Film wird per Definition dekadent sein!« (Siehe Manifest im Anhang) Und wie diese »Uniform« auszusehen hat, definiert das Dogma-Regelwerk. So läßt sich eben auch auf laxe, assoziativ-ironische Weise ein Argumentationszusammenhang herstellen.

Wenn man also der Annahme folgen möchte, daß die digitale Technik das Spektrum der Möglichkeiten des individuellen Films erweitert (niedrige Kosten der Produktionsmittel, mehr Kontrolle über den Arbeitsprozeß) und so den Filmemacher in gewisser Hinsicht zum Schöpfer, Autor seiner Filme macht, wird gewissermaßen gerade diese »Autonomie« mit dem Korsett der Dogma-Regeln eingeschnürt. Ein wahrlich demokratischer Vorgang. Aber man erinnert sich – es ist ja alles nicht so ernst gemeint.

Im übrigen wäre es ein großes Mißverständnis davon auszugehen, daß Dogma 95 zwangsläufig die Grundlage einer neuen Form des Low-Budget-Filmmakings sei. Die Produktionsgeschichte der dänischen Werke zeigt, daß die Dogma-Methode keineswegs eine billigere Variante gegenüber konventionellen Filmherstellungsverfahren ist. Zwar führt der Verzicht auf Lichttechnik, digitale Effekte und anderes technisches Equipment nicht nur zur Senkung von Materialkosten, sondern reduziert – was viel entscheidender ist – teure Produktionszeit. Dafür verursachen die Dogma-Regeln an anderer Stelle einen finanziellen Mehraufwand. So kann die Suche nach einem besonderen Originaldrehort ausgesprochen teuer werden. Besonders kostenintensiv ist allerdings die Regel, die die Verwendung des Originaltons vorschreibt. Ist der O-Ton unbrauchbar, darf man nicht mal eben nachsynchronisieren. Spielt einer falsch auf dem Klavier, muß man warten, bis der Schauspieler den Ton trifft. Vor allem bedeutet die Beschränkung auf O-Ton enorme Kontinuitätsprobleme. Dreht man eine Einstellung A mit Straßengeräuschen im Hintergrund, muß auch in der darauffolgenden Einstellung B Straßenlärm zu hören sein. Sehr ungünstig, wenn plötzlich der Straßenlärm ausbleibt. Tatsächlich ist eine Dogma-Filmcrew gezwungen, eine zusammengehörige Szene unter Rückgriff auf mehrere Kameras an einem Stück zu drehen. Das führt natürlich dazu, daß der Verbrauch an Videomaterial enorme Ausmaße annimmt, was sich dann in der Postproduktionphase finanziell erheblich bemerkbar macht.

Schließlich gilt es an dieser Stelle der Frage nachzugehen, inwieweit man bei dem Projekt »Dogma 95« überhaupt von einer Avantgarde-Bewegung sprechen kann. In diesem Kontext empfiehlt sich der Rückgriff auf eine Definition, die Arnold Hauser als Charakteristikum modernistischer Kunstrichtungen wie der Dada-Kunst festgestellt hat: »Man vermeint ihn [den Avantgardismus – der Verf.] nicht so sehr durch die Behauptung des Neuen und Spontanen als vielmehr durch die Negation des Alten und Konventionellen rechtfertigen zu können, und erblickt sein Stilideal nicht in einer bereits gefundenen und ver-wirklichten Form, sondern in einer, die erst gefunden und verwirklicht werden soll. Er entspricht nicht einer Fertigkeit, sondern einer Bereit-schaft und bedeutet nicht nur, daß jedes Gegenwärtige einem Zukünfti-gen weichen muß, sondern auch daß das Obwaltende im Verhältnis zum Bevorstehenden minderwertig ist.« (Hauser 1974: S. 724)

Hausers Charakterisierung der Avantgarde ist grundsätzlich auf das Dogma-Manifest übertragbar, wenngleich zu berücksichtigen ist, daß er sich allgemein auf »Kunstrichtungen« und nicht speziell auf den Film bezieht.

Allein die Tatsache, daß die dänischen Regisseure ihr Kino der »Keuschheit« nicht mit vollem Ernst, d.h. aus tiefer Überzeugung vertreten, wäre vielleicht ein Grund, ihnen den Status als Avantgarde abzusprechen. Denn warum sollte man etwas Beachtung schenken, daß Kritik an den bestehenden kulturellen Formen übt, diese Kritik aber nicht richtig ernst meint? Ist eine Erneuerungsbewegung, die sich selbst von vornherein den Status eines Projektes gibt, überhaupt verdienterma-ßen als solche zu bezeichnen? Polemik, Provokation und Pathos gehören seit jeher zum Präsentationstil einer Avantgarde, wie schon bei jenen Filmemachern der 20er, 30er Jahre, die, beeinflußt durch den Geist der modernen Malerei und Literatur, versuchten, »die kinemato-graphische Technik dem vulgären, naturalistischen Theater des Spielfilms entgegenzusetzen«. (Vgl. Richter 1979: S. 43). Das ist nicht das Neue, genausowenig wie die Inhalte des dänischen Pamphlets. Vielmehr besteht das avantgardistische Moment von Dogma 95 am ehesten wohl darin, daß es sich gleichsam als Projekt der Selbstauf-hebung erfunden hat.

III. Exemplarische Filmanalyse: FESTEN von Thomas Vinterberg

1. Methodologische Voraussetzungen, Methode und Erkenntnisinteresse der Filmanalyse

Die Erfahrungsqualität eines Filmes als Gegenstand der Analyse unterscheidet sich grundsätzlich von der einer gewöhnlichen Rezeption im Kino oder Fernsehen. So muß der Analytiker notwendig so lange eine aufmerksame Haltung einnehmen und eine wiederholte Betrachtung des Filmes »ertragen«, wie es Gegenstand und Fragestellung aus seiner Perspektive erfordern.

Dies bedeutet, daß er mit dem Film im Laufe der Analyse auf eine Weise vertraut wird, daß etwa fehlerhafte Lesarten, die sich bei einer einmaligen Rezeption leicht einstellen können, die aber für das Verständnis und die Interpretation des Filmes essentiell sind, beseitigt werden; wobei mit falschen Lesarten solche gemeint sind, die von der falschen Erinnerung an bestimmte Dialoge bis hin zur Verwechslung von Schwenks mit Kamerafahrten etc. reichen.

Ein Nachteil der filmanalytischen Arbeit besteht indes darin, daß die sinnliche Qualität des Filmerlebnisses durch die wiederholte Rezeption mit der Zeit schwindet, vergleichbar mit jenem Effekt, daß Regisseure ihren Film nach der endgültigen Fertigstellung häufig so schnell wie möglich oder überhaupt nicht mehr ansehen wollen bzw. können. Darüber hinaus besteht im Arbeitsprozeß der Analyse stets die Gefahr, daß die Distanz zum Werk schwindet und eine Lesart präferiert wird, während man andere zugunsten dieser vernachlässigt.

Als entscheidende Konsequenz läßt sich, schon aufgrund der genannten Gründe festhalten, daß trotz detaillierter Untersuchung der Werkstruktur die Ergebnisse der Filmanalyse kaum geeignet sind, über den gesellschaftlichen Gebrauch eines Filmes Auskunft zu geben, d.h. darüber, *wie* einzelne Zuschauer einen Film lesen und seine spezifischen Bedeutungsebenen decodieren bzw. kontextualisieren (vgl. Winter 1992: S. 69 ff.). Dies gilt gleichermaßen für die im Rahmen der Analyse von FESTEN herangezogenen Rezensionen des Filmes, da es sich dabei um die Interpretationen und Aneignungsweisen von Journalisten handelt, von »Experten des Kulturbetriebes« also, die über ein (mehr oder weniger) hohes Potential kulturellen Kapitals (Pierre Bourdieu) verfügen, und die schließlich in spezifische – wenn auch differenzierte – gesellschaftlich-politische Machtverhältnisse eingebunden sind, was sich wiederum auf die journalistische Tätigkeit des Kritikers auswirkt oder zumindest auswirken kann.

Im Rahmen dieser Analyse hat sich die Funktion der Filmkritiken darauf beschränkt, die unterschiedlichen Rezeptionsweisen des Filmes oder Teile desselben zu identifizieren und diese gegebenenfalls kritisch zu reflektieren.

In jedem Fall decodieren die Rezipienten Filme, abhängig von ihren jeweiligen kulturellen, sozialen und medialen Kontexten, auf unterschiedliche Art und Weise. Diese Form der Aneignung kann den Intentionen der Produzenten völlig widersprechen, denn: »Bestünde die richtige Interpretation lediglich in der Enthüllung der Intention des Autors, gäbe es zu jedem Werk nur einen wirklichen Zugang. Diese Interpretation ist aber mit Sicherheit um so weniger eruierbar, als sie dem Autor selbst nicht unbedingt bewußt ist.« (Hauser 1974: S. 505)

Forschungsrichtungen wie etwa die Cultural Studies messen daher der Rolle der Zuschauer im filmischen Kommunikationsprozeß zu Recht große Bedeutung bei: »Die Bedeutung eines Filmes ist nicht einfach eine Eigenschaft der in ihm auf bestimmte Weise arrangierten Elemente; seine Bedeutung wird in der Beziehung zu den Zuschauern hergestellt, nicht unabhängig. (...) Die Zuschauer geben dem Film Bedeutung; sie erkennen nicht bloß die Bedeutungen, die in ihm verborgen sind.« (Turner 1988: S. 120 f.) Insbesondere diese Argumentation richtet sich gegen eine Auffassung von Filmen, die davon ausgeht, es gäbe einen Kern von Bedeutung in Filmen, der vom Zuschauer, gewissermaßen als idealtypischem Leser, nur dechiffriert werden muß. Andererseits sind Filme in ihrer Werkstruktur häufig in einem Maße konventionalisiert, beispielsweise durch die Zugehörigkeit zu einem Genre, daß die Rezeptionsweise der Zuschauer durchaus homogene Züge aufweisen kann. Umgekehrt rufen Filme wie z.B. BLOW UP (1966) oder BELLE DE JOUR (1967)[1] allein durch ihre eher unbestimmte,

---

[1] Exemplarisch sei in diesem Kontext auf eine Szene aus dem Film Buñuels verwiesen, in der ein »Kunde« »Belle De Jour« (Catherine Deneuve) mit einem Kästchen konfrontiert, dessen Inhalt ein zirpendes Geräusch von sich gibt. Während die beiden anderen Prostituierten den (unausgesprochenen) Wunsch des Mannes angewidert ablehnen, läßt sich »Belle De Jour« ohne Zögern darauf ein. Was aber nun wirklich in dem Kästchen enthalten ist, wird im Film nicht aufgelöst.

assoziative Erzählstruktur und eine offene ambivalente Zeichnung der Charaktere sicherlich eine größere Bandbreite von Lesarten hervor (vgl. Crane 1992: S. 81 f.). Dies zeigt wiederum, daß die Mehrdeutigkeit eines Filmes wesentlich durch die Werkstruktur bestimmt ist.

»Die Versuche der Cultural Studies, hiermit umzugehen, beinhalten eine Reihe von Taktiken, von der Wiederbelebung der Idee, daß der Text seinen Leser beherrscht bis zum Entthronen des Texts, um ihn ausschließlich als Produkt sozial entstandener Lesepraktiken zu betrachten.« (Turner 1988: S. 121)

Nicht zuletzt besteht auch für den einzelnen Rezipienten (Filmanalytiker) die Möglichkeit, verschiedene Lesarten im Filmischen zu identifizieren oder zu erzeugen (vgl. Jurga 1997: S. 135) und trotzdem eine bestimmte zu präferieren.

Eine methodologische Grundlage der Filmanalyse ist, daß ihre Ergebnisse prinzipiell zeitgebunden sind (vgl. Hickethier 1993: S. 28). Auch eine methodische Herangehensweise, die die Objektivierbarkeit filmanalytischer Resultate mit Hilfe quantitativer Verfahren anstrebt, kommt nicht ohne qualitative Interpretationsstrategien aus. Gerade im Hinblick auf die Decodierung der komplexen dialektischen Struktur, insbesondere der konnotativen Bedeutungsebenen eines Films, gilt es daher, die gesellschaftliche, kulturelle und politische Bedingtheit der Produktion, des Werkes an sich sowie dessen Rezeption in seiner Historizität zu berücksichtigen. Bei statistischen Verfahren besteht leicht die Gefahr, daß einer ahistorischen Methodik Vorschub geleistet wird. Als Hilfsmittel der Interpretation können sie sich jedoch als erkenntnisleitend oder -stützend erweisen (vgl. Kuchenbuch 1978: S. 176).

Die Analyse darf sich nicht nur auf die Interpretation und das Verstehen des Films in seinem werkimmanenten Zusammenhang beschränken. Jeder Film verweist notwendigerweise auf außerfilmische Zusammenhänge. Neben der Analyse der Werkstruktur und der darin enthaltenen Verweise auf die »nichtfilmische Realität« sollte daher, soweit dies möglich ist, auch die spezifische Produktionsweise (intentionale, institutionelle, produktionstechnische Faktoren) in die Analyse einbezogen werden.

Trotz der Geschlossenheit, die der Film in seiner materiellen Beschaffenheit aufweist und dem Eindruck der Unmittelbarkeit seiner Wirkung, kann er auch deswegen nicht erschöpfend rekonstruiert werden, weil die visuell-auditive Struktur des Filmes nicht vollständig in Sprache transformierbar ist. Auch eine noch so sorgfältige Protokollierung des Films, die etwa gleichzeitig die Wort- und Bildinformationen erfaßt, ist dazu nicht in der Lage (vgl. Albrecht 1991: S. 73; vgl. auch Becker/Schöll 1983: S. 28). Ein unerklärlicher Rest wird unausweichbar bei jeder Filmanalyse bleiben. Die Transformation der Nichtlinearität des Filmes in die lineare Struktur der Sprache ist daher nicht nur eine besondere erkenntnistheoretische und methodische Herausforderung für die Filmanalyse, sondern kennzeichnet diese zugleich weniger als einen Prozeß der *Re*-konstruktion als einen der *De*-konstruktion filmischer Sinn- und Bedeutungsgehalte. Gleichermaßen ist zu berücksichtigen, daß die wissenschaftliche Untersuchung von Filmen immer einen Selektions- und Reduktionsprozeß bedeutet, was beinhaltet, daß »jegliche Beschreibung irgendeiner beliebigen Strukturebene unvermeidlich mit einem Verlust an semantischen Reichtum des Textes verbunden« (Lotman 1981: S. 425) ist. Genauso führt ein Nebeneinander verschiedener Interpretationsmethoden nicht notwendigerweise zu einem vollständigeren Bild über den zu untersuchenden Film (vgl. Faulstich 1995: S. 90 f.).

Für die vorliegende Analyse wurde kein Einstellungsprotokoll erstellt, sondern als Referenz auf die Original-Dialogbücher (Regiebücher) zurückgegriffen. Zudem erscheint eine minutiöse Protokollierung des Filmes im Verhältnis von Zeitaufwand und Verwendbarkeit fraglich zu sein, nicht zuletzt, da als Referenz gerade für die visuellen Informationen die Video-Sichtung sicherlich das genaueste Verfahren darstellt.

Für die Analyse von FESTEN wurde ein eher hermeneutisch orientiertes Verfahren gewählt (vgl. Hickethier 1993: S. 33 ff.). Ausgehend von einem gewissen Vorverständnis sollen der Film(-text) und dessen Struktur im Prozeß der Analyse beständig aus unterschiedlichen Perspektiven befragt und die gewonnenen (Teil-)erkenntnisse fortlaufend kontrolliert werden (gerade im Hinblick auf den subjektiven Standpunkt), um sich so den verschiedenen, teilweise verborgenen Bedeutungs- und Sinngehalten des Werkes sukzessive zu nähern und dadurch ein genaueres Verständnis des Films zu erlangen. Aufgrund des zirkulären Charakters dieses Verfahrens spricht man vom *hermeneutischen Zirkel*.

Im Hinblick auf das Thema wird hier den ästhetischen Verfahren des Films besondere Beachtung geschenkt, da das »Gelöbnis der Keuschheit« (s. Manifest im Anhang) im wesentlichen Regeln umfaßt, die formalästhetische Aspekte affizieren. Damit soll aber nicht die Dialektik von Form und Inhalt zulasten des Inhalts aufgelöst werden.

Das Erkenntnisinteresse der Filmanalyse richtet sich vor allem auf die Beantwortung folgender Fragen:

- Wie läßt sich das Verhältnis zwischen formal-ästhetischen Mitteln und der inhaltlichen Struktur des Filmtextes charakterisieren?

- In ihrer materiellen Beschaffenheit haben Filme immer einen Anfang und immer ein Ende. Selbst die sogenannten Endlosfilme, bei denen das eine Ende des Filmstreifens mit dessen Anfang zusammengeklebt ist, und der Film so kontinuierlich projiziert werden kann. Dies verleiht ihm den Anschein, etwas in sich Geschlossenes zu sein. Dieser Schein wird unterstützt durch eine Art des Filmemachens, die man für gewöhnlich mit der Hollywood-Industrie verbindet. Wie der Anfang des konventionellen Hollywood-Films teleologisch auf das Ende zusteuert, trägt vice versa das Ende den Anfang in sich. Eine klare Struktur des Aufbaus, der Erzählung, der Handlung, eine deutliche Abgrenzung von Haupt- und Nebenfiguren, Antagonisten und Protagonisten fügt sich zu einem filmischen Ganzen dadurch, daß das Symmetrische, der tektonische Aufbau dominiert, während das Zufällige eliminiert wird und nahezu alle Handlungselemente (semantisch) miteinander verknüpft sind. Am Ende – so will es diese Dramaturgie – sind die Konflikte gelöst, ist die Katharsis erreicht, ist der Zuschauer mit der (filmischen) Welt versöhnt.

So stellt sich die Frage, worin die Gemeinsamkeiten und Unterschiede zum sogenannten Mainstream-Kino bzw. zur Erzählweise des Classical Hollywood Cinema, das hier gewissermaßen als idealtypischer, modellhafter Referenzpunkt angelegt werden soll, bestehen?

- In welcher Weise lassen sich die inhaltlichen und ästhetischen Strukturen von FESTEN im Hinblick auf die im Manifest postulierten Ziele als Authentisierungsstrategien interpretieren, wenngleich Aussagen darüber durch die subjektive Dimension der Analyse eng begrenzt bleiben? Insbesondere in diesem Kontext werden auch die theoretischen und filmhistorischen

Realismus-Konzepte, die im ersten Teil behandelt wurden, punktuell in der filmanalytischen Betrachtung von FESTEN berücksichtigt.

Ferner ist die vorliegende Analyse grundsätzlich durch einen heuristischen Zugang bestimmt, d.h., daß Fragestellungen und Interpretationsstrategien nicht nur gewissermaßen von »außen« an den Text herangetragen, sondern in einem nicht unerheblichen Maße durch den Gegenstand selbst »produziert« werden. Auch in der Strukturierung und den Begriffsbildungen dieser Analyse wurde schließlich versucht, sich nicht den rigorosen Methoden zu unterwerfen, die semiotisch-strukturalistische Disziplinen nahegelegen, und die, würde man ihnen (bedingungslos) folgen, die vollständige »Atomisierung« des Untersuchungsgegenstandes zufolge hätten. Womit keineswegs bestritten werden soll, daß die Filmtheorie der Semiotik wichtige Erkenntnisfortschritte verdankt (vgl. Kuchenbuch 1978: S. 171).

2. Zur Handlung

Es ist Sommer. Inmitten von Kornfeldern, irgendwo in der ländlichen Idylle Dänemarks, geht Christian eine Landstraße entlang und telefoniert über ein Handy. Sein Ziel ist der Landsitz seiner Eltern, wo der Vater Helge, ein großbürgerlicher Patriarch, den 60. Geburtstag im engeren Kreis der Familie und Bekannten feiern wird. Den Rest des Weges braucht Christian nicht zu Fuß zurückzulegen. Sein Bruder Mikael entdeckt ihn, als er mit dem Wagen vorbeifährt. Mikael setzt zurück, bespringt den älteren Bruder regelrecht vor Freude und schmeißt kurzerhand seine Frau Mette und die Kinder aus dem Auto, damit er das letzte Stück Weg mit Christian allein zum Landhaus fahren kann.

Dort angekommen, gibt es Probleme mit dem Empfangschef Lars, der Mikael keinen Zimmerschlüssel geben will. Mikael ist nicht eingeladen. Offenbar weil er – wie er selbst eingesteht – unter Alkoholeinfluß bei einer Feier im letzten Jahr »ausrastete«, was allerdings nur die halbe Wahrheit ist. Er bekommt trotzdem einen Schlüssel, weil Christian Lars darum bittet und verspricht, dies mit dem Vater zu regeln.

Helene, die älteste Schwester, befindet sich noch auf dem Weg. Um rechtzeitig zum Empfang der Gäste anzukommen, treibt sie den Taxifahrer zur Eile an und verspricht ihm ihre Telefonnummer.

So kommt auch sie noch pünktlich im Haus der Eltern an, ist aber ihrerseits wenig begeistert, auf Mikael zu treffen. Sie wirft ihm vor, nicht auf der Beerdigung seiner Schwester gewesen zu sein. Christian schlichtet den Streit.

Schließlich fahren die Gäste auf dem Hof des Landsitzes vor und werden von den Geschwistern empfangen. Unter den Gästen ist Helmuth von Sachs, der als »Toastmaster« den Abend moderieren soll. Auch Mette ist mittlerweile angekommen und wehrt Mikaels Berührungsversuch mißmutig ab.

In der Halle wird Christian von seiner Mutter Else begrüßt, die ihn zu seinem Vater schickt, der mit seinem Sohn reden möchte.

Helge fordert nach anfänglichen anzüglichen Witzeleien seinen Sohn auf, doch so bald wie möglich eine Frau zu suchen, Kinder zu zeugen und mit ihnen zusammen »*nach Hause*«[2] zu kommen (S. 33). Außerdem bittet er ihn, auf dem Fest ein paar Worte über seine verstorbene Zwillingsschwester zu äußern, da ihm das zu schwer falle (vgl. S. 35). Das Gespräch bleibt kurz, die Gäste sind schon da, worauf Else Vater und Sohn ungeduldig hinweist.

Als Helge den Empfangssaal betritt, wird ihm ein Ständchen bereitet. Pia, eine der Angestellten, schleicht sich an Christian heran und fragt ihn nach seiner Zimmernummer, weil sie sein Bad benutzen möchte. Er gibt ihr seinen Schlüssel.

Helene soll das Zimmer der toten Schwester beziehen. Gemeinsam mit dem Portier Lars sieht sie sich um. Helene hat ein seltsames Gefühl, es scheint, als würde sie die Anwesenheit ihr Schwester spüren. »*Hören Sie? Sie ist im Bad.*« (S. 44)

Es folgt eine zwischen drei Szenen alternierende Parallelsequenz. Während Lars und Helene dem Geheimnis der Schwester auf der Spur sind, streiten sich Mikael und Mette in ihrem Hotelzimmer heftig wegen eines Paars vergessener Schuhe und schlafen schließlich in einem grotesken Akt der Versöhnung miteinander. Derweil versucht Pia

---

[2] Zitate aus dem Film werden kursiv dargestellt. Die Quellenangaben hinter den Zitaten entsprechen den Seitenzahlen des Regiebuches.

offenbar, Christian zu verführen, worauf er aber nicht reagiert. Unter Tränen beklagt sie sich, daß sie auf dem Land festsitze, während alle anderen umherreisten (vgl. S. 53). Christian fordert sie auf, nicht zu weinen und gibt ihr etwas zu trinken. Als sie fragt, ob sie gehen solle, schickt er sie nicht weg, sondern erinnert sie an ihren Wunsch zu baden.

Helene und Lars haben im Badezimmer der toten Schwester ein rotes Zeichen an der Wand entdeckt, das auf etwas hinzudeuten scheint. Sie folgen weiteren Spuren, die schließlich zu einem Kronleuchter führen, in dem ein Brief der toten Schwester versteckt ist. Als Helene den Brief liest, treten ihr Tränen in die Augen. Plötzlich dreht sie sich zu Lars um und erschreckt ihn. Kurz hintereinander geschnitten, folgt eine Einstellung, in der Pia, die in Christians Bad mit dem Kopf untergetaucht ist, abrupt auftaucht, während in einer anderen Mikael in der Dusche auf einem Stück Seife ausrutscht.

Helene erklärt Lars, daß sie sich einen Scherz erlaubt habe und alles in Ordnung sei. Lars verläßt daraufhin sichtlich verunsichert das Zimmer, während Helene hastig den Brief in einem Tablettenröhrchen versteckt.

»Es ist sechs Uhr, alle Mann aufstehen.« (S. 63) Mit lautem Beckenschlagen verkündet ein kleiner Junge, der sich zusammen mit dem Vater auf den Zimmerflur geschlichen hat, daß es Zeit sei, sich im Festsaal zu versammeln.

Als Mikael unten ankommt und seinen Vater begrüßt, nimmt dieser ihn zur Seite, um zu fragen, ob er Interesse habe, der Freimaurerloge beizutreten (nachdem Christian abgelehnt hat). Jedoch nicht ohne ihn zu ermahnen, den Abend »souverän« (S. 68) zu meistern und dafür zu sorgen, daß alles gut laufe und vor allem die Finger von Michelle zu lassen, einer Angestellten, mit der Mikael eine Affäre hatte. Mikael scheint erfreut über die plötzliche Anerkennung.

So kümmert er sich übereifrig darum, daß alle genug zu trinken haben und reagiert auch nicht, als Michelle ihn zu einer Unterredung auffordert.

Inzwischen haben alle Gäste im Speisesaal Platz genommen. Nachdem der Toastmaster Helmuth von Sachs sich als Moderator des Abends vorgestellt und seine Herkunft mit den Worten »Ja, ich bin aus Deutschland. Köln, Ruhr, die Stahlwerke.« (S. 72) verkündet hat, erteilt er Helge das Wort. Seine rührselige und bruchstückhafte Rede über

Haus und Kinder bricht dieser jedoch vorzeitig, mit der Aufforderung, mit dem Essen zu beginnen, ab. Applaus.

Die Vorspeise wird gereicht, Smalltalk hier, Lacher dort. Als Michelle mit einer Karaffe bei Mikael vorbeikommt und dieser sie ignoriert, gießt sie absichtlich etwas von dem Inhalt auf seinen Schoß, was Mikaels Frau mit irritiertem, aber ahnungsvollem Blick registriert.

Die Fetzen von Tischgesprächen, etwa über die Art der Suppe, werden erneut von Gläserklingen unterbrochen. Christian ist aufgestanden, um eine Rede zu halten. Genauer gesagt, hat er zwei Reden geschrieben, die eine befindet sich in einem gelben und die andere in einen grünen Umschlag. Helge soll sich aussuchen, welche er halten wird. Er wählt den grünen Umschlag. » *Es ist eine Art Wahrheitsrede* « (S. 80), wie Christian sagt, mit der Überschrift » *Wenn Papa badete* « (S. 81). Bei diesem Titel lachen die Gäste noch amüsiert, nur Helge erscheint irritiert, fast nervös, beinahe als würde er ahnen, daß diese Rede weder freundlich noch amüsant sein wird. Christian klagt seinen Vater an, ihn und seine tote Schwester als Kinder jahrelang mißbraucht zu haben. Die Rede löst keinerlei Reaktion unter den Gästen aus. Es herrscht Schweigen. Helge, der Angeklagte, verlangt etwas zu trinken, die Mutter äußert lediglich ein vorwurfsvolles » *Christian!* «. Schon erhebt sich der offensichtlich senile Großvater, um seinerseits einen Toast auszusprechen und schon wird wieder gelacht, als »Opa« seine Rede mit » *Else – du hast heute Geburtstag* « (S. 87) beginnt.

Christian verläßt seinen Platz, geht in die Küche und begrüßt den Chefkoch Kim, seinen Jugendfreund. Dieser weiß von dem Mißbrauch. Christian möchte das Fest verlassen. Kim überredet ihn aber zu bleiben, da sich sonst nichts ändern würde, wie er meint. So sagt er Christian detailliert voraus, wann sein Vater in die Küche kommen, und was er sagen wird. Tatsächlich trifft es so ein: Der Vater betritt die Küche, registriert, daß Christian noch da ist – berichtet, daß alle Gästen zufrieden seien, läßt sich einen Bitter einschenken. » (...) *schmeckt der Mist gut* « (S. 96) und fordert Christian zu einem Gespräch » *unter vier Augen* « (S. 97) auf. Helge sagt, er könne sich an nichts erinnern. » *Du mußt mir helfen, Christian* « (S. 98). Jetzt gibt Christian vor, es wäre nichts geschehen und entschuldigt sich damit, daß er zur Zeit ziemlich durcheinander sei. Helge provoziert ihn, sagt, daß man so etwas ernst nehmen und die Polizei verständigen sollte. Christian wiegelt ab. Damit gibt sich der Vater zufrieden, wünscht ihm einen guten Heimweg, denn die Gäste warteten schon auf ihn. Aber Christian hat sich entschlossen zu bleiben.

Oben im Speisesaal erzählt der Großvater immer noch die anzügliche Anekdote, die die Gäste offenbar schon oft gehört haben. Schließlich stimmen alle ein Lied an »*For he's a jolly good fellow...*« Christian sitzt wieder an seinem Platz und singt verkrampft mit.

Unterdessen weist Kim Pia und Michelle an, die Autoschlüssel der Gäste einzusammeln, damit keiner das Fest verlassen kann.

Mikael sieht, als er sich bei Lars erkundigt, ob Christian über Nacht bleiben wolle, ein Taxi vorfahren. Ein Schwarzer, Gbatokai, steigt aus. Mikael will ihn abwimmeln, versucht sogar, ihn zu bestechen, damit er wieder geht. Doch Gbatokai wiederholt seinen Hinweis, daß er eingeladen sei. Gerade als Mikael dies zu akzeptieren scheint, kommt Helene auf den Hof und umarmt Gbatokai, ihren Freund. Mikael ist fassungslos, beleidigt ihn, nennt ihn »*Scheißer*« und macht seiner Schwester Vorwürfe, zum Geburtstag seines Vaters »*diesen Affen* [zu] *präsentieren*« (S. 112). Helene nennt ihren Bruder »*Nazischwein*« (S. 113).

Als Helene ihren Freund der Mutter präsentiert, reagiert diese mit der ihr eigenen emotionslosen Souveränität. Sie weist dem Gast den Weg mit einem gekünstelten » *...this way please.*« (S. 115).

Im Festsaal ertönt erneut Gläserklingen. Wieder steht Christian auf. Zunächst sieht es aus, als wolle er sich entschuldigen. »*Wir sind heute hier, weil mein Vater Geburtstag hat, und nicht wegen anderer Dinge*« (S. 116). Er bittet alle Gäste aufzustehen, ihre Gläser zu nehmen und auf Helge anzustoßen, aber nicht auf das Geburtstagskind Helge, sondern auf den Mörder Helge, der Christians Schwester umgebracht habe (vgl. S. 117). Entsetzen, die Gläser werden abgesetzt, die Gäste verlassen den Raum, Unruhe, Getuschel. Christian bleibt sitzen. Helene fragt ihren Bruder, ob er verrückt sei. Der reagiert aber nicht und ißt weiter. Helge gibt dem Toastmaster Anweisung, keinen nach Hause fahren zu lassen. Lars wird aufgefordert, ein Taxi zu rufen. Er teilt den Gästen allerdings mit, daß er niemanden erreichen könne. Pia und Michelle haben mittlerweile alle Autoschlüssel versteckt.

Michelle will endlich mit Mikael reden, der sich zusammen mit Mette in seinem Zimmer aufhält. Er versucht, sie abzuweisen. Als dies nicht gelingt, nimmt er sie am Arm und geht mit ihr in ein anderes Zimmer. Dort wirft sie ihm sein Verhalten vor und berichtet von der Abtreibung ihres gemeinsamen Kindes. Mikael fordert Michelle auf, die Sachen zu packen und abzuhauen. Als sie sagt, daß er genauso krank wie sein Vater sei, schlägt er sie zu Boden.

Im Speisesaal redet der Vater auf Christian ein, jetzt in deutlich aggressiverem Ton. Er wirft seinem Sohn, der teilnahmslos weiterißt, vor, die Familie »in den Dreck zu ziehen« und nur an sich zu denken. Helge sagt, er könne den Gästen ebenso erzählen, wie schwierig er als Kind gewesen sei und wie erfolglos bei den Frauen, und daß er seine Schwester im Stich gelassen habe.

Die Gäste befinden sich noch im Klavierzimmer. Der Toastmaster schlägt vor, zurück zu Tisch zu gehen.

Das Fest geht weiter. Helmuth erteilt Helges Frau das Wort. In ihrer Rede lobt Else ihren Mann, spricht von ihren Kindern, von ihren Eigenarten, und sie spricht auch über Christian, davon daß er schon als Kind »... *phantastische Geschichten erzählen* [konnte]« (S. 148), daß sie immer dachte, aus ihm »*könnte irgendwann ein großer Autor werden*« (ebd.), daß er als Kind einen fiktiven Begleiter mit dem Namen »Snut« gehabt habe und daß die beiden unzertrennlich gewesen wären: »*Wenn Snut etwas nicht gefiel, dann gefiel es Christian auch nicht.*« (S. 149) Else ermahnt ihren Sohn, mit dem sie wie mit einem Kind spricht, daß es wichtig sei, Phantasie und Realität auseinanderhalten zu können. Sie wirft ihm vor, daß an diesem Abend offenbar »Snut« von ihm Besitz ergriffen habe und ihn Dinge über seinen Vater habe sagen lassen, die er sonst nicht geäußert hätte und bittet ihn schließlich mehrfach darum, sich dafür zu entschuldigen.

Christian reagiert nicht. Als er sich dann wieder erhebt – »*Ja. – Entschuldigt, daß ich wieder störe*« (S. 151) – wiederholt er seinen Vorwurf, weitet seine Anklage auf seine Mutter, die er als Mitwisserin bezeichnet, und die Gäste aus. Doch diesmal kann Christian nicht zu Ende sprechen, denn Mikael setzt ihn mit Unterstützung zweier Gäste vor die Tür. Es gelingt Mikael aber nicht, die Haustür abzuschließen.

Christian kehrt entschlossen in den Festsaal zurück, in dem die Großmutter gerade ein Volkslied singt, um dort weiterzumachen, wo er aufgehört hat. Abermals werfen ihn Mikael und die Helfer hinaus. Christian wehrt sich, schließlich schlagen sie ihn bewußtlos und fesseln ihn im nahen Wald an einen Baum.

Obwohl Christian fort ist, will der Friede nicht in die Festgemeinschaft zurückkehren. Gbatokai will wissen, was Mikael mit seinem

Bruder gemacht habe. Helene kann gerade noch eine Schlägerei verhindern. Mikael stiftet die Festgemeinschaft dazu an, ein rassistisches Lied zu singen.

Helene ist ins Bad geflüchtet. Sie muß sich übergeben. Pia paßt auf sie auf. Helene klagt über Kopfschmerzen und bittet Pia, ihr ihre Tabletten zu besorgen. Pia entdeckt den Brief der Schwester im Tablettenröhrchen.

Im Festsaal geht die Feier weiter. Der Toastmaster kündigt eine Polonaise an und alle – auch Helene – reihen sich ein und tanzen singend durch das Haus. Inzwischen konnte Christian sich wieder befreien. Er hat von Pia den Brief der Schwester bekommen. Als die ausgelassenen tanzenden Gäste an Christian vorbeikommen, hält er Helene den Brief hin, die ihn hastig entgegennimmt (vgl. S. 182).

Helene will abreisen. Else kommt in ihr Zimmer. Sie versucht, Helene und Gbatokai zum Bleiben zu bewegen, »... es gibt doch noch Nachtisch« (S. 183). Schließlich überredet Gbatokai Helene.

Traditionell steckt nach der Polonaise ein Brief mit einer »heimlichen Rede« im Glas des Toastmasters. Helene soll ihn vortragen. Sie zögert. Die Gäste ermuntern sie mit Zurufen. Mittlerweile befindet sich auch Christian wieder an seinem Platz.

Helene beginnt zu sprechen. Sie sagt, daß der Brief von ihrer Schwester Linda sei. Linda schreibt, daß derjenige, der den Brief gefunden habe, entweder ihr Bruder oder ihre Schwester sein müsse, denn er/sie sei gut in dem »Suchspiel«. Sie schreibt, wie sehr sie Christian liebe und sie wolle ihn in diese Sache nicht hineinziehen. Aber ihr Vater stelle ihr (in ihren Träumen) wieder nach und daß sie es nicht mehr aushalte. Als Helene den Brief beendet hat, versucht Helge die Situation zu überspielen. Er verlangt nach Portwein, um mit seiner Tochter anzustoßen. Doch diesmal kommt niemand der Aufforderung nach, niemand rührt sich, alle schweigen, auch als er seinen Wunsch mehrfach wiederholt. Schließlich erhebt er sich und schreit: »Verdammt noch mal. – Etwas Respekt.« (S. 193) Seine Autorität ist gebrochen. Als Christian ihn fragt, warum er es getan habe, antwortet Helge: »Ihr wart nicht mehr wert!« (S. 194)

Helge verläßt den Raum, seine Frau folgt ihm.

Der Toastmaster versucht, seine Aufgabe pflichtschuldig zu beenden, indem er vorschlägt, in den Nebenräumen Kaffee einzunehmen.

Christian verläßt den Raum und bricht kurz danach auf dem Flur zusammen. Lars hilft ihm.

Christian liegt neben Pia im Bett und träumt. Seine Schwester Linda sagt, daß sie ihn vermisse. Auf die Frage, ob er mit ihr kommen solle, antwortet sie nur, sie ginge jetzt. Das Telefon klingelt. Helene macht sich Sorgen, weil Mikael verschwunden ist und seine Frau weinend bei ihr im Zimmer sitzt. Sie sagt, daß alle Gäste im Bett seien und schlägt vor, unten noch etwas zu trinken.

Pia, Christian, Helene und Gbatokai versammeln sich im Klavierzimmer. Einer der Gäste spielt Klavier. Sie tanzen.

Mikael steht betrunken vor dem kleinen Haus seiner Eltern. Mit weinerlicher Stimme fordert er seinen Vater auf herauszukommen. Mikael teilt ihm mit, daß er seine Enkelkinder nie wieder sehen werde und mißhandelt und demütigt ihn.

Im Klavierzimmer tanzen Christian und die anderen im Kreis. Else kommt herein, fällt zu Boden. Sie fordert die Kinder, das erste Mal die Kontrolle über sich verlierend, hysterisch auf, dem Vater zu helfen. So kann Christian Mikael gerade noch davon abhalten, auf den am Boden liegenden Vater zu urinieren.

Am nächsten Morgen: Die Gäste sitzen beim Frühstück. Sie lachen und machen Witze. Als Pia Christian Kaffee einschenkt, fragt er sie, ob sie mit ihm nach Paris kommen wolle. Sie willigt erfreut ein. Mikael zieht Christian damit auf.

Else und Helge betreten den Raum, begrüßen die Gäste und nehmen Platz. Als eine der Töchter Mikaels den Großvater bittet, ihr etwas vorzulesen und sich auf seinen Schoß setzt, ruft Mikael sie zurück.

Schließlich steht der Familienpatriarch auf, um einen letzten Toast auszusprechen. Er spricht davon, daß seine Taten unverzeihlich seien, er aber trotzdem seine Kinder geliebt habe und lieben werde. An Christian gewandt: »*Du hast gut gekämpft, mein Junge, ja.*« (S. 220).

Als Helge sich wieder setzt, steht Mikael auf, lobt ihn herablassend ironisch für seine Rede, weist ihn aber daraufhin, daß er nun gehen müsse, weil die anderen sonst nicht frühstücken könnten. Der Vater kommt der Aufforderung nach. Als er seine Frau fragt, ob sie mitkomme, sagt sie, daß sie bleibe.

Als Helge gegangen ist, werden die Gespräche erleichtert fortgesetzt. Christian schaut dem Vater mit einer Mimik zwischen Nachdenklichkeit und Gleichgültigkeit hinterher.

3. Figurenkonstellation und -charakterisierung

Christian: »*Ich habe nur nie richtig verstanden, wieso du es getan hast… Ich habe nie verstanden, wieso du's getan hast.*« Helge: »*Ihr wart nicht mehr wert!*« (S. 194) Weder der Zuschauer noch Christian wird jemals erfahren, warum der Vater die Zwillinge vergewaltigte. Letztlich wird auch Christian nicht von dieser Frage getrieben, deren Ergründung, neben der Rache an dem Täter und der Katharsis des Opfers häufig das Leitmotiv von Filmen über Kindesmißbrauch ist. In FESTEN wird der Vater weder die Tat beim Namen nennen noch sich rechtfertigen. Er wird weder den obligatorischen Psychologen konsultieren noch im Namen des Volkes verurteilt werden. Nicht einmal Christian fordert eine über den Ausschluß seines Vaters aus der »Gesellschaft« hinausgehende Bestrafung. Und der Vater scheint selbst in der Niederlage sein Verbrechen nicht zu bereuen, Helge: »*Ich weiß, es ist ein unpassender Zeitpunkt, so mitten in eurem Frühstück. Ich werde versuchen, mich kurz zu fassen. Ich wollte nur sagen, daß, wenn ihr gleich zusammenpackt und dann nach Hause fahrt, dann werd' ich euch nie wiedersehen. Ich verstehe, daß das, was ich meinen Kindern angetan habe, daß das unverzeihlich ist. Und ich weiß auch, daß alle, die an diesem Tisch sitzen, besonders meine Kinder, mich hassen werden, für den Rest meines Lebens. Aber trotzdem möchte ich euch sagen, daß ihr meine Kinder bleibt, ich habe euch geliebt, und ich liebe euch noch.*« (S. 218 ff.) Wirklich relevant scheinen für ihn nur die Folgen zu sein, die aus der Bekanntmachung seiner Vergehen für ihn resultieren.

Das von den Opfern häufig geäußerte Empfinden der Mitschuld an der Vergewaltigung wird überlagert von Christians offensichtlicher Mitschuld am Selbstmord seiner Schwester. Mit der Offenlegung der Wahrheit über seinen Vater will er sich in erster Linie seiner Schuldgefühle entledigen. Er handelt nicht aus präventiven Gründen, um z.B. Mikaels Kinder vor möglichen Übergriffen Helges zu schützen. Vordergründig erscheint er von der Mission getrieben, seine Schwester zu rächen, filmisch gesehen ein altes Motiv. Aber seine zum Schluß fast gleichgültige Akzeptanz der vergleichsweise milden Bestrafung des Vaters, wie die Tatsache, daß auch er Opfer des Mißbrauchs wurde, eines Verbrechens, dessen Opfer wir als besonders zerbrechliche und gefährdete Menschen zu betrachten gelernt haben, unterminieren das

»klassische« Motiv vom gnadenlosen Rächer. Der Tod Lindas ist am Ende gerächt aber nicht gesühnt.

Christian wirkt geradezu feige, als er in der direkten Konfrontation mit dem Vater seine Anschuldigung zurücknimmt: Helge: »*Das, von dem du da eben gesprochen hast. Daran kann ich mich gar nicht erinnern. Du mußt mir helfen, Christian. Was war da los?*« Christian: »*Ach so, das tut mir leid. Da muß ich mich wohl falsch erinnern.*« Helge: »*Nein, nein, nein. du darfst dich nicht entschuldigen, sonst mache ich mir erst recht Sorgen um dich.*« Christian: »*Schon gut, das brauchst du nicht. Na ja, ich bin ein bißchen durcheinander zur Zeit. Zuviel Arbeit. Die Sache mit meiner Schwester, vergiß' es einfach.*« Helge: »*Was du da vorhin erzählt hast, das ist ja kriminell. Das muß man ernst nehmen. Dann sollten wir die Polizei holen.*« Christian: »*Nein, nein, nein, das brauchst du nicht, es ist nichts. Vergiß' es, verzeih' mir. Läuft die Feier gut?*«* (S. 98 f.) Und doch scheint Christian aus dieser Herausforderung des siegesbewußten Vaters, der ihm wie dem Zuschauer hier verklausuliert sein Verbrechen eingesteht, letztlich die Motivation für die Fortführung seines »Kreuzzuges« zu gewinnen.

Christian, der Alkoholiker, der, solange nüchtern, mit verhaltener Stimme und verbissener Ironie, unangemessen und unangenehm gefühllos spricht und erst, als er beginnt zu trinken, in der Lage ist, emotional zu reagieren. Der »kranke« Christian, der einen ihm immer zustimmenden »Snut« erfand, der in eine Nervenklinik eingeliefert werden mußte, der log und die Spielsachen anderer Kinder vor deren Augen verbrannte. Der schwache Christian, der sich nie gegen den Vater wehrte, der seine Schwester zurückließ, den Kontakt zu ihr abbrach, sie auslieferte. Der impotente, zögerliche Christian, der auf Pias mehr als offensichtliche Verführungsversuche nicht einmal reagiert, der nie eine Beziehung zu einer Frau aufbauen konnte. Aber auch der Christian, der offensichtlich mutig genug war, Kim von der Vergewaltigung zu erzählen und berechnend genug, den Vater, der sein Opfer durch das Los bestimmte, über sein Schicksal entscheiden zu lassen und beruflich äußerst erfolgreich ist. Diese manchmal aufdringliche Ambivalenz des Protagonisten offenbart die Schwächen der Figurenzeichnung, die ähnlich auf Helene zutreffen. Helene wirkt inkonsequent und unnachvollziehbar und Christian mit vielleicht schon zu vielen Attributen überladen. Der Vater dagegen ist lebensnah und ausgesprochen realistisch gezeichnet, und tatsächlich begegnen wir ähnlichen Charakteren auf den Feiern in unserem eigenen Familien- und Bekanntenkreis immer wieder.

Christian funktioniert nur als Kontrapunkt zu seinem Vater. Auf der einen Seite der zölibatäre, blasse, verwundete Held, der sich schüchtern, geradezu ungeschickt durch das Fest bewegt, und auf der anderen Seite Helge mit seinem Lebenshunger, emotional, frivol, rotgesichtig und zufrieden. Christians Leben ist trotz seiner beruflichen Erfolge zerrüttet und von der Vergangenheit überschattet. Helge: »*Ich könnte auch davon erzählen, wie deine Mutter und ich nach Frankreich fahren mußten und versuchten, dich aus einer Nervenklinik herauszuholen. Wo du, krank im Kopf, gelandet warst und das bis obenhin vollgepumpt mit Medizin. (...) Ich könnte was darüber erzählen, wie erfolglos du bei den Frauen warst. Wunderschöne Frauen, die du einfach hast laufen lassen, aus dem einzigen Grund, weil du nicht Manns genug bist, Christian.*« (S. 132 f.) (Perfiderweise wirft er Christian hier etwas vor, an dem er die alleinige Schuld trägt.) Während Helge an der Seite seiner attraktiven Frau ein in offensichtlich jeglicher Hinsicht erfülltes Leben führte. Else: »*Mit deinem großen Appetit aufs Leben und deiner unendlichen Fürsorge für deine Familie hast du, Helge, mir alles gegeben, was eine Frau sich nur wünschen kann. Es waren 30 wunderbare Jahre. Danke.*« (S. 143 ff.)

Christian scheint für den Vater immer nur Mittel zum Zweck gewesen zu sein, erst als er ihn mißbrauchte und jeglichen Anschein von Zuneigung oder Anerkennung dadurch zu verwischen versuchte, daß er zwischen den Geschwistern ausloste, später, als er ihn beauftragt, Kinder zu zeugen, um ihm einen Lebensabend in einer lebendigen Familie zu bereiten. Bis zum 60. Geburtstag seines Vaters hat Christian sich allen Regeln unterworfen. Nur Kim, dem niemand glauben würde, der keine Bedeutung in der für den Vater relevanten Gesellschaft hat, erzählte er von den Vergewaltigungen. Er eröffnet wie sein Vater ein Restaurant, später ein zweites. Zwar in Paris und Lyon, weit entfernt von dessen Einflußsphäre, aber immer noch von ihm beeinflußt. Er erscheint regelmäßig zu den Familienfesten, benimmt sich gesittet und bietet keinen Anlaß zu Klagen. Er unterwirft sich den öffentlichen und den heimlichen Ritualen: dem Kinderlied, das alle Gäste in der Halle singen über Schokolade und Kuchen und den beinahe rituellen Vergewaltigungen. Christian: »*Ich weiß nicht, ob ihr euch erinnert, daß Papa immer baden wollte. Wenn er das wollte, nahm er komischerweise Linda und mich mit in sein Büro. Denn er hatte zunächst immer erst noch was zu erledigen.*

So war's. Dann, äh, verschloß er die Tür und zog die Rollos ganz runter, machte Licht an, gemütlich sollte es ja sein. Er zog sein Hemd aus, seine Hose, und das mußten wir dann auch tun. Und dann legte er uns auf die grüne Couch, die, die erst vor kurzem weggeschmissen wurde... und vergewaltigte uns.« (S. 83 ff.) Nur das Angebot des Vaters, der Freimaurerloge beizutreten, lehnt er, wie um auf seine künftige Ungehorsamkeit zu verweisen, ab.

Vor allem aber unterwirft er sich dem Schweigen. Dem Schweigen, das letztendlich seine Mitschuld am Tod Lindas begründet, das auch eine Frage der Loyalität ist. Denn er hatte eine Wahl zwischen der Loyalität seiner Schwester oder seinem Vater gegenüber. Erst mit deren Tod scheint ihm das zerstörerische Potential des Schweigens bewußt zu werden, aber auch das zerstörerische Potential des Redens. Daß Christian zwei Reden vorbereitet hat, zwischen denen der Vater wählen muß, zwischen der Wahrheit oder der Lüge, ist ein eher uninspiriertes flaches Bild in bezug darauf, daß der Vater zwischen den Zwillingen loste, das aber an Aussagekraft gewinnt, als man erfährt, daß Linda ebenfalls zwei Abschiedsbriefe geschrieben hat: ihren offiziellen, bedauernden Brief, dessen Wortlaut ebensowenig bekannt wird wie die »offizielle« Rede Christians und ihren »heimlichen«, gut versteckten Brief, der ausschließlich von Helene oder Christian gefunden werden konnte. Hier ist die Spiegelung der Figuren reizvoll, von denen die eine scheitern muß, weil sie noch über den Tod hinaus lügt, die andere aber einen Sieg erringt und erstmals die jetzt überflüssige, pervertiert anmutende Anerkennung des Vaters erhält, weil sie die »Wahrheit« mit allen Mitteln öffentlich gemacht hat. Helge: »*Dir, Christian, möchte ich sagen: Du hast gut gekämpft, mein Junge, ja.*« (S. 220)

Linda blieb im Haus der Eltern und wurde wie Christian von den Erinnerungen verfolgt. Sie ist eine der wenigen sympathischen Figuren, mit einem ansteckenden Lachen, zu Streichen aufgelegt, kindlich. Von Träumen heimgesucht und depressiv, ertränkt sie sich, eine opheliahafte Wasserleiche. Mit ihrem Tod in der Badewanne hinterläßt sie allerdings mindestens dem Vater eine deutliche Botschaft, da die Vergewaltigungen immer stattfanden, bevor er badete. Das Suchspiel erscheint wie eine Reminiszenz an glückliche Momente, zeugt aber auch von ihrem Bedürfnis nach Geheimnissen und ihrer Angst. Manchmal scheint die Kamera ihre Perspektive einzunehmen, hinter Ecken oder unter Tischen versteckt, ein Geist oder ein kindlicher Beobachter, der nicht entdeckt

werden möchte. Nur einmal taucht sie im Film auf (keine Rück-
blenden!), fraglich bleibt, ob tatsächlich als nicht zur Ruhe gekommenes
Gespenst oder als Vision beziehungsweise Traum Christians. Linda:
»*Christian?... Christian? Hey. Ich vermisse dich.*« Christian: »*Ich vermisse
dich auch... Soll ich mit dir kommen?*« Linda schüttelt verneinend den
Kopf: »*Ich geh' jetzt.*« (S. 198 f.)

Erst Lindas Brief, von Helene vorgelesen, kann die Festgemeinschaft
bewegen, Christians Worten Glauben zu schenken. Daß Helene ihn erst
nach massiver Aufforderung vorliest, erscheint nicht plausibel. Sie findet
den Brief, nachdem Christian seine Anschuldigungen gegen den Vater
erhoben hat, in einem rührend und ihr vertraut anmutenden Suchspiel,
kindlichen Hieroglyphen folgend, die Linda hinterließ, wohl wissend,
daß nur Christian oder Helene fähig wären, ihn zu finden. Helene
versteckt den Brief erneut: »*Sie dürfen ihn nicht finden, sie dürfen ihn
nicht finden, sie dürfen ihn nicht finden.*« (S. 62)

Sie erscheint zwar regelmäßig bei den Familienfeiern und bemüht sich
um einen wie auch immer gearteten familiären Zusammenhalt. Wie z.B.
in ihrem Vorwurf an Mikael deutlich wird: »*Du warst nicht bei der
Beerdigung deiner Schwester. Du rufst nicht an meinem Geburtstag an. Du
zahlst nicht das geliehene Geld zurück. Du interessiert dich für niemanden
außer für dich selbst.*« (S. 17) Doch ist dies kaum, wie bei den Eltern, in
dem ritualisierten Verhalten begründet, das ihr offensichtlich peinlich
ist.

Sie war es, die als erste gegen den Zustand der Familie und damit
auch den der Gesellschaft rebellierte, als sie mitteilte, Sängerin werden
zu wollen, der Sozialistischen Volkspartei beitrat und nicht, wie von den
Eltern gewünscht, Jura sondern Anthropologie studierte. Als sie
wechselnde Bekanntschaften mit nach Hause brachte, wie sie in dieser
Szenerie exotischer nicht wirken konnten. Gbatokai ist mindestens der
zweite Schwarze, den sie ihrer Mutter vorstellt, und bereits im Taxi auf
der Fahrt zum Fest knüpft sie eine weitere Bekanntschaft an. Von den
Eltern ist sie es zwar gewohnt, daß sie ihren Freunden mit einer
gewissen, wenn auch nachlässigen Freundlichkeit begegnen, doch bereits
Mikael tritt Gbatokai mit offener Feindseligkeit entgegen. So erscheint
es nicht einleuchtend, daß Helene derart heftig auf den »*fucking racist
song*« (S. 173) reagiert, den alle Gäste, angestachelt von Mikael,
bedenkenlos mitsingen,. Der Rassismus in dieser Gesellschaft müßte ihr
eigentlich vertraut sein. Daß Helene also erst, nachdem sie persönlich

angegriffen wurde, bereit ist, den Brief öffentlich vorzulesen, wirkt eher wie in der Dramaturgie begründet als in einer schlüssigen Zeichnung ihres Charakters.

Mikael hingegen bietet das typische Bild eines verhaltensgestörten Kindes: unausgeglichen, süchtig nach Anerkennung durch den Vater, unkontrolliert, aggressiv, »oversexed«, unsicher, intolerant, unzuverlässig, laut und aufdringlich. Wie Christian hat auch er sich im Metier des Vater versucht und weniger erfolgreich ein »kleines Bistro am Südhafen« eröffnet. Wie Christian und der Vater, wie nahezu jeder in FESTEN trinkt er zuviel und bewegt sich mindestens an der Grenze zum Alkoholismus. Sein Verhalten gegenüber Frauen ist von Unsicherheit und Aggressionen beherrscht. Er kneift seiner Schwester in die Brust, scheucht seine Frau wie ein lästiges Insekt aus dem Wagen, nur um sich mit seinem Bruder unterhalten zu können. Er behandelt sie und seine drei Kinder wie aufdringliche Anhängsel, schenkt ihr selten Aufmerksamkeit und wenn, zumeist nur um ihr alle erdenklichen Versäumnisse vorzuwerfen: »*Verdammt, jetzt werd' ich dir mal was sagen. Du allein bist fürs Packen zuständig. Das war schon immer so, und das wird auch in Zukunft so bleiben. Jetzt zieh' Leine und find' die verdammten Schuhe.*« (S. 48) Er schläft mit einer Angestellten aus dem Hause des Vaters und versucht, als sie ihn um eine Aussprache bittet, die Angelegenheit mit Geld zu regeln: »*Das ist für dich, das ist dein Lohn. Ist das klar? Und dann ziehst du Leine, ist das klar?*« Michelle: »*Du bist genauso krank wie dein Vater.*« Mikael: »*Du hast nicht über meine Familie zu sprechen, ist das klar!*« (S. 130) Daraufhin schlägt er sie brutal zu Boden.

Aus naheliegenden Gründen verbrachte Mikael seine Kindheit und Jugend nicht im elterlichen Heim. Dementsprechend nimmt er sich neben seinen Geschwistern fast wie ein Fremder aus, hatte nie und hat noch immer nicht teil an ihren Geheimnissen, ihrer intensiven Beziehung, ihrer Sprache. Seine eigene Sprache ist vom Bemühen um Originalität, aber auch Anbiederung geprägt, wie sein Vater neigt er zu Anzüglichkeiten und Frivolitäten, bemüht sich andererseits aber um eine betont jugendliche, manchmal kindische Ausdrucksweise, in der es von Fäkalausdrücken wimmelt. An jeden zweiten Satz hängt er ein »Mann«, gleichgültig, welchen Geschlechts sein jeweiliger Gesprächspartner ist. Lars nennt er hartnäckig »Mads«, nicht nur, weil er es witzig findet, sondern ebenso, um seine Geringschätzung gegenüber Angestellten zu demonstrieren, wobei er sich, sein Benehmen und seine Sprache betreffend, weit unter Lars' Niveau befindet. Zu Beginn behandelt Mikael ihn herablassend, beleidigt ihn, stellt seine Kompetenz wiederholt in Frage und gebärdet sich wie ein Großgrundbesitzer gegenüber seinen Leibeigenen. Erst als sich herausstellt, daß der Vater ihn nicht auf die Gästeliste gesetzt hat, wird er leise, windet sich, schrumpft zusehends angesichts der wahren Macht im Hause und behandelt Lars, jetzt symbolisch mit deren Insignien versehen, freundlich, schüchtern, geradezu zerknirscht und wartet mit überflüssigen Erklärungen auf.

Mikael will um jeden Preis die Anerkennung seines Vaters erringen. In einer slapstickhaften, sehr von der Choreographie bestimmten Szene (übrigens der einzigen und darüber hinaus schlecht gelösten in diesem Film), wird seine tolpatschig, beinahe hysterisch wirkende Diensteifrigkeit illustriert. Vom Vater gerufen, rennt Mikael mit rutschender Hose über den Rasen und steht schließlich wie ein hechelnder Hund vor ihm, erwartungsvoll und ängstlich erfreut. Und obwohl, wie der Vater betont, er nach Christians Ablehnung nur zweite Wahl für den Platz in der Loge ist, scheint er sich aufzublähen, seine Haltung wird aufrechter, er errötet vor Stolz. Nachdem Helge ihm aufgetragen hat, sich um das Gelingen des Festes zu bemühen, will er diese Aufgabe mit allen Mitteln erfüllen. Es ist seine Rehabilitation für die Ausfälle während früherer Feierlichkeiten, seine Chance, sich vor dem Vater zu beweisen. Er wird sich als würdig und fähig erweisen, ein Teil dieser Familie zu sein. Also muß zuerst Michelle aus dem Weg geschafft werden – Helge: »*Finger weg von der, wie heißt sie noch mal? Michelle? Ist das klar, mein Sohn?*« (S. 68) Danach erscheint ihm Gbatokai als Bedrohung seiner Mission, den er, nachdem er sein Ziel mit rassistischen Beleidigungen nicht erreicht, wie Michelle mit Geld zum Verlassen bewegen will, was ebenfalls nicht gelingt. Daß er im Speisesaal den »*fucking racist song*« anstimmt, ist seine Rache für diese Niederlage.

Später ist er ohne weiteres bereit, Christian auch mit Gewalt aus dem Haus zu entfernen. Er hält zwar zuerst einen der Gäste davon ab, Christian zu schlagen – »*Nicht damit, hör' auf. Nicht mit dem Ast, zum Teufel noch mal, es ist mein Bruder. Komm, weg mit ihm.*« (S. 159), greift aber später selbst, wie so oft außer Kontrolle geratend, zu einem Stock. Anders als Helene hält er keinen Beweis für das Verbrechen seines Vaters in den Händen, ob er die Wahrheit nun, wie Christian provokativ behauptet, trotzdem zumindest ahnt, bleibt offen. So ist Christian sowohl sein Bruder aber auch potentieller Zerstörer der Familie. Nicht zufällig ist es Mikael, der den Vater, nachdem er ihn als einziger aktiv »bestraft«, geschlagen und getreten hat, von der Frühstückstafel entfernt; den Vater, der jetzt als der wahre Zerstörer der Familie in Erscheinung getreten ist. Spätestens sein Gewaltausbruch macht ihn zum heimlichen Helden des Filmes. Er handelt unseren filmischen Erfahrungen gemäß und entspricht unserem, vom amerikanischen Film beinahe immer erfüllten Bedürfnis nach Rache am »Bösewicht«. Mikael schenkt dem Zuschauer die verzweifelten, unreflektierten, zutiefst menschlichen Reaktionen, die uns der zurückhaltende Christian versagt.

Offenbar war es die Mutter, die schon seit mindestens 1974 von den Vergewaltigungen wußte, die Mikael aus dem Umfeld des Vater entfernte. Seine Komplizin im Verschweigen, die ihre wahren Gefühle angesichts seiner Tat niemals äußert, und wie Helge nennt auch sie diese Tat kein einziges Mal beim Namen. Helmuth von Sachs bezeichnet sie einmal als »*unser aller Mutti*« (S. 142). Allerdings sieht sie fast jünger und sicher attraktiver als ihre Tochter aus, hat sich »gut gehalten« und wirkt neben ihrem Mann zierlich und zurückhaltend, etwas arrogant, von schlichter, unaufdringlicher Eleganz. Sie fühlt sich jeder Situation gewachsen, repräsentiert nicht nur den Standard des Hauses sondern auch ihre Gesellschaftsschicht.

Helge zu Christian: »*Außerdem ist da noch die Sache mit deiner Mutter. (...) Sie hat langsam meine Witze satt.*« (S. 34) Und offensichtlich reagiert Else, wenn nicht gelangweilt, dann doch mit großer Gelassenheit auf Helge, wenn man bedenkt, daß sie seit über zwanzig Jahren mit ihm und dem Geheimnis lebt. Es ist nicht nur Verdrängung und sicherlich nicht die Angst vor ihm, die sie schweigen läßt. Sie klammert sich an ihre Position, die sie ohne ihn und vor allem nach einem Skandal in dieser Form nicht halten könnte. Sie hat die Regeln verinnerlicht, ist das personifizierte »Darüber redet man nicht«. Während Helge sich als der verständnisvolle Freund seiner Kinder gebärdet, das Kind im Manne zur Schau stellt, verkörpert sie die mahnende Erzieherin, die Wert auf die Einhaltung ungeschriebener Gesetze und gutes Benehmen legt.

Else erscheint oberflächlich, ein wenig dumm, kaum reflektierend und sehr eitel, weltoffen, wenn es passend erscheint. Ihre Begrüßung Gbatokais ist symptomatisch. Sie spricht englisch mit ihm, ist freundlich und zuvorkommend, verwechselt ihn jedoch offensichtlich mit einem früheren Freund Helenes. Else: »*Welcome (...) Nice to see you back.*« Helene: »*Nein, Mama, das war jemand anderer. Du kennst ihn nicht.*« (...)

Else: »*It's nice to see you.*« Gbatokai: »*Nice to see you.*« Else: »*Yes, yes, meine Güte, this way please.*« (S. 114 f.) Eine halbe Stunde später wird sie seinen Namen wieder vergessen haben; sei es, weil für sie alle Schwarzen gleich aussehen, sie sich nie die Mühe machen würde, sich an Menschen, die nicht ihrer Schicht angehören, zu erinnern, oder Helene einfach jedesmal einen anderen Freund mitbringt.

In den Reigen der Festredner reiht sie sich erst ein, als sie sich als einzige kompetent wähnt, das Fest zu retten. »*Ich habe Verständnis dafür, daß man auf Vater böse sein kann. Das war ich auch so manches Mal. Aber das muß man unter vier Augen klären.*« (S. 149) »*Christian konnte phantastische Geschichten erzählen, als er klein war. Und ich glaube, ich habe mir immer vorgestellt, aus dir könnte irgendwann ein großer Autor werden, ein sehr guter Autor, Christian. Als Christian klein war, da ... ich vermute, das weiß nicht jeder von euch, da hatte er einen sehr treuen Begleiter, sein Name war Snut ... Der aber natürlich nicht existierte. Aber Snut und Christian waren unzertrennlich, und sie waren sich immer über alles einig. Wenn Snut irgend etwas nicht gefiel, dann gefiel es Christian auch nicht. Und dann hatte man verloren, man kam nicht gegen die beiden an (...) Aber lieber Christian, lieber Christian, es ist so wichtig, Phantasie und Wirklichkeit unterscheiden zu können. Ich glaube, damit hattest du immer Probleme. (...) Christian, ich glaube, Snut war heute mit dir zusammen, und ich ... ich glaube, daß du deinen Vater ein bißchen traurig gemacht hast. Ich denke, es wäre daher angebracht, daß du jetzt aufstehst, und du kannst Snut ruhig sitzenlassen... und dich bei deinem Vater entschuldigst ... Du brichst dir keinen Zacken aus der Krone, wenn du dich entschuldigst. Das ist vollkommen in Ordnung, Christian ... Christian, stehst du bitte auf?*« (S. 148 ff.) Noch ihr Rettungsversuch ist unterhaltsam, in eine amüsante Anekdote verpackt, aus ihrer Sicht sehr geschickt, da sie nicht nur die Glaubwürdigkeit ihres Sohnes in aller Öffentlichkeit in Frage stellt, nicht plump droht wie der Vater, sie bildet sich auch ein, Christian eine goldene Brücke zu bauen.

Alle ihre Kinder haben versagt, Helene, die nicht Jura studiert hat, Mikael, der aggressiv und ausfallend ist, Linda, die sich umbrachte und Christian, der »eingeliefert« wurde und nun die Familie in den Abgrund stößt. Ihr Mann hat versagt, allein sie nicht. Sie war ihrem Gatten eine treue Ehefrau und hat ihre Rolle perfekt gespielt, hat die Ruhe bewahrt, ist nicht hysterisch geworden, hat keinen Verrat an der Familie begangen, sich wie immer an die Regeln gehalten. Als Helge sie am

Schluß fragt, ob sie mit ihm komme, schüttelt sie nur leicht den Kopf, sieht ihn dabei nicht einmal an. Der König ist tot, aber die Witwe wird nicht mit ihm verbrannt werden. Sie hat es nicht verdient, ihm in den gesellschaftlichen Tod zu folgen und wird nun eine neue Rolle spielen, ernsthaft, ein wenig verletzt, ihre Hände in Unschuld waschend.

Aber Christian wird mit Pia nach Paris gehen. Nachdem er offenbar, befreit von seiner Schuld am Tode Lindas, mit ihr geschlafen hat. Christian: »*Pia? Pia?*« Pia: »*Ich schlafe.*« Christian: »*Meine Schwester ist da. Ich liebe dich.*« (S. 198) Mit der patenten, vor allem offenen Pia, die schon allzu großäugig und unschuldig durch die Szenerie wandert, ihn von Beginn an zu verführen versuchte, mitleidig, vielleicht auch berechnend. Pia: »*Ich bin die einzige, die immer noch hier ist. Ihr fliegt alle durch die Gegend, nach Paris und überall hin.*« Christian: »*Jetzt fang' doch nicht an zu weinen.*« Pia: »*Nein, das tut mir auch leid (...) Sag' mir, wenn ich gehen soll.*« Christian: »*Wolltest du nicht baden?*« Pia: »*Doch.*« (...) Pia, halb entkleidet: »*Siehst du, mein Hintern ist immer noch knackig. Ist ein Bad alles, was er abkriegt?*« (S. 54) Ein wenig zu weinerlich, ein wenig zu naiv, wie in ihrer Reaktion auf den Annäherungsversuch einer Festteilnehmerin, als sie nach deren Berührung den Slip demonstrativ verunsichert zurechtrückt. Mütterlich behütet sie Christians Schlaf: »*Wo bist du denn, lieber Christian?*« (S. 63), ist frei von Perversionen und verkörpert die »saubere« Seite der Sexualität, natürlich ist ihre Unterwäsche weiß und schlicht.

Aber sie wird mit ihm nach Paris gehen, und alle guten Menschen haben in dieser Nacht mit jemandem geschlafen, Pia mit Christian, Helene mit Gbatokai und Michelle mit Kim. Gut und Böse manifestieren sich hier in: Wahrheit sagen oder lügen. Vinterberg notiert als Leitsatz zu FESTEN: »*In einer Familie hat die Wahrheit nicht immer einen Platz*«, und mit Seeßlen muß man fragen : »*Ist das alles?*« (Seeßlen 1999: S. 43)

4. Analyse des Visuellen: Kamera- und Bildästhetik

Dem *anderen* Umgang mit dem *Bild* kommt in den Dogma-Filmen zweifellos eine besondere Bedeutung zu. Das erste, was bei jeder Dogma-Produktion als dominantes filmisches Ausdrucksmittel gewissermaßen sofort ins Auge springt, ist das Wackeln der Handkamera. Sie suggeriert von Anfang an »Authentizität«. Der Effekt ist freilich altbekannt. So hat etwa Woody Allen in seinen Filmen immer dann, wenn er etwas »Dokumentarisches« mitteilen wollte, von der Handkamera Gebrauch gemacht, und im Hollywood-Film wird die Handkamera häufig eingesetzt, wenn sich die Ereignisse zuspitzen. Doch so sehr auch anfangs die Unruhe der Handkamera auffällt oder irritiert, gewöhnt man sich doch im Laufe des Films an sie, schon aufgrund der spannenden dramaturgischen Gestaltung.

Im establishing shot von FESTEN wird man auf ein weiteres Stilmittel der Dogma-Filme aufmerksam: Den anderen Umgang mit dem Licht. Als Christian mit dem Handy in der Hand die Landstraße entlang geht, ist bei dem Umschnitt auf die Einstellung aus Mikaels Auto der vorher strahlende Himmel plötzlich trüb. Einen derartigen Sprung in der Lichtkontinuität würde man üblicherweise als einen, den Zuschauer aus der Illusion der filmischen Realität reißenden Anschlußfehler kritisieren. In FESTEN spielen aber weder die Glattheit der Bilder noch Lichtsprünge eine Rolle, weil dies nicht im Sinne der Dogma-Idee wäre, und deshalb wartet die Filmcrew auch nicht auf schönes Wetter.

Wesentlich entscheidender ist jedoch der generelle Verzicht auf künstliche Beleuchtung. In den Nachtaufnahmen gegen Ende des Filmes lösen sich die Bilder geradezu in ihrer erzwungenen Grobkörnigkeit auf und gewinnen einen fast pointillistischen Charakter. Andererseits erschwert die aus der mangelnden Beleuchtung resultierende niedrige Auflösung der Bilder die Wahrnehmung erheblich.

Die rauhe Bildästhetik setzt sich fort in kameraästhetischen Grobheiten, die beinahe eifrig gegen konventionelle Formen des filmsprachlichen Ausdrucks verstoßen, indem immer wieder Reißschwenks, Unschärfen und unsaubere Kadrierungen im Film auftauchen. Gleiches gilt für die nicht minder erzwungene Wiederentdeckung des Zooms, jenem mittlerweile verpönten Stilmittel, das in den Filmen der 60er Jahre so inflationär eingesetzt wurde.

In einigen Rezensionen, wie auch von Vinterberg selbst (vgl. Bouzet 1998: online), wurde FESTEN daher ein Amateur- oder Homevideo-Charakter zugesprochen. »Und das Gefühl, du selbst könntest diese Handkamera gehalten haben« etwa im Tagesspiegel vom 7.01.99. (Schulz-Ojal 1999: online; vgl. z.B. auch Kirkland 1998: online) Dieses Gefühl freilich täuscht. Nur ein virtuoser Kameramann ist in der Lage, sich wie in FESTEN tänzerisch durch eine Menschenmenge zu bewegen und dabei den Bewegungen einer Person zu folgen, die das Objektiv in einer Groß- bzw. Naheinstellung erfaßt. So stark auch der Eindruck sein mag, daß die Kamera in nahezu laienhafter Weise lediglich auf die Handlung reagiert, behält sie doch stets den Überblick. Denn die Kamera ist nicht unwissend. Das Bemühen um den »Dilettantismus der Form«, der nicht unwesentlich zur Suggestion des Augenblickhaften beiträgt, hebt den fiktionalen inszenatorischen Charakter des filmischen Geschehens nicht auf. Die »Homevideo-Analogie« greift daher zumindest bei FESTEN zu kurz (vgl. Heybrock 1999: online; vgl. auch Guilloux 1998: online).

Im Gegenteil, die Reduktion auf die Kargheit und Roheit des Bildes suspendiert die Kamera nicht von ihrer Funktion als Instrument eines kunstvollen Ausdrucks. So vollzieht diese beispielsweise einen »eleganten« Halbkreis aus einer Totale auf die mit ausdruckslosem Gesicht im Bett liegende Mette (Groß), nachdem sie, offensichtlich in einem Akt ritueller Versöhnung, mit Mikael geschlafen hat.

Als Christian vor Mikael und seinen Helfern auf eine Wendeltreppe flüchtet, weil er sich dem Rausschmiß zu widersetzen versucht, beschreibt die Kamera eine Bewegung zunächst im Wendeltreppen-Sinn, verharrt kurz auf Christians Kopf, während in dem Moment, in dem seine Verfolger ihn ergreifen und herunterziehen, ihre Bewegung in umgekehrter Richtung verläuft. Trotz des temporeichen Geschehens zeichnet sich die Kameraführung dabei durch vollkommene Präzision aus.

Wie beispielsweise in den Filmen Terry Gilliams (TWELVE MONKEYS (1995)) erkennt man auch in FESTEN das Verkanten der Kamera als durchgängiges Stilprinzip der Bildkomposition – ein Effekt, den man durch das sogenannte »Rollen« der Kamera um ihre Blickachse erzielt. Die verkantete Kamera ist jedoch weder an das Auftauchen bestimmter Objekte oder Personen gebunden, noch erfolgt ihr Einsatz als akzentuierendes Moment der Dramaturgie. Ihrem Blick haftet etwas grundsätzlich Irritierendes, Irrationales an. Betrachtet man sie im Sinne einer Imitation des menschlichen Blicks, hat sie zudem etwas von einer neugierigen oder aufmerksamen Neigung des Kopfes. Die Verschiebungen der Horizontale durch das »Rollen« der Kamera können in FESTEN, wenn man so will, allerdings auch als konstanter Indikator einer aus den Fugen geratenen Welt interpretiert werden (vgl. Lohmeier 1996: S. 86).

Als intentionale Strategie wäre sie in diesem Sinne jedoch ein recht plakatives Stilmittel.

Daß das reduzierte Repertoire ästhetischer Mittel in FESTEN den Filmemachern geradezu schöpferische Impulse verleiht, läßt sich an zwei Aspekten ablesen:

So wird die Abwesenheit künstlicher Beleuchtung und die geringe Größe der Digitalkamera in FESTEN in Aufnahmen aus den Raumecken, in extremer Aufsicht und weitwinkligen Einstellungen zelebriert. Darüber hinaus sind die Einstellungen von ständig wechselnden Standorten und aus immer unterschiedlichen Perspektiven gefilmt. Im Zusammenspiel mit dem schnellen Montagerhythmus und der Bewegung der Handkamera erzeugt diese eine besondere Form von Unruhe und Dynamik.

Die Kamera schwankt fortlaufend zwischen einem aufdringlichen, voyeuristischen, die Intimitätsgrenze der Personen hemmungslos unterschreitenden Agieren (Aktivität) einerseits und – gewissermaßen als Kontrapunkt – ruhigem, zuweilen distanziertem Beobachten (Passivität) andererseits.

Die intime Nähe, mit der die Kamera am Geschehen haftet, wird insbesondere in der »Empfangsszene« vor dem Haus deutlich: Als Mette, erhitzt von ihrem unfreiwilligen Spaziergang, am Portal eintrifft, wehrt sie unmutig Mikaels Berührung ab, der dadurch unbeabsichtigt gegen die allzu dicht aufgerückte Kamera schlägt, sich dabei offenbar weh tut und für einen kurzen Moment, wegen der Sonnenbrille kaum wahrnehmbar, erschrocken, aber auch amüsiert in das Objektiv blickt. Dies gilt gemeinhin als schauspielerische Todsünde, weil dieser Blick unmittelbar die Gegenwart der Kamera verrät. Insgesamt sind in FESTEN noch zwei weitere Szenen identifizierbar, in denen die Darsteller direkt in die Kamera schauen, so Christian, als er Kim zur Begrüßung umarmt, wie eines der Kinder in Mikaels Auto zu Beginn des Films. Diese stille Kommunikation mit dem Zuschauer beim Blick in die Kamera, im Grunde ein Bruch der diegetisch-fiktionalen Geschlossenheit, findet sich auch in Lars von Triers Erfolgsfilm BREAKING THE WAVES, den man in vielerlei Hinsicht als Vorstudie der Dogma-Filme betrachten kann. Als Bess (Emily Watson) am Anfang des Films während der Hochzeitszeremonie ebenfalls für einen kurzen Moment in die Kamera lächelt, wird die Kamera »in einer Art Initiation zum Mit-Spieler [ge-]macht« schreibt Michael Gööck, und gerade diesen »Pakt, der die Kamera in den

Kreis der Schauspieler aufnimmt«, hält er für einen authentischen Moment des Films (Gööck 1999: S. 137 f.).

Auch in FESTEN wird dadurch die Illusion der fiktionalen Realität nicht zerstört. Es ist eher so, als erwarte man geradezu, daß die Kamera im Gewühl und Durcheinander der Festgesellschaft *zwangsweise* mit den Personen kollidiert.[3]

Andererseits gibt es eben die eher statischen und manchmal wie aus einem Versteck heraus gefilmten Einstellungen. Als die Gäste auf dem Hof des Landhauses vorfahren, verbirgt sich die Kamera, das Geschehen aus einer niedrigen Perspektive filmend, hinter einer Mauerecke. Bei der nächtlichen Polonaise befindet sie sich unter einem Tisch und blickt von dort, ebenfalls in Untersicht, auf die singend und tanzend vorbeiziehende Menschenkette. Auch einzelne Aufnahmen im Treppenhaus lassen zuweilen den Eindruck heimlichen Beobachtens entstehen – ebenso identifizierbar in der Waldszene, wenn Mikael und seine Helfer Christian an einem Baum fesseln.

Diese Beispiele haben einen gemeinsame Charakteristik: Es scheint, als würde die Kamera in diesen Einstellungen des Versteckens und der scheuen Distanz den Blick eines Kindes imitieren. Auch das unruhige Umherirren der Kamera und ihr im wörtlichen Sinne »auf-den-Leib-rücken«, genau wie das verkantete Bild als Simulation einer Kopfneigung, wirken wie eine unbefangene, neugierige und manchmal dreiste Art kindlichen Verhaltens. Im Sinne dieser Interpretationslogik wird damit in FESTEN auch auf formaler Ebene das Kindheitsmotiv verarbeitet.

Allerdings sollte dem anthropomorphen Zug der Kamera im Sinne dieser spezifischen Konnotierung des erzählerischen Standpunktes nicht zu viel Bedeutung beigemessen werden, so sehr sich Analogien, die die Kamera gewissermaßen zum Protagonisten erheben, auch aufdrängen, etwa wenn man sie als »Christians Komplizin« bezeichnet (Peitz 1999: S. 31) oder davon spricht, daß sie sich bewegt »wie ein Familienmitglied« (Turran 1998: online).

---

[3] Auch Cassavetes arbeitet in THE KILLING OF A CHINESE BOOKIE (1976-78) mit dem Blick in Kamera. Gegen Ende des Films steht Cosmo allein auf der Straße. »Für einen irritierenden Moment blickt Cosmo beunruhigt direkt in die Kamera, als frage er sich, ob sie ihn schon die ganze Zeit beobachtet habe.« (Streiter 1995: S. 96)

Schließlich nimmt die Kamera von Zeit zu Zeit auch eindeutig den point of view bestimmter Figuren ein; beispielsweise sieht der Zuschauer aus der subjektiven Blickrichtung Helenes, die sich »zwangsweise« in der Polonaise mitbewegt, auf Christian, als er ihr den Brief seiner Schwester entgegenhält. Als Gegenschuß folgt die subjektive Einstellung aus der Blickrichtung Christians, wie sie hastig den Brief nimmt. Gerade das im Sinne eines filmsprachlichen Ausdrucksmittels recht konventionelle Schuß-Gegenschußverfahren, das u.a. im ersten Gespräch zwischen dem Vater und Christian angewendet wird, ist Gegenpol jener Aufnahmen, die sich durch die genannte anthropomorphe Charakteristik auszeichnen. Die eigentliche Antinomie zu der anthropomorphen Eigenschaft der Kamera als filmischem Code sind aber ihre stets anwesenden technomorphen Eigenschaften (die Unschärfe, das Wackeln, die Grobkörnigkeit des Bildes). Zusammen bilden sie ein dialektisches Spannungsverhältnis, wobei der technomorphe Zug sich allerdings recht technophob gebärdet.

Trotz der Aufmerksamkeit, die die Kamera in FESTEN aus verschiedenen Gründen immer wieder auf sich zieht, hat Christiane Peitz mit ihrer Bemerkung Recht, daß die Kamera sich nicht als Star aufführt, »sondern [..] sich bescheiden in den Dienst der Schauspieler [stellt]« (Peitz 1999: S. 31). Anders urteilt jedoch der San Francisco Chronicle. Dort heißt es: »Die Effekthascherei der Kamerabewegungen und das schummerige Licht steigert das Familiendrama nicht, noch bringt es uns die Gefühle der Darsteller näher; sie werden so nur stumpf und verworren.« (Guthmann 1998: online) So groß die Gefahr auch ist, daß der Dogma-Kamerastil die Darstellung überlagert, wenn nicht sogar verhüllt, so wenig trifft dies zumindest im Falle von FESTEN zu. Ob jedoch die explizit filmischen Codes von Kamera und Beleuchtung die Emotionen der Akteure dem Zuschauer näher bringen oder die Story qualitativ fördern, steht auf einen anderen Blatt.

In den Rezensionen wird überwiegend die Korrespondenz kameraspezifischer Ästhetik im besonderen wie formalästhetischem Ausdruck im allgemeinen mit dem Inhalt betont. So in der epd-Film: »Auch die Kamerabewegungen scheinen direkt die innere Befindlichkeit der Protagonisten zu übersetzen, abrupt, gewalttätig, wenn Mikael, der Amokläufer, seine Exzesse lebt, immobilisierend, umherirrend, zärtlich wie mit einem inneren Monolog ringend, wenn der äußerlich völlig gefühllos wirkende Christian seine schrecklichen Wahrheiten verkündet oder wenn Helene der toten Schwester ihre Geheimnisse entlocken will.« (Feldvoß 1999: S. 42)

Ebenso in der Kritik des Telegraph: »Tatsächlich unterstützen das körnige Bild und die Bewegungen der Handkamera seine bestürzende emotionale Roheit.« (Curtis 1999: online)

Die kinematographische Registrierung der Mimik und der »kleinen Gesten« durch die Dominanz intimer Groß- und Nah-Einstellungen in FESTEN steht im Einklang mit dem Inhalt der filmischen Erzählung. Balázs: »Die Großaufnahme ist die Kunst der Betonung. Es ist ein stummes Hindeuten auf das Wichtige und Bedeutsame, womit das dargestellte Leben zugleich interpretiert wird. Zwei Filme mit der gleichen Handlung, demselben Spiel und denselben Totalen, die aber verschiedene Großaufnahmen haben, werden zwei verschiedene Lebensanschauungen ausdrücken.« (Balázs 1982: S. 84)

Entgegen Balázs' Theorie vom Betonungscharakter der Großaufnahme ist sie in FESTEN übermächtig. Die einzige Konzession an ein »Näherrücken« der Kamera an die Person oder das Geschehen als ein betonendes Moment ist ein leichter Zoom, der das neugierige Sich-vorbeugen eines Beobachters oder sogar des Zuschauers zu imitieren scheint.

In FESTEN ist die Häufigkeit der Großeinstellungen vermutlich aber auch eine Konsequenz der Technik. Eine kleine Digitalkamera eignet sich kaum für Halbtotalen oder Totalen, da in diesen Einstellungen Details und Schärfe der Konturen verschwinden und das Bild flach und steril erscheint.

Aufgrund der Begrenztheit des profilmischen Raums und der Übersichtlichkeit des Szenarios führt die Aneinanderreihung naher Einstellungen dennoch nicht zu einem Verlust der Kontinuität oder einem Gefühl der Desorientierung, wie dies mitunter bei komplexeren Filmszenarien oder einer mißlungenen Montage (Anschlußfehler) der Fall sein kann (vgl. Balázs 1982: S. 85).

Die Konzentration des Kamerablicks auf die Figuren und ins-besondere auf deren Mienenspiel bedingt zugleich ein Schwinden der Bedeutung von Dekor und Requisite. Außer dem Zimmer der Schwe-ster, vor allem ihrem Badezimmer, in dem die roten Hinweiszeichen und schließlich der Brief verborgen sind, existieren keine Orte oder Gegenstände, denen die Kamera besonderes Interesse schenkt. Wegen der genannten Begrenztheit des Schauplatzes und der zu vermutenden

Vertrautheit mit dem dargestellten bürgerlichen Milieu ist dies auch nicht notwendig. Allein die Größe des Landhauses, seine zahlreichen Zimmer, die ausladenden Räume, der Empfangstresen, die Großküche und der Weinkeller genügen für die Kennzeichnung und Charakterisierung des Milieus. Das Familiendrama scheint sich im wesentlichen in der Physiognomie der Figuren abzuspielen. Exemplarisch sei hier auf die Szene verwiesen, in der Christian den Titel seiner »Wahrheitsrede« – »Als Papa badete« – verkündet. Während der Vater leicht irritiert und ein wenig nervös zu reagieren scheint, lacht seine Frau amüsiert auf und lehnt sich kurz gegen die Schulter ihres Mannes. Mikael schließlich – nachdem sein Vater ihn dazu aufgefordert hat, zum Gelingen des Festes beizutragen – schaut von seinem Platz selbstzufrieden zu dem älteren Bruder hoch, im trügerischen Bewußtsein, alles laufe hervorragend.

So ambivalent und unterschiedlich das Kameraverhalten in Bezug auf Standort, Perspektive und Bewegung in FESTEN auch ist, so gibt es doch immer noch einige wenige Einstellungen, die sich von der insgesamt schon heterogenen kamera- und bildästhetischen Gesamtheit des Filmes besonders abheben.

Beispielsweise wenn Helene den Brief ihrer Schwester in einem Tablettenröhrchen versteckt und die Kamera aus dem Röhrchen heraus zu filmen scheint. Dabei handelt es sich nicht nur um einen Dogma-Verstoß im Sinne der Anwendung eines kinematographischen Tricks (das Röhrchen mußte schließlich an einem Ende aufgeschnitten werden), sondern auch um eine ausgesprochen amateurhafte, plakative und vor allem überflüssige Methode, um die Schlüsselfunktion des Briefes für die Filmerzählung herauszustellen.

Ein nicht weniger deutlich wahrnehmbarer Bruch, jedoch im positiven Sinne, sind die zwei aufeinanderfolgenden Einstellungen, die den Zeitsprung zum nächsten Morgen signalisieren: Dieser seltsam vereinzelt wirkende Verfolgungsschwenk des Vogels und im Anschluß die totale Einstellung auf das ländliche Anwesen. Die Zäsur, die beide Einstellungen markieren, ist nicht nur eine zeitliche, sondern auch eine inhaltliche und verleiht der nachfolgenden Frühstückssequenz einen epiloghaften Charakter. Daß es sich dabei ebenfalls um einen Regelverstoß handelt – da die Kamera nicht dort ist, wo die Handlung stattfindet – ist eher zweitrangig, zumal es den Filmemachern hier mit schlichten Mitteln gelingt, allem Folgenden die morgendliche Stimmung aufzuprägen.

5. Zur Analyse des Auditiven

Die Abwesenheit nachträglich hinzugefügter Musik wird in einer Kritik folgendermaßen kommentiert: »Da Filmmusik meist dazu tendiert, unglaublich manipulativ zu sein, ist ihre Abwesenheit besonders bemerkenswert.« (Higgins 1998: online) Tatsächlich ist *mir* zu keinem Zeitpunkt des Films bewußt geworden, daß musikalische Untermalung fehlt. Dies spricht einerseits für die im Sinne der Dramatik organisierten Narration, andererseits herrscht im Film selten Stille.

In der Regel ist es ein Zeichen für den gelungenen bzw. wirksamen Einsatz nichtdiegetischer Filmmusik, wenn diese vom Zuschauer nicht bewußt wahrgenommen wird, sondern, im Gegenteil, eine integrale Einheit mit dem Bild schafft (vgl. Hickethier 1993: S. 97).

Laut Dogma-Regel Nr.2 ist Musik in FESTEN nur als unmittelbarer, d.h. visuell präsenter Teil der Filmdiegese erlaubt, dementsprechend wird sie auch eingesetzt (Klavier im Tanzsaal). Und selbst im Abspann sieht man eine Spieluhr als Quelle der Musik.

Allein diese Regel wirft ausreichend erzähl- und drehtechnische Probleme auf. Da laut Dogma aber nur Requisiten verwendet werden dürfen, die sich bereits vor den Dreharbeiten am Schauplatz befinden, haben die dänischen Regisseure mit ihrem Regelwerk Umstände geschaffen, die fast notwendigerweise zu Verstößen führen. Kaum weniger Schwierigkeiten verursacht die Regel, die die Verwendung von Originalton vorschreibt, gerade im Hinblick auf das Problem der Anschlüsse in der Postproduktion. Eine Nachsynchronisation hat gegenüber dem Einsatz von Originalton immerhin den Vorteil, daß die Schauspieler sich zunächst auf ihre nonverbale Darstellung konzentrieren können und ihr Spiel beim Dreh insgesamt weniger durch die Tonsituation fremdbestimmt wird, was im Ergebnis einem authentischeren Eindruck zugute kommt.

In diesem Kontext fällt bei der deutschen Synchronfassung FESTENs bereits in der Anfangsszene die mangelnde Klangqualität des Filmes auf. Die Ursache hierfür kann jedoch nicht der deutschen Bearbeitungsfirma angelastet werden, sondern ist allein darin begründet, daß der Ton lediglich auf einer einzigen Spur aufgezeichnet wurde, während üblicherweise Atmosphären- und Hintergrundgeräusche auf einem separaten IT-Band (Internationaler Ton) aufgezeichnet werden (vgl. Hairapetian 1999: online).

Die Dominanz der Sprachanteile gegenüber dem Bild als stummem Bedeutungsträger innerhalb des filmischen Diskurses hat in FESTEN zwei Konsequenzen: Einerseits führt dies wie beim Theater zur Hervorhebung des Schauspielers gegenüber dem Szenario, was z.B. Kracauer als »unfilmisches Verfahren« ablehnt. Andererseits vermindern die lebensnahen, »natürlich« wirkenden Dialoge den bühnenhaften Eindruck, der außerdem durch die Begrenztheit des Schauplatzes verstärkt wird.

6. Montage, Erzählweise, Dramaturgie

Die gleiche »Ruppigkeit« und Unruhe, die das Kameraverhalten in FESTEN auszeichnet, bestimmt den Montagestil. So wird kontinuierlich in Bewegungen hineingeschnitten und weniger auf »saubere« und »richtige« Anschlüsse der Einstellungen geachtet, wie etwa in der Empfangszene vor dem Haus. Die daraus resultierenden Bildsprünge hängen unmittelbar mit der Dogma-Produktionsweise zusammen, da a) z.B. die Kameraleute bei Szenenwiederholungen von Aufnahme zu Aufnahme ihre Position verändern und b) die Schauspieler darüber hinaus ihre Darstellung improvisieren. So wurden u.a. die Autoschlüssel der Gäste in den Zimmern tatsächlich an einem Ort versteckt, den die Darstellerinnen von Pia und Michelle vorher nicht kannten (vgl. Kampp/Kleiner 1999: online; vgl. auch im Interview mit Thomas Vinterberg).

Da durch die Montage das Geschehen, die einzelnen Handlungsabläufe auf das Elementare reduziert und verdichtet werden, entsteht eine starke Dramatisierung und Dynamisierung der filmischen Erzählung.

Einige Einstellungen stehen nur solange wie gerade notwendig, um die jeweilige Mimik oder Gestik, den *einen* Blick oder die *eine* Reaktion der Figur zu erfassen und keinen Meter Film (hier: besser Zentimeter Videoband) länger. Mit Bazin kann man sagen, daß die Eliminierung »überreicher Realität« auf die Spitze getrieben wird (Bazin 1975: S. 30). Die Kamera ist noch nicht zur Ruhe gekommen, schon wird zur folgenden Einstellung umgeschnitten.

Außerdem weist FESTEN insgesamt einen relativ schnellen Schnittrhythmus auf, der die filmische Kontinuität trotz Handkamera auflöst und die Handlung qua Montage fragmentarisiert. Zugleich werden so auch durch den Schnitt (und nicht nur aufgrund der »schlechten« Bildqualität) hohe Anforderungen an die Wahrnehmungsfähigkeit der Zuschauer gestellt. Ebenso gibt es allerdings ruhige Momente, zumeist Dialoge oder Totalen z.B. der Festgemeinschaft, die erzählerisch genau durch die Handlung motiviert sind, aber gerade durch diese Ruhe die Bedrohung, den Unfrieden ankündigen.

Neben der agilen Mobilität der Kameraführung und der Dominanz naher Einstellungen wird mittels des schnellen Schnittrhythmus zusätzlich eine Dramatisierung des Geschehens erreicht. Auf diese Weise wird ein »Mangel« an Bewegungselementen kompensiert, der in der Geschichte selbst begründet liegt und als intendiert vorausgesetzt werden darf: Neben dem ohnehin gemäß Dogma vorgeschriebenen Verzicht auf (oberflächliche) »action«-Elemente, ist in diesem Kontext die Begrenztheit der Schauplätze aufzuführen. Ein Großteil der Handlungssequenzen findet im Haus statt und dort vor allem im Speisesaal. Der filmische Raum, das Dekor, die Szenerie erfüllt (abgesehen von Helenes Zimmer) keine dramaturgische, handlungsfördernde oder spannungserzeugende Funktion.

Ebenso üben die Gäste im wesentlichen die Rolle von Statisten aus. Diese besteht darin – was naheliegend ist – zu essen, zu trinken, Smalltalk zu führen etc., undramatische oder ritualisierte Abläufe, wie sie für den Handlungsrahmen eines Festes typisch sind. Die wichtigste Rolle der Gäste im Hinblick auf die Dramaturgie der Geschichte, ihr Schweigen, ist notwendigerweise statisch. Würde man das Schweigen als Reaktion auf Christians Anschuldigungen in langen Einstellungen und aus der Halbtotalen oder gar in einer Totalen filmen, wäre dies langweilig, mehr noch, für den Zuschauer unverständlich. Erst durch die Einstellungswechsel auf die unterschiedlichen Gesichter in Großaufnahmen bekommt das Schweigen eine dramaturgische, spannungserzeugende Funktion, indem die Kamera die individuellen Reaktionen der Gäste offenlegt und so die jeweilige Mimik, die kleinen Gesten aufs genaueste registriert.

Abgesehen von der Tatsache, daß in Bewegungen geschnitten wird, was nach der »klassischen« Lehre als Montagefehler gilt, ist der Schnitt in FESTEN durchaus konventionell und unterscheidet sich kaum von der Narrationsweise typischer Hollywood-Filme, was a) durch häufige Schuß-Gegenschuß-Einstellungen deutlich wird, ebenso wie b) auch das hohe Schnittempo des Filmes für die meisten Mainstream-Produktionen der Hollywood-Industrie charakteristisch ist (die ihrerseits diese short-cuts-Techniken von der MTV-Clip-Ästhetik adaptiert haben). Und schließlich ist c) die Parallelmontage, also das Alternieren zwischen zwei räumlich voneinander getrennten Handlungssträngen, die im Sinne der Narration gleichzeitig stattfinden, ein gängiges Verfahren der filmischen Erzählweise seit Griffith.

In FESTEN beginnt die erste Parallelmontage, als Christian aus dem Fenster in den Garten blickt. Letztendlich wird zwischen drei Handlungsorten hin- und hergeschnitten, Christians Zimmer, dem Mikaels und Mettes und dem der toten Schwester, in dem Helene und Lars deren Abschiedsbrief finden. Die erste Parallelmontage beginnt, als sich Christian zusammen mit Pia in seinem Zimmer aufhält und aus dem Fenster in den Garten blickt.

Die Sequenz endet, wie sie begonnen hat, mit dem Blick aus Christians Zimmer auf den Garten des Hauses, in dem wir Helge sehen, wie er einem kleinen Jungen hinterherjagt. Diesmal ist es allerdings nicht Christians Blick, den die Kamera einnimmt.

Die zweite Parallelmontage, gegen Ende des Filmes, wechselt lediglich zwischen zwei Schauplätzen. Einerseits dem Tanzsaal, in dem sich Gbatokai, Christian, Helene und der betrunkene Klavierspieler aufhalten und draußen, vor dem kleinen Haus der Eltern, wo Mikael seinen Vater mißhandelt.

Neben der Aufgabe, Gleichzeitigkeit auf filmische Weise auszudrükken, erzeugen die beiden Parallelsequenzen Spannung. Diese Methode, Spannung hervorzurufen, hat insbesondere Hitchcock perfekt beherrscht (THE 39 STEPS (1935), STRANGERS ON A TRAIN (1951) etc.).

Wichtig für die Analyse der Montage und ihrer besonderen Charakteristik ist daher, ihre Beziehung zur Story zu analysieren, d.h., wie sie das filmische Material – die Handlungselemente, den Plot – organisiert und so das Dargestellte mit Bedeutung versieht. Betrachtet man die Montage in FESTEN unter diesem Gesichtspunkt, stellt man fest, daß der Film über weite Strecken die Handlung gemäß ihrer dramatischen Logik analysiert und keinen Sinn schafft, »den die Bilder nicht objektiv enthalten und der nur aus ihrer Beziehung zueinander hervorgeht.« (Bazin 1975: S. 29) Nun ist es sicherlich gefährlich, von einem objektiven Gehalt der Bilder zu sprechen, da es den Gedanken nahelegt, daß das profilmische Geschehen von seinem Zusammenhang der filmischen

Anordnung (Schnitt) und der Kameraoperationen, kurz vor dem ästhetischen Eingriff des Filmemachers, getrennt werden könnte. Das ist nicht der Fall. Bazin geht es um den analytischen Wert dieser Unterscheidung. Am Beispiel der Aufnahmen einer Lokomotive in Abel Gances Film LA ROUE (1922) verdeutlicht er dies. Dort wird die Geschwindigkeit der Lokomotive im wesentlichen über die Aneinanderreihung immer kürzerer Einstellungen (beschleunigte Montage) erreicht, »ohne wirkliche Bilder von Geschwindigkeit zu benutzen«. Letzteres hieße, die Lokomotive würde in einer einzigen Einstellung und in Normalgeschwindigkeit gefilmt, wobei – diese Einschränkung darf man nicht unterschlagen – über Einstellungsgröße, Perspektive, Standpunkt der Kamera dennoch großer Einfluß auf die Wahrnehmung der Geschwindigkeit des Objekts genommen werden kann, jenseits der »Zerstückelung« durch die Montage (Bazin 1975: S. 29). Das entspricht jedoch im wesentlichen der natürlichen Wahrnehmung des Menschen. Eine Eisenbahn bewegt sich für einen entfernteren Betrachter naturgemäß subjektiv langsamer als für denjenigen, der sich in unmittelbarer Nähe zum Objekt befindet. Allerdings kann die Kamera über ihre Optik dieses Wahrnehmungsgesetz beeinflussen: So erscheinen Bewegungen wie die einer Lokomotive bei gleichem Kamerastandort und gleicher Perspektive durch ein Tele-Objektiv langsamer als durch ein Normalobjektiv aufgenommen, da durch die Veränderung des Ausschnitts bei langbrennweitigen Aufnahmen (Tele-Aufnahmen) die Plastizität des Bildes abnimmt und die perspektivischen Bezugsgrößen fehlen. Wichtig ist aber: Die »reale« Geschwindigkeit der Lokomotive als »objektiver Gehalt« der Szene ändert sich in diesem Fall nicht, auch wenn der Eindruck auf den Betrachter ein anderer ist. Anders verhält es sich bei der beschleunigten Montage in dem von Bazin angeführten Beispiel.

Entsprechend der Dogma-Regel, daß die Kamera der Handlung folgt und nicht umgekehrt, ist in FESTEN auch die Montage nach der stofflichen Logik der Handlung organisiert. Letzteres ist aber gegenüber ersterem ein typisches Charakteristikum für die Erzähltechnik des amerikanischen Mainstream-Films, dessen Montagestil man gemeinhin als »unsichtbaren Schnitt« klassifiziert. Außerdem trägt die besondere Kameraästhetik in FESTEN ihren Teil dazu bei, daß die Montage – trotz ihrer Auffälligkeit, in Bewegungen zu schneiden – in den Hintergrund gedrängt wird oder, anders formuliert, daß der Schnitt in FESTEN deutlich hinter dem expressiven Stil der Bildästhetik zurückbleibt.

Einzige Ausnahme sind die bereits erwähnten Parallelmontagen, in denen man den Schnitt als Mittel der zeitlichen Organisation automatisch wahrnimmt. Innerhalb der ersten Parallelmontage (der Zimmer-Sequenzen) erfolgt über den Schnitt eine zusätzliche Form der Konnotierung des Inhalts, wie die folgende Feinanalyse dieser »Subsequenz« verdeutlicht:

1.)[4] Pia im Bad, mit dem Kopf unter Wasser
2.) Helene beginnt den Brief der Schwester zu lesen.
1.) Pia im Bad, unter Wasser
2.) Helene fängt beim Lesen an zu weinen.
3.) Christian hält ein Glas (*Detail*) in der Hand, das Wasser bewegt sich.
1.) Helene weint, plötzlich erschreckt sie Lars; sofortiger Schnitt auf:
3.) Mikael rutscht im Bad auf der Seife aus, sofortiger Schnitt auf:
1.) Pia taucht abrupt aus dem Wasser auf, irritiert, verängstigt.
2.) Helene zu Lars: »Da steht nichts drin.«
1.) Pia schnappt nach Luft.
3.) Mikael, in der Dusche, beschimpft Mette.
(Vgl. Regiebuch FESTEN: S. 55 ff.)

Diese Sequenz beinhaltet zwei Momente, mit denen die Montage dem Dargestellten etwas hinzufügt, das in den einzelnen Einstellungen selbst nicht enthalten ist. Einerseits wird das denotative Element »Wasser« durch die Montage symbolisch verknüpft (das Wasserglas, Helenes Tränen, Pia im Bad, Mikael in der Dusche und auf einer anderen Ebene auch Lindas Selbstmord in der Badewanne wie die Vergewaltigungen, die vor dem Bad des Vater stattfanden). Weiterhin scheint es, als hätte Helenes Aufschrei, der im Grunde nur Lars von der Brisanz des Briefes ablenken soll, zugleich das abrupte Auftauchen Pias und Mikaels Sturz in der Dusche zur Folge. Dies allein durch die schnelle Abfolge der Bilder mittels der Montage, oder als würde mit der Duplizität der Ereignisse gespielt werden und dies allein durch eine rein kinematogra-

---

[4] Die Numerierungen bezeichnen die drei Schauplätze, die abwechselnd gezeigt werden.

phische Codierung. Diese Teilsequenz markiert damit zugleich die Klimax der ersten Parallelmontage-Folge. Eine derartige, beinahe symbolistische Form des Schnitts bleibt jedoch die Ausnahme.

In einer Rezension wird darauf hingewiesen, daß die Erzählzeit des Films sich der erzählten Zeit, die weniger als 24 Stunden umfaßt, sehr nähert (vgl. Higgins 1998: online). Diese Annäherung von Erzählzeit und erzählter Zeit ist bis zu einem gewissen Grad präformiert durch die Manifest-Regel, daß der Film »hier und jetzt« spielen muß. Darüber hinaus leistet das besondere Verhältnis der Zeitebenen seinen Beitrag zu dem spezifischen Authentizitätseindruck des Filmes, was sich daraus ergibt, daß diese Form der minimalen Zeitraffung weniger typisch für fiktionale als für dokumentarische Formen ist. Dies setzt sicherlich einen dazu passenden Inhalt voraus, was aber bei FESTEN zweifellos der Fall ist.

Die bisherige Analyse der Montage hat bereits bestimmte Charakteristika der Narration des Films dargestellt, ohne vertiefend auf die dramaturgische Struktur der Filmerzählung, des Stoffs selbst, einzugehen, was im folgenden geschehen soll.

Die Frage steht in engem Zusammenhang mit der Anordnung der Figuren und deren Konflikt- und Interaktionsverhältnis untereinander, des Schauplatzes und der Art der Darstellung und Konnotierung durch die kinematographischen Verfahren von Montage und Kamera etc. (vgl. Hickethier 1993: S. 119).

Relevant ist auch hier, inwieweit die Dramaturgie des Films von der traditionellen Narrationsstruktur des Hollywood-Kinos abweicht, die sich auch als »Dramaturgie der geschlossenen Form« spezifizieren läßt; oder ob es sich eher um eine Erzählstruktur handelt, die gemeinhin als »offen« charakterisiert werden kann (vgl. ebd.: S. 20).

Im Dogma-Manifest wird vorlaut eine Dramaturgie attackiert, die auf Vorhersehbarkeit beruht: »Vorhersehbarkeit (Dramaturgie) wurde das goldene Kalb, um das wir tanzen. Wenn das Innenleben des Charakters die Handlung rechtfertigt, ist das zu kompliziert und keine ›hohe Kunst‹«. (S. Manifest im Anhang) Diesem Anspruch wird FESTEN nicht gerecht. Fraglich ist, ob sich dieser Anspruch überhaupt einlösen läßt, solange man an dem narrativen Konzept im Film festhält. Tatsächlich existiert in FESTEN eine Reihe von Szenen und Sequenzen, in denen sich der weitere Verlauf mindestens vorausahnen läßt.

So beispielsweise, wenn Kim Christian davon abhält, nach seiner Rede vorzeitig abzureisen und ihm demonstriert, daß seine Worte nichts bewirkt haben. Wenn er detailliert voraussagt, wann Helge die Küche betreten und was dieser sagen wird. Spätestens, als Christian sich entschlossen hat, auf seinen Vater zu warten, wissen wir, daß Kim Recht behalten wird und Christian nicht abreist. Genauso, nachdem Mikael und seine Helfer Christian im Wald gefesselt und ihn allein zurückgelassen haben, ist man sicher, daß er sich wieder befreien kann.

Weitere Beispiele ließen sich aufführen. Die Gründe dafür, daß man Handlungselemente immer wieder bis zu einem gewissen Grad voraussagen kann, sind vielschichtig. Hier zeigt sich aber bereits, daß der Film sich hinsichtlich seines dramatischen Geschehens an bestehenden Erzählmustern orientiert. Eine Kenntnis dieser kann man zumindest bei geschulten Betrachtern mit einem entsprechenden medialen Kontextwissen voraussetzen. Wenn im übrigen die dänischen Regisseure schon mit einem derart hohen Authentizitätsanspruch auftreten, ist ein gewisser Grad an Wahrscheinlichkeit des Figurenverhaltens und des Handlungsverlauf naheliegend. Ganz gleich, ob sich diese Wahrscheinlichkeit aus der inneren Psychologie der Personen ableiten läßt oder sich als logisch-nachvollziehbare Folge der vorhergehenden Ereignisse und Handlungen ergibt. Grundsätzlich verweist die Vorhersehbarkeit bestimmter Ereignisse in FESTEN bereits auf die Tendenz des Filmes zu einer geschlossenen Erzählform.

Dieser Eindruck wird von einigen Rezensenten allerdings nicht geteilt: »nicht durchschaubare Erzählweise« (Lederle 1999: online), »das Fest wird sie immer noch überraschen« (Kirkland 1998: online), »Wundervoll gespielt von einem gutbesetzten Ensemble, bewegt sich ›Das Fest‹ nie in die Richtung, die man erwartet, und schafft es sogar, komische Momente in seine erschreckende Familiendynamik einzustreuen.« (Turran 1998: online), »Vinterberg geht mit seinem Material so geschickt um, daß wir immer wieder nach Hinweisen auf die beabsichtigte Stimmung suchen müssen.« (Ebert 1998: online)

Natürlich gibt es in FESTEN überraschende, intelligent konstruierte Szenenfolgen. Entscheidend ist aber, daß der Handlungsverlauf kaum »lose Enden« (Kracauer) enthält, die unaufgelöst bleiben und die man nicht in das filmische Ganze einordnen könnte. Vielmehr existieren zwar Enden, die zunächst »lose« erscheinen, aber im Rückblick auf den Film als Ganzes tatsächlich verknüpft sind.

Bereits bevor Christian seine »Wahrheitsrede« hält, gibt es Anspielungen auf das Verbrechen des Vaters, die nach Christians Anklage auf perfide Art und Weise konnotiert wurden. Abgesehen von dem Brief der toten Schwester, dessen Inhalt erst gegen Ende des Films offenbart wird, sind das vor allem zwei Szenen: Wenn der Vater ausgerechnet Christian darum bittet, sobald er eine Familie gegründet hat, mit Frau und Kind zu ihm zu ziehen, oder als Helge die Gäste mit Unterstützung eines kleinen Jungen zum Dinner weckt. Schließlich ist auch in der Exposition bereits ein Hinweis versteckt, der das dramatische Geschehen ankündigt. So telefoniert Christian auf der Landstraße über sein Handy und sagt zu seiner Gesprächspartnerin:

Christian: »*Gefällt mir hier. Da bekomme ich Lust, wieder hier nach Hause zu ziehen, aber es gibt da noch Probleme ...*« (S. 2)

Christian: »*Ja, ich klär' das. Ja, ich vermute, das wird schockierend.*« (Ebd.)

Mitunter hat man das Gefühl, daß zuviel erklärt wird und diese Erklärungen weniger auf visuellem Weg als über die Dialogebene erfolgen. Wenn Kim Christian für seinen Einfall, den Vater über die Rede entscheiden zu lassen, lobt, da dieser ausloste, welches Kind er mißbrauchen würde, erscheint dies nicht nur konstruiert. Ebenso wird die Möglichkeit vergeben, Christians ohnehin zögerliche Haltung zu betonen oder die Analogie zu den zwei Briefen seiner Schwester evident zu machen.

Der Schluß dagegen wird eher offen gestaltet – weder gibt es ein Happy End noch ein tragisches Finale. Dieses wird von einigen Rezensenten nahegelegt, wenn sie FESTEN als »Familientragödie« klassifizieren (vgl. z.B. Schulz-Ojala 1999: online).

Zumindest erreicht der Film am Ende keinen kathartischen Zustand, »weil er bis zuletzt um die Wahrheit ringen, weil er mühsam, wie in einem Kreuzverhör, Überzeugungsarbeit leisten, alle billigen Ausflüchte aus dem Weg räumen muß, weil er auf die entlastende Bluttat, den Vatermord, verzichtet und auch die schwere Mitschuld der Mutter als schweigende Komplizin offenlegt, aber nicht ahndet. Er lechzt nach Schuldeingeständnis und Sühne und findet Unverständnis und Verweigerung – das Unvermögen zu trauern. Er entlarvt eine Schuld, die nicht vergehen kann, zeigt die Wunden, die sich nie schließen werden.« (Feldvoß 1999: S. 42) Der Film findet daher keinen wirklichen

Abschluß,[5] die Konflikte und Probleme bleiben ungelöst. Vor allem reizt die Frage, wie die Geschichte weitergehen könnte, gerade weil die Mitschuld der Familie an dem Verbrechen des Vaters (vor allem die der Mutter, aber auch die Helenes) nie aufgelöst wird. Die Offenheit des Endes steht damit der Geschlossenheit der allgemeinen Erzählstruktur gegenüber.

Allerdings weist auch der Anfang, die Exposition des Films, ein Merkmal auf, das ihn durchaus von konventionellen Erzählverfahren unterscheidet. Christian wird als Protagonist gleich vom ersten Bild an als solcher eingeführt. Was im Sinne einer herkömmlichen Exposition untypisch ist, ist die Tatsache, daß die Welt des Protagonisten von Anfang an gestört ist, der Zuschauer davon aber nichts weiß – während bei einer konventionellen Struktur die alltägliche Welt des Helden erst *innerhalb* der Erzählung aus den Angeln bricht und dann der eigentliche Plot beginnt (vgl. Hant 1992: S. 86 ff. u. S. 140). In FESTEN ist es bemerkenswerter Weise zudem so, daß der eigentliche Plot dadurch entfaltet wird, daß *die Welt des Antagonisten*, des Vaters, durch die Wahrheitsrede Christians gestört wird. Daß dies aber innerhalb eines Szenarios geschieht, das – wie es bei einem Fest der Fall ist – normalerweise mit Freude und Harmonie assoziiert wird, ist wiederum sehr typisch.

Der zentrale Konflikt in FESTEN wird durch die lange Exposition verhältnismäßig spät entfaltet, so daß der Plotbeginn, Christians Wahrheitsrede, bereits mit dem ersten Höhepunkt (Plot Point 1) zusammenfällt. Der erste entscheidende Wendepunkt der Geschichte tritt dagegen kurze Zeit später in dem Moment ein, als sich Christian entschließt, nicht abzureisen, sondern seine »Mission« zu erfüllen. Mit diesem Entschluß endet der erste Akt.

Daß Christian sein Ziel nun mit kompromißloser Entschlossenheit verfolgt, wird im folgenden Akt spätestens durch die zweite Rede deutlich, in der er zunächst Reue vortäuscht, um dann seine Anklage um so nachdrücklicher zu wiederholen und dabei auch nicht vor einer Instrumentalisierung der Gäste zurückschreckt, die für ihn durch ihr Schweigen längst zu Mitschuldigen geworden sind. Auch deren

---

[5] Außer vielleicht, wenn Christian endlich in der Lage ist, mit Pia zu schlafen und sie später auffordert, mit ihm nach Paris zu gehen.

zunehmend aggressives Verhalten sowie die »versöhnlichen« Worte der Mutter halten ihn nunmehr nicht davon ab, sein Ziel durchzusetzen.

Der nächste Höhepunkt/Wendepunkt (Plot Point 2) in FESTEN wird erreicht, als Mikael und seine Helfer Christian schließlich mit Gewalt in den Wald verschleppen und fesseln. Die Durchführung der Rache scheint in weite Ferne gerückt.

Mit Beginn des dritten Aktes strebt die Handlung unaufhörlich dem Höhepunkt zu. Christian ist zwar vorerst außer Gefecht gesetzt, doch die Verkettung der folgenden Ereignisse arbeitet für ihn.

»Plot Point 2 ist wie ein Dammbruch. Danach entwickelt sich die Handlung zwangsläufig, und nichts ist in der Lage, sie umzuleiten, zu bremsen oder aufzuhalten.« (Hant 1992: S. 95)

Schließlich gelingt es Christian, sich wieder zu befreien. Anders als im »typischen« Kino wird aber der Weg zu dieser Selbstbefreiung nicht gezeigt. Sie scheint eher das Resultat der Unfähigkeit der Fesselnden als seines »übermenschlichen« Willens zu sein.

Der Höhepunkt wird erreicht, als Helene der versammelten Festgemeinschaft den Brief der toten Schwester vorliest. Sie muß letztendlich Christians Mission vollenden. Der Brief, von Christian vorgelesen, wäre auf Mißtrauen gestoßen. Vermutlich hätten die Gäste geglaubt, es handele sich um eine Fälschung, verfaßt, um den Vater endgültig zu diskreditieren. Aber Christian hat sein Ziel erreicht.

Lediglich Mikael will voller Zorn und Enttäuschung noch mit dem Vater abrechnen. Er will Rache nehmen für die Enttäuschung und die Demütigung, weswegen er den Vater seinerseits demütigt. Und schließlich ist es Christian, der weitere Erniedrigungen und Verletzungen des Vaters verhindert, indem er ihn von Mikael befreit.

So entspricht FESTEN in seinem dramatischen Geschehen dem »klassischen« Dreiakter, wie er in zahlreichen Nuancen für den Hollywood-Film charakteristisch ist.

Das Dogma verbietet Genrefilme. Hieraus ergeben sich vor allem zwei Fragen, einerseits bezüglich der Motivation dieser Regel und andererseits, ob insbesondere FESTEN diesem Anspruch gerecht wird. Die erste Frage ist mit der Funktion von Genres verknüpft. Als ein System von Konventionen und Codes ermöglichen sie dem Zuschauer, Filme zu unterscheiden und zu verstehen. Die Spezifizierung als Genre, ob seitens der Kritiker oder der Filmindustrie, gründet sich darauf, daß Filme nie für sich allein, sondern immer im Kontext mit anderen Filmen betrachtet werden. Je größer die Zahl der Filme ist, die ein Zuschauer gesehen hat, um so eher wird er in der Lage sein, einen Film aufgrund etwa eines visuellen Stils oder narrativer Strukturen entsprechend einem Genre zuzuordnen. Das Genre beeinflußt so auch die Entscheidung, welchen Film er sich im Kino ansehen wird und ist demnach ein entscheidender Faktor im kulturindustriellen Verwertungsprozeß. Für die Industrie besteht allerdings immer die Gefahr, Genreerwartungen zu wecken, die nicht erfüllt werden, oder Filme zu zeigen, die die konventionellen Strukturen eines populären Genres derart widerspiegeln, daß die Filmerzählung allzu leicht voraussagbar wird und an Reiz verliert.

Aus Perspektive der Filmemacher stellen Genres zudem immer eine Bedrohung des individuellen Ausdrucks und der Kreativität dar (vgl. Turner 1988: S. 83 ff.). Die Tatsache, daß die Dogma-Unterzeichner Genres ablehnen, ist in erster Linie daraus abzuleiten, daß sie nicht die Konventionen eines speziellen Genres wie etwa der Komödie etc. brechen wollen, sondern die des wohl allgemeinsten Genres, des »Hollywood-Films«. FESTEN knüpft aber durchaus an bestehende Konventionen des amerikanischen Mainstream-Films an. Davon abgesehen kann man zur Diskussion stellen, ob die dänischen Regisseure mit ihrem Dogma nicht selbst ein neues Genre erschaffen.

Berücksichtigt man, wie differenziert die Genre-Typisierungen mittlerweile sind, fällt es nicht schwer, Vinterbergs »Kind« einen Namen zu geben. So ließe sich FESTEN leicht als Familiendrama klassifizieren, ohne daß man dem Film damit großartig Unrecht täte. Was dieser Klassifizierung widersprechen könnte, sind die vielen komischen, einmal sogar slapstickhaften Erzähl- und Handlungselemente, die eher untypisch für ein *Film*drama sind.

Für Vinterberg selbst ist das Wechseln zwischen den Elementen der »Volkskomödie« und denen eines »boshaft grotesken Dramas« jedenfalls der Beweis dafür, keinen Genrefilm produziert zu haben, ganz, wie es das Regelwerk verlangt (vgl. Kampp/Kleiner 1998: online).

Gerade der Dualismus tragischer und komischer Elemente in FESTEN, der dem Realismus des Films zugute kommt, wird in den Rezensionen hervorgehoben:

Libération: »*Komisch*: Was macht der Blitz, der auf eine Versammlung trifft, die ihn nicht bemerken will? Das ist sehr verwirrend für den Blitz und sehr schmerzlich für den älteren Sohn. Und sehr komisch, auch sehr knirschend, von einem Kinositz aus zu beobachten.« (Bouzet 1998:

online, Herv. i. Orig.; vgl. auch: Ulrich 1998: online; Curtis 1999: online; Ebert 1998: online; Turan 1998: online; Kirkland 1998: online; Levy 1998: online)

Während einer Szene droht der Film allerdings durch ein slapstickhaftes Element ins Lächerliche umzukippen, wenn Mikael, halb angezogen, unbedingt pünktlich zu dem Gespräch mit seinem Vater kommen will, in der Eile stolpert und über einen sitzenden Gast hinwegspringt. Ebenso könnte man den humoristischen Gehalt des Running Gags bezweifeln, wenn ein Hotelgast ständig über seine Depressionen klagt.

Nicht nur aufgrund seiner humoristischen Aspekte wird der Film in den Rezensionen immer wieder mit Shakespeares »Hamlet« verglichen. Es scheint naheliegendere Gründe zu geben. So beispielsweise in der Berliner Morgenpost:

»›Das Fest‹ gibt sich wie ein moderner ›Hamlet‹: Wieder wird ein blaßblonder Däne ein Verbrechen in seiner Familie sühnen, den Patriarchen stürzen, die Mutter als Mittäterin hassen. Ein Zauderer, der sich noch in der Offenbarung nicht recht traut, mit der Wahrheit herauszurücken, und die Inszenierung des Festes als Rahmen für seine Anklage braucht wie Hamlet die Theateraufführung.« (Zander 1999a: online) Oder der Tages-Anzeiger in einer Anspielung auf das Werk Shakespeares im allgemeinen: »Es gibt den skrupellosen Patriarchen und seine mitlaufende Gattin, eine weitere Schwester und einen brutalen Bruder. Die tölpelhafte Festgesellschaft sorgt für die komischen Momente, ebenso die mit Christian verbündete Dienerschaft. Es gibt einen Mohren. Und es gibt gutartige Gespenster, die den Lebenden erscheinen und sie an die Schatten der Vergangenheit erinnern.« (Heybrock 1999: online)

Inwieweit diese Interpretationen jeweils zutreffen, kann an dieser Stelle in Kürze nicht ausgeführt werden, obwohl einige der genannten Aspekte zweifelhaft sind. Folgende Vergleichsmomente erscheinen auf jeden Fall relevant genug, um benannt zu werden:

Neben den humoristischen Anteilen taucht in beiden Dramen das Rachemotiv auf, ein blonder Däne, der einen Patriarchen (in FESTEN das Familienoberhaupt, in »Hamlet« der König) für sein Verbrechen büßen lassen will. In FESTEN ist es die Rache eines Sohnes an seinem Vater für den Tod der Schwester. In »Hamlet« ist es die Rache eines Sohnes an einem König, seinem Onkel (Claudius) für den Tod seines Vaters. In beiden Fällen wird die Gattin dessen, auf den die Rachegelüste zielen, als Mitschuldige für das beklagte Verbrechen verantwortlich gemacht (in FESTEN: Else, in »Hamlet«: Gertrude).

Immer erscheint das Opfer nach seinem Tod als Geist. Allerdings mit dem kleinen, aber wichtigen Unterschied, daß es sich im Falle von FESTEN (wahrscheinlich) um einen Traum bzw. eine Halluzination Christians handelt, während der Geist des Vaters in Shakespeares Stück eine Erscheinung ist, die auch von anderen Personen als Hamlet gesehen wird.

Am ehesten drängen sich die Parallelen zu »Hamlet« durch die Figur Christians auf. So scheint Christian wie Hamlet seltsam bedrückt und hysterisch ergriffen von seiner Mission, was in beiden Dramen dazu führt, daß der Held die Liebe einer Frau zurückweist (Pia, Ophelia).

Schließlich läßt sich das Ende von FESTEN als eine Art Negativspiegelung des Shakespeareschen Dramas interpretieren, insofern, daß in FESTEN alle überleben, während in »Hamlet« dagegen alle relevanten Figuren umkommen (Hamlet, Claudius, Gertrude, Ophelia, Laertes, Polonius).

Die aufgeführten Parallelen – weitere ließen sich sicherlich benennen – weisen, im Zusammenhang betrachtet, darauf hin, daß das Hamlet-Motiv von Mogens Rukov und Thomas Vinterberg vermutlich bewußt verarbeitet wurde und kein Produkt des Zufalls oder der Interpretation ist.

Neben Shakespeares »Hamlet« wird FESTEN in den hier herangezogenen Rezensionen vor allem mit den Werken und dem Stil Luis Buñuels und Ingmar Bergmans verglichen, nicht zuletzt weil beide mindestens einen Film gedreht haben, der die Scheinheiligkeit und Brüchigkeit der Konventionen einer bürgerlichen Festgemeinschaft entlarvt: Buñuels EL ANGEL EXTERMINADOR (1962) und Ingmar Bergmans FANNY OCH ALEXANDER (1982). Tatsächlich aber ist das Gesamtwerk gerade Ingmar Bergmans inhaltlich wie formal-stilistisch in einem Maße differenziert, daß ein Vergleich mit FESTEN jeglicher Grundlage entbehrt. Daß der Name Bergman im Zusammenhang mit den Dogma-Filmen immer wieder genannt wird, ist wahrscheinlich vor allem darauf zurückzuführen, daß Vinterberg und von Trier ihn als wichtiges Vorbild benannt haben. Der Vergleich mit Buñuel wurde wahrscheinlich aufgrund inhaltlich-thematischer Parallelen zu FESTEN[6] gewählt, etwa in Hinblick auf die Demontage des Bürgertums. Stilistisch ist Vinterbergs Werk weit von der für Buñuel typischen assoziativen, zuweilen surrealen Erzählform entfernt.

7. Die semantischen Felder

Familie und Tabu

»In einer Familie hat die Wahrheit nicht immer einen Platz.« Damit hat Vinterberg sein Werk überschrieben. FESTEN ist kein Film über Kindesmißbrauch. Die Inzestgeschichte ist gewissermaßen, um einen Ausdruck Hitchcocks zu verwenden, der »McGuffin«. Als Hintergrundgeschichte beschränkt sich seine Funktion darauf, den Film mit einem gesellschaftlich brisanten und gerade in jüngster Zeit in der europäischen Öffentlichkeit ausführlich diskutierten Thema emotional aufzuladen, kurz, die Dramaturgie zu unterstützen. Existiert diese Form emotionaler Intensität in einem Film nicht, so Vinterberg, »dann hat man nichts.« (Christen 1999: online)

Die zentrale Thematik des Films ist vielmehr, wie eine Wahrheit innerhalb festgefügter Familienstrukturen unterdrückt bzw. tabuisiert wird, zunächst durch Strategien der Verleugnung, später durch Ausübung physischer Gewalt. Interessant ist hier die Analyse der Verhaltenslogik der Figuren. Ein Sohn wirft seinem Vater in Anwesenheit von Familie und Bekanntenkreis vor, ihn und seine Zwillingsschwester mißbraucht zu haben. Und dieser Vorwurf entspricht der Wahrheit. Das wissen sowohl seine Schwester Helene wie seine Mutter. Die aber verleugnen die Tat, verteidigen den Vater sogar. Daß die Mutter derart reagiert, ist werkimmanent insofern nachvollziehbar, als sie bereits als unmittelbare Augenzeugin das Verbrechen ihres Mannes duldete.

Auch Helenes Entsetzen beim Lesen des Briefs ihrer Schwester deutet darauf hin, daß sie an dessen Authentizität glaubt. Warum sie jedoch, genau wie ihre Mutter, das Verbrechen abstreitet, wird im Film nicht beantwortet. Es gibt keine Selbstbekenntnisse, -vorwürfe oder

---

[6] Sehr oberflächlich erinnert die Darstellung der singenden Gäste in FESTEN an eine ähnliche Szene in Bunuels LE CHARME DISCRETE DE LA BOURGEOISIE (1972).

-anklagen. Insofern ist fraglich, ob Vinterberg seiner Intention gerecht geworden ist, wenn, wie er sagt, er sich für »die Frage [interessiert; der Verf.], *weshalb* die Wahrheit [in dieser Familie; der Verf.] unterdrückt wird.« (Ebd.)

Der Film mutet wie ein Gruppenexperiment an. Jemand stellt etwas Provozierendes in den Raum mit dem Ziel, eine bestimmte Reaktion hervorzurufen und wiederholt die Provokation so lange, bis sich das gewünschte Ergebnis einstellt, wobei jede neue Runde dieses Spiels durch Gläserklingen eingeleitet wird. Nebenbei »zweckentfremdet er [Christian – der Verf.] gerade die rhetorische Form, die laut gesellschaftlicher Übereinkunft allein für das Lob und die Hommage gedacht ist, als verbale Kriegserklärung.« (Weingarten 1999: S. 75)

Schuld und Sex

»Sexualität kommt wie ein Schock der Realität, als das Häßliche, über die Zuschauer. Im Fest ist sie von Anbeginn als Schuld in der Familie, als Missbrauch;«, so Georg Seeßlen in seiner Zwischenbilanz zum Dogma. (Seeßlen 1999: S. 43)

In der Tat ist FESTEN nicht nur puritanisch in seiner formalen Ästhetik, sondern auch in der Darstellung der Sexualität, in seiner Verurteilung von Triebäußerungen (vgl. ebd.).

Als Mikael und Mette nach ihrem Streit miteinander schlafen, ist dies ein ritueller Akt der Versöhnung, ähnelt eher einer Turnübung zur Entlastung aufgestauter Aggressionen, einem sportlichem Kraftakt. Und den frivolen Äußerungen Helges und seinen anzüglichen Witzeleien wird durch die Anklage Christians ein perfider Zug verliehen und umgekehrt dem Verbrechen als solchem noch das seiner Verunglimpfung hinzugefügt.

In FESTEN ist nahezu jegliche Form der Sexualität, ob nun visuell oder verbal, mit einem Makel behaftet und/oder mit Gewalt verknüpft, etwa in der Szene zwischen Mikael und Michelle. Auch als Mikael seiner Schwester unsanft an die Brust faßt und sie ihn daraufhin zurechtweist, kann dies bereits als Hinweis auf das Inzestverbrechen des Vaters verstanden werden. Die Anspielung des Großvaters auf die sexuellen Probleme Helges, seine jugendliche Unbeholfenheit, ist geradezu grotesk schlüpfrig und unangenehm intim. Opa: »*Im Sommer kaufst du dir eine große Kartoffel. Die stopfst du dir in deine Badehose und gehst*

runter zum See damit. Dann werden sie alle angelaufen kommen‹. Also gut,
der Sommer kam ... (...) Da kommt der Junge ganz unglücklich zu mir und
sagt, es sei alles viel schlimmer geworden. Niemand wollte was mit ihm zu
tun haben. Niemand. ›Das verstehe ich gut, mein Junge‹, sagte ich, ›Du
mußt natürlich die Kartoffel vorne reinstecken und nicht hinten.‹« (S. 103-
104)

Der erwachsene Helge allerdings gibt oberflächlich betrachtet keinen
Anlaß zur Klage. Else: »*(Aber) mit deinem großen Appetit aufs Leben und*
deiner unendlichen Fürsorge für deine Familie hast du, Helge, mir alles
gegeben, was eine Frau sich nur wünschen kann.« (S. 143) Symptomatisch
ist, daß Christian, der »Held«, unschuldig und asexuell, geradezu
enthaltsam als vollkommenes Gegenteil des Vaters gezeichnet wird.

Als ein weiblicher Gast sich Pia mit offensichtlich sexuellen Motiven
nähert, wirkt dies beinahe wie ein Angriff der Lüsternheit auf die
personifizierte Unschuld. Denn wenn Pia versucht, Christian zu
verführen, tut sie dies derartig offen und ungeschickt, daß ihre un-
schuldige Naivität geradezu überzeichnet wirkt. Wenn dann »unbelaste-
ter Sex« doch vorkommt, wird er dem Zuschauer nicht gezeigt.

So sehen wir Pia und Christian nur halb bekleidet im Bett liegen, als
Helenes Anruf Christian weckt.

»Die Handkamera, die die Körper umkreist, ist das Instrument der
neuen Pharisäer, die sich über ihre eigenen Sünden, ihre eigenen
Experimente, ihre eigene Lust nicht mehr verständigen wollen.« (Ebd.)

Rassismus

Der Rassismus als Thema des Filmes wird in den Kritiken besonders
häufig erwähnt (vgl. Feldvoß 1999; vgl. auch Lachat 1999: S. 29; Ebert
1998: online; Curtis 1999: online; Guilloux 1998: online).

Vinterberg: »Ein Thema des Films ist, alles Fremde zu unterdrücken
und fernzuhalten« (Rothe 1999: online). Zielscheibe der rassistischen
Äußerungen ist Helenes schwarzer Freund Gbatokai, zugleich eine der
wenigen Sympathiefiguren des Films.

Während Mikael ihm mit offenen Rassismus begegnet, wird er in der
Festgemeinschaft zumindest geduldet. Doch als Mikael ein rassistisches
Lied anstimmt, gibt dies »der illustren bürgerlichen Gesellschaft
ausgiebig Gelegenheit, sich von ihrer ganz gewöhnlichen rassistischen
Seite zu zeigen.« (Feldvoß 1999: S. 42) Und so singen alle Gäste mit.

Rassismus wird in FESTEN also nicht als die vorurteilshafte Haltung eines Einzelnen, sondern als kollektives Phänomen dargestellt, das auch die gehobenen[7] Kreise der Gesellschaft durchdringt. Ein Phänomen, das, sobald es die Situation zuläßt, jederzeit vom Zustand der Latenz in offene Demonstration umschlagen kann. Vinterberg instrumentalisiert diesen Rassismus in diffamierenden Bildern. Die angetrunkenen wohlbeleibten Gäste, lauthals singend, grölend, mit geröteten, verzerrten Gesichtern, die die Kamera immer aus der Untersicht, sehr verkantet und aus unverschämter Nähe, unruhig hin- und herschwenkend abbildet. Und im Gegensatz dazu Gbatokai, der sich sichtlich bemüht, Haltung zu bewahren, manchmal sogar gequält lächelt oder verbissen im Rhythmus nickt, hier ist die Kamera ruhig und auf Höhe seines Gesichtes.

Letztendlich ist der rassistische Ausbruch der Festgemeinschaft für Helene der Auslöser, den Brief der Schwester doch noch vorzulesen. Als hätte sie eine Erinnerung an den tatsächlichen Zustand dieser Gesellschaft gebraucht. Während ein Großteil der Handlung in den Charakteren begründet scheint, dient diese Sequenz in erster Linie der Dramaturgie: Helene rennt aus dem Raum. Pia folgt ihr. Helene übergibt sich. Helene bittet Pia um Tabletten. Pia findet den Brief und gibt ihn Christian.

Kritik der bürgerlichen Gesellschaft

FESTEN läßt sich nicht nur als Kritik an familiären Strukturen und ihren spezifischen Abwehrmechanismen interpretieren, sondern durch den Milieukontext zugleich als Kritik an der insbesondere patriarchalen Struktur der bürgerlichen Gesellschaft, deren Urzelle die Familie ist.

Die Unerschütterlichkeit der rituellen Ordnung des Festes ist zugleich Zeichen für die Bedeutung gesellschaftlicher Macht- und Hierarchieverhältnisse überhaupt, Symbol für die Affirmation des Bestehenden.

Tatsächlich wird an dem gewohnten Ablauf des Festes selbst dann festgehalten, als Christians Anklage durch den Brief der Schwester legitimiert wird.

---

[7] Zumindest das ökonomische Kapital betreffend. Dagegen gibt der Film kaum Auskunft über das kulturelle Kapital der Festgemeinschaft.

Helmuth von Sachs: »*Die Situation geht mir sehr nahe. Ich glaube, es geht uns allen so. Trotzdem empfinde ich es als meine Verantwortung ... dieses Essen bis zum Abschluß zu begleiten ... (...) ... und schlage daher vor, den Kaffee in den Nebenräumen einzunehmen. Dort kann auch ein wenig getanzt werden.*« (S. 195)

Als die Gäste am nächsten Morgen beim Frühstück zusammensitzen, scheint es, als wären die Geschehnisse des Vortages nie passiert. Helge versucht, sich für seine Taten zu entschuldigen. Jedoch wirkt dies mehr als Eingeständnis seiner Niederlage in der Auseinandersetzung mit seinem Sohn, als ein tatsächliches Geständnis seiner Schuld. So nimmt er Mikaels Tochter auf den Schoß, um ihr etwas vorzulesen, und selbst, als er seine Rede gehalten hat, setzt er sich wieder, um weiterzufrühstücken, bis ihm Mikael nahelegt, den Raum zu verlassen.

Als er sich zurückzieht, schaut Christian ihm hinterher. Im Hintergrund werden die Tischgespräche lauter. Das Familienoberhaupt ist gestürzt. Aber es findet weder eine Auseinandersetzung noch eine Analyse oder Aufarbeitung der Ereignisse statt.

»Die Familie hat ihre Reihen geschlossen, ihre Strukturen bewahrt, indem sie einfach den alten Patriarchen gegen einen neuen ausgetauscht hat. Die Individuen wechseln, die Parts, die in der Familie gesetzt werden, dagegen nicht.« (Weingarten 1999: S. 175)

Die Ideologie des Scheins einer intakten Welt wird um jeden Preis aufrechterhalten. Diese Familie, macht der Film eindringlich klar, kann nichts erschüttern.

»*Lebendig*: Trotzdem ist FESTEN kein Film über Inzest und auch nicht über den nicht totzukriegenden Zusammenhang der gesellschaftlichen Scheinheiligkeit. Das Drehbuch würde genausogut funktionieren, wenn die ›Enthüllung‹ von Christian von der eventuellen Nazivergangenheit seines Vaters handeln würde. Aber die Metapher würde unter dem politischen Gewicht leiden.« (Bouzet 1998: online; vgl. auch Hairapetian 1999b: online)

Der antibürgerliche Gestus des Films wird dadurch verstärkt, daß Christians Verbündete in der sozialen Hierarchie niedriger stehen: »der Farbige«, »die Bediensteten«. Nach Vinterbergs eigenen Aussagen war dies aber nicht unbedingt dadurch motiviert, »der Sache eine politische Färbung zu geben. Als man mir das gesagt hat, habe ich diese Interpretation mehr als ein Zeichen des Versagens gesehen, eine Ungeschicklichkeit meinerseits.« (Bouzet 1998: online)

Britische Regisseure haben seit den 80er Jahren wieder ein beeindruckendes gesellschaftskritisches Kino geschaffen, das ohne Manifest und offizielle Erklärungen auskommt. Im Gegensatz zu den bürgerlichen Protagonisten der dänischen Dogma-Produktionen entstammen die Helden des neueren britischen Films nahezu ausschließlich dem Arbeitermilieu und bieten außerdem meistens ein hohes Identifikationspotential, beispielsweise Stephen Frears MY BEAUTIFUL LAUNDRETTE (1984), Ken Loachs LADYBIRD LADYBIRD (1994) und MY NAME IS JOE (1998), Mark Hermans BRASSED OFF (1996), Peter Cattaneos THE FULL MONTY (1997), Mike Leighs SECRETS AND LIES (1997) und LIFE IS SWEET (1990), aber auch Danny Boyles TRAINSPOTTING (1996).[8]

Während sich das Dogma mit einer ironischen Aura umgibt, ist dem britischen Kino seine Leidenschaft für politische und soziale Themen anzumerken, was sich oft auch in eindeutigen Angriffen auf den Neoliberalismus, *das Gesellschaftssystem* und in den 80er Jahren explizit auf Margaret Thatcher (z.B. in Stephen Frears SAMMIE AND ROSIE GET LAID, 1985; Derek Jarmans LAST OF ENGLAND, 1987; Lindsay Andersons BRITANNIA HOSPITAL, 1982) manifestiert (vgl. Friedman 1993). Die Regisseurin Antonia Bird (THE PRIEST, 1994; FACE, 1997) bezeichnet den neuen britischen Film als einen wütenden Aufschrei gegen den Zustand Englands, die Kluft wird größer, die Reichen werden immer reicher, die Armen immer ärmer.

8. Inhaltliche und formale Kontextualisierung mit IDIOTERNE, MIFUNE und THE KING IS ALIVE

Obwohl sich die dänischen Regisseure mit dem Regelwerk bestimmten ästhetischen Strategien unterworfen und diese weitestgehend befolgt haben, zeichnet sich jede Dogma-Produktion durch einen individuellen Stil aus. Damit haben sich die Dänen zwar eine gemeinsame Uniform angezogen, jedoch nicht ohne diese mit eigenen Abzeichen zu schmükken.

---

[8] Einige der jetzt erfolgreichen Regisseure entstammen dem Free Cinema der 60er Jahre, so war Stephen Frears bereits 1968 Regieassistent bei Lindsay Andersons aufsehenerregendem Spielfilm IF...

Wenn man beispielsweise überhaupt von einer Amateurfilm-Ästhetik sprechen kann, dann im Fall von IDIOTERNE. Weder in Vinterbergs noch in Kragh-Jacobsens oder Kristian Levrings Film ist eine vergleichbar penetrante Bemühung festzustellen, jede Regel einer harmonischen Bildwirkung zu umgehen, so sehr wackelt die Kamera, und so brachial sind die Bildsprünge.[9] Es ist beinahe so, als würde die Kamera denjenigen Geschehnissen der Szene hinterherjagen, die sich gerade außerhalb des jeweils aktuellen Bildes befinden (vgl. Interview mit Mogens Rukov).

In MIFUNE wiederum ist alles derart schön rund und glatt, sind die Bilder so ruhig, als wären doch Stative verwendet worden, und schließlich ist die Erzählstruktur (Montage) in einem Maße konventionell, daß man beinahe vergißt, daß es sich um einen Dogma-Film handelt. Gerade der »undogmatische« Stil MIFUNEs mag ein Grund dafür sein, daß etwa Georg Seeßlen im Bezug auf diese ersten drei Dogma-Filme von einer »fortlaufenden Entdogmatisierung des Dogma« (Seeßlen 1999: S. 43) spricht. Dogma #2 IDIOTERNE entspricht dem Manifest allerdings kaum weniger als sein Vorgänger FESTEN.

Fest steht, daß alle Dogma-Regisseure Regelverstöße begehen, und es wäre kaum vernünftig, diese womöglich nach statistischen Gesichtspunkten zu gewichten. Entscheidender ist, daß von Triers Film am weitesten von den Kriterien des konventionellen Kinos abweicht, nicht allein, weil die Kamera besonders »wackelt« und eine Anti-Ästhetik zelebriert wird, sondern auch, weil sich IDIOTERNE aufgrund der episodischen Erzählstruktur von üblichen Dramaturgieschemata unterscheidet, während insbesondere MIFUNE und FESTEN letzteren deutlich verhaftet sind.

Die Abfolge der Idiotenspiele in Lars von Triers Film ist episodenhaft insofern, als die einzelnen »Spiele« oder »Experimente« kleine abgeschlossene Handlungselemente, gewissermaßen »relativ autonome Entitäten [darstellen], die wie Perlen einer Kette aneinandergereiht [sind], so daß sie bis zu einem gewissen Grad ein zusammenhängendes Ganzes bilden« (Kracauer 1964: S. 333). Im Grunde kann man einzelne Episoden aus dem Film entfernen, ohne daß die Kohäsion der Erzählung

---

[9] Die extrem verwackelten Bilder mögen vielleicht auch darauf zurückzuführen sein, daß Lars von Trier selbst die meiste Zeit über die Kamera geführt hat.

verloren ginge. Unterstützt wird die episodische Struktur dadurch, daß IDIOTERNE von Interviewblöcken unterbrochen wird, in denen die Figuren rückblickend ihre Erfahrungen in der »Idioten-Gruppe« kommentieren.[10] Interessanterweise dienen die Interviewsequenzen dabei nicht – wie sonst – der Klärung und Erhellung filmischer Inhalte, sondern erzeugen lediglich Verwirrung, Irritation. Die herkömmliche Funktion des Interviews ad absurdum zu führen und statt Klärung Verwirrung zu stiften, war für Mogens Rukov und Lars von Trier in den Vorgesprächen der Vorproduktionsphase ein wichtiges Element (vgl. Interview).

Für MIFUNEs »undogmatisches« Erscheinungsbild gibt es eine weitere Erklärung: MIFUNE ist die einzige Dogma-Produktion, die auf 16mm-Film und nicht auf einem Videoformat aufgezeichnet wurde. Daher ist die Bildstruktur nicht so grobkörnig wie bei einem Blow Up von Video auf 35mm. Außerdem erfordert dieses Verfahren aufgrund des kostspieligen Materials ein deutlich kleineres Drehverhältnis. Bei FESTEN hätte Vinterberg es sich niemals leisten können, während jeder Szenenprobe eine Kamera mitlaufen zu lassen, hätte er nicht auf Video gedreht. Möglicherweise mag daher im Fall von MIFUNE die Wahl von 16mm-Material auch ein Grund dafür sein, daß die Erzählweise des Films weitaus schlichter und konventioneller als bei den anderen Dogma-Produktionen ausfällt, da das kleinere Drehverhältnis weniger Raum für Experimente und Szenenwiederholungen läßt.

Sind in formaler Hinsicht die Unterschiede zwischen den Dogma-Filmen relevant, so sind es, bezogen auf den Inhalt, die Gemeinsamkeiten.

Entsprechend dem revolutionären Gestus der Formalästhetik bemühen sich die Regisseure um »vollständige Identität von ästhetischer Methode und ideologischer Absicht« (Seeßlen 1999: S. 43). Dementsprechend besteht die Programmatik der Dogma-Filme darin, die Fassaden der bürgerlichen Gesellschaft herunterzureißen bzw. die »düsteren Seiten« moderner Zivilisation in das Licht der Aufmerksamkeit zu rücken. Bei FESTEN geht es um die Verleugnung einer Schuld und die Unfähigkeit, sich damit auseinanderzusetzen, weil der Schein

---

[10] Ähnlich schon in anderen Filmen eingesetzt, z.B. in Rob Reiners WHEN HARRY MET SALLY (1989).

der intakten bürgerlichen Welt auf keinen Fall gefährdet werden darf, während IDIOTERNE und MIFUNE »den Rückzug aus einer bürgerlichen, ökonomisch strukturierten Welt von Familie und Karriere in ein archaisches, narzißtisches, kindhaftes Dasein« (ebd.) thematisieren. Und auch THE KING IS ALIVE setzt diese Thematik fort (siehe unten).

In MIFUNE, so wird suggeriert, ist im geschützten Raum der Natur, fernab der Zivilisation, das glückliche Leben noch möglich. Dort können eine (Ex-) Prostituierte, ihr überdrehter Bruder, ein (Ex-)Yuppie und dessen geistig behinderter Bruder eine Ersatzfamilie gründen und in ihrem Refugium auf dem Lande der feindlichen Außenwelt trotzen ... und sie leben glücklich und zufrieden bis an das Ende ihrer Tage. Die Fassade der bürgerlichen Ideologien wird heruntergerissen, nur um die Kulisse einer idealisierten Welt inmitten des Naturschönen aufzurichten. Diese Auflösung ist in der Tat antirealistisch und transzendiert jene Form von Authentizität, die auch in MIFUNE spürbar ist.

MIFUNE gibt sich nicht nur in formalästhetischer Hinsicht deutlich »braver« als FESTEN und IDIOTERNE. Auch inhaltlich hat Kragh-Jacobsens Film längst nicht die Schärfe der beiden anderen Dogma-Filme.

In IDIOTERNE nimmt das »antibürgerliche Experiment« einen negativen Verlauf. Die Aussteiger stoßen hier auf ihre Grenzen. Sobald es darum geht, den »Idioten« im Rahmen des gewohnten sozialen Umfelds, am Arbeitsplatz und in der Familie zu mimen, endet die Bereitschaft, am Gruppenexperiment teilzunehmen. Mit Ausnahme Karens, die, durch den Verlust ihres Kindes traumatisiert, noch vor dessen Beerdigung ihre Familie fluchtartig verließ und sich den »Idioten« nach einer Begegnung in einem Restaurant anschließt. Nur sie ist bereit, den »Idioten« auch im Kreis der Familie zu spielen. Ahnungslos willigt Susanne in Karens Wunsch ein, sie bei dem Besuch ihrer Eltern zu begleiten und als Zeugin zu fungieren. Karen wird in der Wohnung der Eltern mit kaltem Schweigen und vorwurfsvollen Blicken empfangen. Erst jetzt wird Susanne von einer Schwester Karens über die Umstände aufgeklärt. Als alle schweigend beim Kaffee zusammensitzen, läßt Karen den Kuchen provokativ aus ihrem Mund fallen, woraufhin sie ihr Ehemann, der sie bis dahin weder angesprochen noch angesehen hat, ohrfeigt. Mit Tränen in den Augen fordert Susanne Karen auf, mit ihr die Wohnung zu verlassen.

»Alle drei Dogma-Filme handeln von einem geschlossenen Ort, von einer Gruppe in verschiedenen Stadien von Konstitution und Zersetzung, vom Aufdecken einer großen Lüge, und was vielleicht ihr größter Verdienst ist, sie machen den Wahnsinn filmisch nutzbar«, schreibt Seeßlen (ebd.) zu Recht, und seine Aussagen erweisen sich auch bei THE KING IS ALIVE als zutreffend, ohne daß Seeßlen Levrings Film in seiner Zwischenbilanz bereits hätte berücksichtigen können.

Seine Feststellung jedoch, daß Sexualität immer nur als »das Häßliche« (ebd.) dem Zuschauer begegnet, läßt sich in dieser generalisierten Form nicht ganz aufrechterhalten. In den ersten drei Dogma-Filmen kommt Sexualität auch in »schöner« Weise vor, wobei sie in dieser spezifischen Ausprägung lediglich angedeutet wird, d.h. daß der eigentliche Akt nicht gezeigt, die Darstellung der Körper vermieden wird und die Kamera, wenn sie überhaupt anwesend ist, nur auf den Gesichtern haftet.[11]

Vielleicht trifft es wiederum zu, daß, wie Seeßlen meint, die Sensation der Dogma-Filme in der »körperlichen und seelischen Entblößung« (ebd.) besteht. Deswegen, und weil man kaum Sympathie für die Charaktere empfinden kann, behauptet er, »ist das vorherrschende Gefühl mehr eine Art Ekel«. (Ebd.)

Wenn »Morde, Waffen etc.«, die Träger extremer Emotionen insbesondere im amerikanischen Kino, nicht auftauchen dürfen, bietet sich als Ersatz natürlich die Sexualität an. Angesichts der Omnipräsenz körperlicher und seelischer Zurschaustellungen, die das Fernsehen tagtäglich vorführt, nehmen sich die Dogma-Filme vergleichsweise harmlos aus. Und auch die Darstellung des erigierten Penis und der detaillierten Koitus-Szene als Elemente des pornographischen Films in IDIOTERNE haben ihr Schock- und Ekelpotential weitgehend verloren,[12] wenngleich diese Art der Darstellung im Spielfilm ein Novum darstellt

---

[11] Stanley Kubrick hat in A CLOCKWORK ORANGE (1971) über die Form der Darstellung eine ähnlich differenzierte Betrachtung der Sexualität umgesetzt. So wurde die einzige Sexszene des Films, die keine Vergewaltigung ist, in Zeitraffer dargestellt: eine Orgie.

[12] Spätestens mit der massenhaften Verbreitung von Videotheken ist der Anblick von Hardcore-Pornofilmen, die es dort von Anfang an gab, für einen nicht unwesentlichen Teil der Bevölkerung zur »Normalität« geworden. Die Popularität der Porno-Videofilme liegt wohl auch darin begründet, daß sie im Gegensatz zu den Bahnhofskinos eine anonyme Rezeption ermöglichen. Allerdings gibt sich das Kino Hollywoods derartig prüde, daß gerade diese Szenen auch als Angriff auf dessen vehemente Asexualität verstanden werden können.

und die Zensurgrenzen verschoben hat. Tatsächlich scheint das nicht-amerikanische Kino nur auf diese Initialzündung gewartet zu haben. In Abgrenzung zur Choreographie der Prüderie Hollywoods und jenseits der plumpen Ästhetisierungsstrategien pornographischer Filme zeigt das europäische Kino mit Filmen wie INTIMACY (Patrice Chérau, 2000), GUARDAMI (Davide Ferrario, 1999), L'HUMANITÉ (Bruno Dumont, 1999) oder BAISE-MOI (2000) von Virginie Despentes Bilder der sexuellen Ernüchterung, den physischen Akt, desillusioniert, oft frustriert. Insbesondere BAISE-MOI ist in der Darstellung von Sexualität drastisch und schonungslos direkt. Despentes zeigt eine Vergewalti-gungsszene, die in Hardcore-Porno-Manier gedreht wurde, die Kamera in Close Up-Einstellungen auf die Genitalien gerichtet.

Ferner behauptet Seeßlen, es gäbe keine Katharsis innerhalb der Dogma-Werke (vgl. ebd.). In MIFUNE allerdings ist die Katharsis unübersehbar: Kresten und Linda entledigen sich ihres früheren »verwerflichen« Lebens, und so entläßt uns der Film mit der Hoffnung, daß sie auf dem Lande zusammen ein glückliches Leben führen werden. In IDIOTERNE ist es nicht ausgeschlossen, daß Karen mit ihrem »idioti-schen« Auftritt vor ihrer Familie tatsächlich etwas wie eine innere Befreiung von ihrem traumatischen Zustand vollzogen hat. Sie selbst sagt gegen Ende des Films, als die Gruppe bereits auseinanderbricht, daß das »Idiotensein« zu den besten Dingen gehöre, die sie je erlebt habe. Und in FESTEN hat die Rache an dem Vater zumindest dazu geführt, daß Christian wieder mit einer Frau (Pia) schlafen kann, was einer Art »sexueller Katharsis« gleichkommt.

Die Frage, ob die Kritik der im Film vorgeführten gesellschaftlichen Bedingungen zugleich mit einem utopischen Gehalt verknüpft sind, kann im Fall von FESTEN verneint werden. Dieser Film ist in der Tat utopielos, sein kritisches Potential beschränkt sich auf die Negation des Dargestellten.

Ganz anders MIFUNE: Das Glück besteht dort in der Regression und findet darüber hinaus einen konkreten Ort: die Landkommune.

In IDIOTERNE dagegen scheitert das Projekt der Gruppe, sobald die Anonymität der fremden Umgebung verlassen wird und der Schauplatz der Regressionsspiele die eigene Familie oder der eigene Arbeitsplatz sein sollen. Mit Freud kann man sagen: Das Realitätsprinzip setzt sich letztlich gegen das Lustprinzip durch. Karen ist vermutlich nicht zuletzt deshalb bereit, diesen Schritt zu machen, weil sie im Gegensatz zu den anderen mit ihrem bisherigen Leben abgeschlossen hat. Sie hat in ihrem Umfeld nichts mehr zu verlieren. Ihr Kind ist tot, ihr Mann und ihre Familie verstehen sie nicht, können sie nicht auffangen. In jedem Fall hat ihr das Idiotendasein in ihrer persönlichen Situation Halt gegeben. Seeßlen ist der Auffassung, daß IDIOTERNE das Projekt der Utopie denunziert, möglicherweise, weil der Film eben auch zeigt, daß in der Kommune die gleichen autoritären Strukturen und repressiven Tendenzen der (bürgerlichen) Gesellschaft zum Vorschein kommen, gegen die man so vehement aufbegehrt und immer und überall herauszufordern sucht. Symptomatisch zeigt sich dies in folgender Szene: Als Susanne sich weigert, an der Orgie teilzunehmen, endet die Szene beinahe in einer Vergewaltigung, ein Ausscheren aus der Gruppe wird nicht akzeptiert.

Fraglich ist, ob so schon das Projekt der Utopie denunziert wird. Etwa, weil die Art der Darstellung in Lars von Triers Film die Kommune als alternative Form der Lebensführung verunglimpft? Die Idioten sind allerdings keine wirklichen Aussteiger, sondern Personen, die sich auf ein zeitlich begrenztes Experiment oder Spiel einlassen. Was die Gruppe praktiziert, hat nie wirklich den Status eines utopischen Projekts als Gegenentwurf zur bestehenden Gesellschaft.

Bezeichnend ist, daß Vinterberg, Levring und Kragh-Jacobsen sich darin üben, den wohlanständigen Schein des Bürgertums zu demontieren, während von Trier ausschert und gerade diejenigen demaskieren möchte, die sich als Fassadeneinreißer und Provokateure gerieren, wobei Karen als strahlende, sich aufopfernde Heldin im Sinne der »Sterntaler-Trilogie« (BREAKING THE WAVES, IDIOTERNE, DANCER IN THE DARK) von Triers ersteht.

THE KING IS ALIVE als offiziell vierte Produktion hebt sich in vielerlei Hinsicht deutlich von den anderen dänischen Dogma-Filmen ab. Während die vorhergehenden Werke der Dogma-Bruderschaft im eigenen Land angesiedelt sind, spielt Levrings Film in der Wüste Namibias. Der daraus resultierende produktionstechnische und zeitliche Mehraufwand führte dazu, daß die Produktionsdauer die der anderen Dogma-Filme bei weitem übertraf, mit dem kommerziell eher unvorteilhaften Resultat, daß zwischenzeitlich ein gutes Dutzend anderer Dogma-Filme im Kino erschienen sind. THE KING IS ALIVE ist der erste Dogma-Film mit einer internationalen Besetzung, u.a. Jennifer Jason

Leigh, David Bradley, Romane Bohringer, Janet McTeer und Bruce Davison. Und erstmalig stirbt jemand in einem Dogma-Film.

Ein Reisebus mit Touristen kommt inmitten der namibischen Wüste vom Kurs ab, natürlich ist der Tank leer und ein Reservekanister nicht vorhanden. So findet sich die Gruppe inmitten einer Geisterstadt wieder, einer verlassenen Bergbausiedlung, deren einziger Einwohner, ein alter Afrikaner namens Moses, buddhagleich unter freiem Himmel auf einem Sofa sitzt, die Touristen beobachtet und von Zeit zu Zeit das Geschehen kommentiert. Der nächste bewohnte Ort ist einen Fünf-Tage-Marsch entfernt. Also macht sich der einzig Wüstenerfahrene auf den Weg, um Hilfe zu holen, nicht ohne die elf Zurückgebliebenen zu instruieren, wie man in der Wüste überlebt: Man braucht also Wasser, Nahrung, Unterkunft, muß dafür sorgen, sichtbar für mögliche Suchtrupps oder Vorbeiziehende zu sein und vor allem darf man den Mut nicht verlieren. Daß die Gruppe in diesem Sinne dann ausgerechnet Shakespeares King Lear einstudiert, das der erfolglose Schauspieler Henry (David Bradley) aus dem Gedächtnis, mit gewissen Anpassungen an die Situation, aufschreibt, ist eine der wenigen humorvollen Passagen des Films. Die allerdings durch die doch sehr gewollte und im Verlauf der Geschichte weit hergeholt erscheinende Spiegelung der tatsächlichen Filmhandlung ihres Humors wieder beraubt wird.

In typischer Dogma-Manier werden dem Zuschauer die Abgründe hinter der Fassade moderner bürgerlicher Existenzen vorgeführt. Erneut geht es um eine Gruppe an einem geschlossenen Ort, die sich eher in einem Zerfalls- als einem Konstitutionsprozeß befindet. Levring arbeitet mit einem durchaus genre-typischen Plot, der das alte Motiv aus Hitchcocks LIFEBOAT und in der Folge aller Überlebende-einer-Flugzeugkatastrophe-sind-auf-einer-einsamen-Insel-gelandet-Filme, einem Sub-Genre der Katastrophenfilme, aufgreift. Natürlich mag der Gedanke interessant erscheinen, ein einst opulentes (aber mittlerweile zur Fernsehware verkommenes) Genre mit den reduzierten Mitteln Dogmas zu bearbeiten. Nur ist Levring weder in der Lage, ironische Distanz zu wahren, noch dem Thema eine eigene Brisanz oder Drama-turgie zu verleihen. Statt dessen versucht er, das Motiv an der Oberflä-che partiell zu brechen, so erinnert das sich streitende Ehepaar Liz und Ray (Janet McTeer und Bruce Davison) an Martha und George (Liz Taylor und Richard Burton) in Mike Nichols Verfilmung von Edward Albees WHO'S AFRAID OF VIRGINIA WOOLF? (1966), allerdings ohne die abgrundtiefe Bosheit und Verzweiflung oder die schauspielerische Selbstaufgabe, wie auch das King-Lear-Motiv dem Film nur eine oberflächliche Patina verleiht. Natürlich verweigert er den Protagonisten das Happy-End: Der Held, der auszog, Rettung zu holen, verdurstet in der Wüste, potentielle Paare finden nicht zueinander, am Ende sterben alle schönen jungen Frauen. Und wenn schließlich die »Eingeborenen« am Schauplatz der Tragödie eintreffen, sind sie wie ein personifizierter Vorwurf an die arroganten »Weißen«, die in all ihrer Ignoranz nicht auf die Idee kamen, den weisen »schwarzen Mann« zu fragen, wie er hier überleben konnte. Levring verirrt sich in seinem zu großen Personeninventar, in dem er keine Schwerpunkte zu setzen vermag.

Dogma-typisch ist dann wieder die Darstellung der Sexualität, ein Instrument der Demaskierung: der alte Mann, der sich körperlich fit zu halten versucht und das junge blonde Mädchen, das sich letztendlich über ihn lustig machen wird, die lüsterne Ehefrau, die sich dem schwarzen Busfahrer auf allen Vieren darbietet und von ihm mit Nicht-Vollzug des Geschlechtsverkehrs bestraft wird. Die Dogma-Filme zeigen, daß man Sexualität im Detail darstellen und dabei ausgesprochen prüde sein kann.

Die Erzählung leidet unter der Angst des Autors, seine individuelle künstlerische Handschrift in den beiden selbstgewählten Genres, derer er sich bedient, zu verlieren, einerseits dem Katastrophenfilm, andererseits Dogma 95.

Mit einer ausgeprägten Farbgebung, gelb-blau mit roten Akzenten, einem extremen, expressionistisch anmutenden Licht- und Schattenspiel und der Ausreizung der Möglichkeiten der Videokamera zur Bildverfremdung versucht Kristian Levring zu beweisen, daß der technische Minimalismus Dogmas kein visueller Minimalismus sein muß. So dienen seine Verstöße gegen das Dogma-Manifest auch in erster Linie der Ästhetik, z.B. Kameraflüge über gelbleuchtende Sanddünen und die Farbsteuerung der Kamera. Außerdem bezichtigt er sich des Verstoßes gegen die Dogma-Regel, auf persönlichen Geschmack zu verzichten. THE KING IS ALIVE spielt mit Versatzstücken der Musikvideoästhetik, des experimentellen Kinos oder Kenneth Angers psychedelischer Kurzfilme: Immer wieder unterbrechen unscharfe Sequenzen den Fluß der Bilder, allein kommentiert durch die Stimme des alten Afrikaners (Original mit Untertiteln), wird das Bild kunstvoll verzerrt und blitzartig auf die Wüste geschnitten. Von Thomas Vinterberg und Lars von Trier zur Zerstörung freigegeben und von Søren Kragh-Jacobsen eher konventionell bearbeitet, läßt Kristian Levring »das schöne Bild« in all seiner Pracht wiederauferstehen.

IV. Die Abkehr vom Zwang des Möglichen

>»Gebunden durch selbstbereiteten Ordnungs-
>zwang, also frei.«
>
>(Thomas Mann, »Doktor Faustus«)

Das Dogma-Manifest ist von einer klaren Gesetzmäßigkeit bestimmt:
Beinahe jede Regel verweist ex negativo auf eine idealtypische Vor-
stellung des Hollywood-Kinos. Betrachtet man das Manifest in diesem
Sinne, ergeben sich u.a. folgende Charakteristika:

Es wird im Studio gedreht, der Ton wird nachsynchronisiert, die
Kamera ist frei beweglich, aber fest montiert, künstliche Beleuchtungs-
verfahren dominieren, es werden optische Tricks und Effekte eingesetzt
und oberflächliche Handlungen dargestellt. Es finden jegliche zeitliche
und geographische Verfremdungen statt, es werden Genrefilme
produziert und der Regisseur wird immer aufgeführt.

Ein Kino also, das reich an Effekten und schönen, perfekten Bildern,
aber arm an Inhalt ist. Ein Kino, das durch die digitalen Techniken mittlerweile alle produktionstechnischen Voraussetzungen bereithält, um
alle erdenklichen Phantasien im Film umzusetzen, wenn man denn will.

Es ist das Kino der scheinbar unbegrenzten Möglichkeiten, wenn
auch beschränkt dadurch, daß der Maxime kulturindustrieller massen-
weiser Verwertbarkeit genüge getan werden muß. Doch das Publikum
ist längst nicht in dem Maße kalkulierbar und beherrschbar, wie es die
technischen Produktionsmittel sind. Immer wieder kommt es vor, daß
die mächtige Industrie an diesem entscheidenden Unsicherheitsfaktor
scheitert, trotz »audience researches« und gigantischer PR-Kampagnen,
trotz Starbesetzung und der inhaltlich-erzählerischen und ästhetischen
Orientierung an dem, was sich bereits als erfolgreich erwiesen hat. Aber
Hollywoods Stellung war und ist so mächtig, national wie international,
daß es Mißerfolge und Krisen ohne größere Blessuren überstehen
konnte und kann.

Jüngst hat Volker Schlöndorff in einem Spiegel-Artikel die beinahe
unumkehrbar erscheinende Übermacht der US-amerikanischen
Filmindustrie angesichts der Marktanteilstatistiken auf die begriffliche
Dichotomie vom Globalen und Regionalen zugespitzt, wobei der
Mainstream-Film Hollywoods das Globale repräsentiert und der Rest

der Weltproduktion das Regionale. Während in den 60er Jahren, als Filmemacher wie Schlöndorff debütierten, Filme von Fellini, Antonioni, Godard oder Truffaut überall in Europa bekannt waren und selbst in Amerika ihr Publikum fanden, schaffen die europäischen Produktionen heutzutage kaum den Sprung über die eigenen nationalen Grenzen, ganz zu schweigen vom amerikanischen Markt. Aber trotz eines pessimistischen Gesamtblicks glaubt Schlöndorff einen Hoffnungsschimmer zu erblicken, wobei er beispielhaft u.a. auf die Erfolge des dänischen Films, von BREAKING THE WAVES und eben FESTEN verweist (vgl. Schlöndorff 1999: S. 196).

Die Dogma-Filme wenden sich vom Produktionsschema des Mainstream-Films ab, weil die schier unbegrenzten Möglichkeiten, die dieser gewährt, vor allem wenn es sich um Blockbuster-Produktionen à la Hollywood handelt, in Wirklichkeit in ein System von Zwängen eingespannt sind, die wiederum dem Primat der kommerziellen Verwertungskriterien entspringen. Ein Film muß eben nicht nur eine akzeptierte Story haben, mit Stars aufwarten und von einer exorbitanten PR-Kampagne begleitet werden. Gerade im digitalen Zeitalter ist das beherrschende Ziel, Techniken vorzuführen, möglichst solche, die vorher in keinem anderen Film gezeigt wurden, ob nun Roboter-Mensch-Metamorphosen (TERMINATOR II) oder realistisch anmutende Dinosaurier (JURASSIC PARK). Und selbst in Filmen wie SHAKESPEARE IN LOVE (1998) geht es auch darum, Techniken zu präsentieren, in Form aufwendiger Kostüme und opulenter historischer Kulissen. Das Kino der Illusionen besteht darin, die illusionären Bildwelten real erscheinen zu lassen, und daß dies funktioniert, läßt sich unter anderem daran erkennen, wie stark die emotionale Beteiligung der Zuschauer an dem Geschehen auf der Leinwand zuweilen ist. Der Faszination dieses Kinos kann man sich kaum entziehen, und mitunter ist die Opulenz der Bilder durchaus mit einer anspruchsvollen filmischen Erzählung verknüpft. Grundsätzlich bleiben diese allerdings die Ausnahme.

Die im Dogma postulierte Abkehr vom Mainstream-Kino hat eine lange Tradition, vor allem in Europa, aber ebenso in den USA. Genau wie der damit verknüpfte Gegenentwurf[1] eines »realistischen Kinos«, das

---

[1] Während Vertreter der Nouvelle Vague, des Direct Cinema oder beispielsweise des jungen deutschen Films ihre Kritik vorwiegend an das nationale Kino richteten und das Kino Hollywoods durchaus differenziert beurteilten (wenn nicht gar, siehe Nouvelle Vague, als Vorbild benannten),

oft auch ein Kino der Armut war, weil es bei weitem nicht über die finanziellen Mittel wie die Filmindustrie Hollywoods verfügte (italienischer Neorealismus, Nouvelle Vague).

Die Tradition »realistischer« Filmrichtungen setzen die dänischen Regisseure nun fort, indem sie beanspruchen, in ihren Filmen die Wahrheit aus den Charakteren und Situationen zu erzwingen und diese gegen den eigenen persönlichen Geschmack und ästhetische Überlegungen durchzusetzen.

Die sowohl im Dogma-Manifest, wie beispielsweise in den Intentionen der Direct Cinema-Filmemacher und der neorealistischen Regisseure, genau wie in den theoretischen Schriften Kracauers und Bazins zum Ausdruck kommende Vorstellung einer »Enthüllung der Realität« wurde im Rahmen des Diskurses der Abbilddebatten, der im Zusammenhang mit dem Medium Film immer wieder auftaucht, häufig kritisiert. So wird unermüdlich argumentiert, daß es weder einen Verzicht auf Intervention noch eine Zurückhaltung des ästhetischen Eingriffs in das (pro-)filmische Geschehen geben kann, da jeglicher filmische Prozeß a priori zugleich einer der Selektion, Reduktion und damit der ästhetischen Signifikation ist, sei es in der Auswahl des Sujets, der Darsteller und Figuren oder durch die Bestimmung der Kamerapositionen, ihrer Perspektive und Einstellungsgrößen und vor allem durch die Montage des aufgezeichneten Materials, seiner Kürzung und eigentlichen Anordnung in der Zeit usf. (vgl. u.a. Tudor 1977: S. 67 ff.; Thal 1985: S. 133; Kersting 1989: S. 258 ff.). Das Zutreffende dieser Argumentation ist ebenso offensichtlich wie deren Banalität. Die Frage ist, wieviel Gewicht man dieser Einsicht beimessen will.

Essentielle Konsequenz der Dogma-Methode ist, daß den Schauspielern eine größere Mobilität in ihrer Darstellung erlaubt wird. Da sie nicht auf Bodenmarkierungen oder Lampen achten müssen, können sie sich wesentlich intensiver auf ihre Rolle konzentrieren und »ungezwungener« agieren.[2] Ihr Verhalten ist weniger durch die Kamera konditioniert. Diese muß sich schließlich nach den Darstellern richten und nicht umgekehrt. Die Dogma-Methode erweitert zugleich den von der Kamera zu erfassenden Raum, der durch aufwendige filmtechnische

---

beziehen sich die Dogma-Verfasser auf das Mainstream-Kino im allgemeinen. Offensichtlich geht es ihnen also nicht um eine Abrechnung mit dem dänischen Kino im besonderen.

[2] Cassavetes erzielt einen ähnlichen Effekt, indem er den Raum gleichmäßig ausleuchten läßt.

Apparaturen üblicherweise eng begrenzt wird und gesteht ihr damit ein höheres Maß an »Autonomie« und Mobilität zu.

Ebenso kommt der Verzicht auf zusätzliches (künstliches) Licht den Schauspielern aus einem weiteren Grund zugute: So beansprucht das Einrichten des Lichts normalerweise ausgesprochen viel Zeit, gerade für aufwendigere Szenen in großen Räumlichkeiten oder mit vielen Personen, die mitunter separat ausgeleuchtet werden müssen, oder wenn zwischen Einstellungen aus besonderen Gründen die Beleuchtung korrigiert wird. Ähnlich zeitintensiv ist mitunter der Aufbau von Schienen für Kamerafahrten oder die Veränderung der Studiokulisse etc. All dies bedeutet lange Wartezeiten für die Schauspieler. Dadurch sollte ihre Leistung zwar nicht beeinträchtigt werden, der Verzicht darauf bedeutet aber in jedem Fall eine Entlastung. Der erweiterte Spielraum von Kamera und Schauspielern mag so einen Zugewinn von Zufälligem, Unkontrollierbarem und Spontaneität bedeuten. Und möglicherweise besteht darin der Authentizitätsgehalt der Dogma-Filme.

Des weiteren kann eine »Regieführung«, die nicht auf das gezielte und wiederholte Abrufen einer bestimmten oder variierenden Mimik und Gestik des Schauspielers, deren adäquate Umsetzungsfähigkeit man für gewöhnlich als Maßstab für die Beurteilung seiner Professionalität und Leistung heranzieht, möglicherweise individuell-gesellschaftliche, unbewußte oder »eigensinnige« Anteile bei der Darstellung aktivieren. Diese sind nicht konditioniert auf einen Gesamtsinn, nicht beliebig abruf- und austauschbar und eben dadurch authentisch.

Von ähnlichen Vorstellungen hat sich beispielsweise Alexander Kluge bei seinem Regiekonzept leiten lassen. Für Kluge ist die Kamera keine Apparatur, die gemäß ästhetischen Kriterien eingesetzt werden soll, sondern schlicht ein »Gefäß«, ein Dokumentationsgerät. Diese Vorstellung ist wiederum aufgrund genannter Gründe kritisierbar. Auch Kluge ist insofern natürlich Autor und formgebende Instanz, als er etwa über Besetzung, Regie, Montage Einfluß auf den Filmprozeß ausübt und sicher kein bloßer »Registrator« eines sich gewissermaßen von ihm unabhängig entwickelnden profilmischen Geschehens. Es geht ihm in seinen Filmen darum, das Gesellschaftliche, die gesellschaftliche »Zurichtung« der Figuren zu evozieren und dies in kritischer, aufklärerischer Absicht, als Vermittlung eines besonderen Erfahrungsgehaltes, den er in der Sphäre der bürgerlichen Öffentlichkeit nicht repräsentiert sieht. Als Leitlinie seiner filmtheoretischen Ideen mag folgender Satz seines »Ziehvaters« Adorno gedient haben: »Er [der Film; *der Verf.*] hätte nach anderen Mitteln der Unmittelbarkeit zu suchen. Unter ihnen mag die Improvisation, die dem Zufall ungesteuerter Empirie planvoll sich überläßt, obenan rangieren.« (Adorno 1970: S. 80 f.) Kluge hat Regie mit der Hebammenkunst verglichen. Die Gestalt dessen, was der Regisseur zutage fördert, ist nicht durch ihn als Regisseur bestimmt, sondern durch sich selbst. Der Schrei des von der Hebamme ans Licht der Welt gebrachten Kindes ist Ausdruck seiner authentischen Angst vor der fremden Umgebung. Es ist diese Authentizität, die Kluge interessiert.

Sein Konzept ist jedoch nicht auf die Dogma-Filme übertragbar. Die Konsistenz theoretischer Einsichten und filmischer Produktionspraxis, die man Kluges Filmen sicherlich zugestehen kann, ist beim Dogma von vornherein brüchig, da schon die Ernsthaftigkeit des Anspruchs nie in dem Maße wie bei Kluge vorhanden war.

So wäre die Vorstellung einer Enthüllung des Eigensinns in der Darstellung, etwa durch Formen der Improvisation oder des Experimentierens, unvereinbar mit einem Drehbuch, wie es bei den Dogma-Filmen der Fall ist. Und letztlich hat z.B. Vinterberg die Schauspieler improvisieren lassen, aber dennoch seine klassische Funktion als Regisseur, in die Darstellung einzugreifen, nicht aufgegeben.

Doch der Balanceakt zwischen Improvisation und Schauspielerführung funktioniert insoweit, als zumindest die ersten drei dänischen Produktionen eine überzeugende Darstellung der Figuren bieten. Der filmische Purismus der Dogma-Methode scheint also grundsätzlich die professionelle Imitation von Verhalten (mimisches, gestisches, verbales) zu begünstigen. Darüber hinaus ist diese Methode aber ebenso ein geeignetes ästhetisches Verfahren für Filme, die Techniken der Improvisation in den Mittelpunkt rücken. Nur in dem genannten Sinne jedoch hätte ein Dogma-Film einen authentischen Gehalt, indem eben das befördert oder enthüllt wird, was Kluge das »Eigensinnige« nennt, wenngleich diesem Enthüllungsprozeß durch die unaufhebbare Differenz filmischer Repräsentation und Wirklichkeit ein Widerstand entgegengesetzt wird.

Dieses Potential wird aber in den Dogma-Filmen nicht vollständig ausgeschöpft, weil es letztlich, und das ist klassisch, um das Erzählen einer Geschichte geht und nicht in erster Linie um das Streben nach Authentizität. Und ausgerechnet in dem Film, in dem der Improvisation der Darsteller am meisten Raum gelassen wurde, in THE KING IS ALIVE, wirkt die Darstellung mitunter unglaubwürdig bis theatralisch.[3] Dies ist nicht notwendigerweise ein Widerspruch, denn nach Kluge können gerade diese Momente des Scheiterns der professionellen Darstellung authentisch sein. Darüber hinaus wird am Beispiel von Levrings Film noch einmal deutlich, daß Authentizität in letzter Instanz vom Betrachter hergestellt wird.

Vinterberg und die anderen kokettieren aber eher mit dem dokumentarischen Gestus, jener Fiktion des reinen Beobachtens, vor allem, wenn sie die »Darstellungsformen unserer Sensations- und Katastrophenberichte auf den Bereich des Privatlebens« (Seeßlen 1999: S. 43) anwenden. Laut Seeßlen ist die Folge ein eher surrealer Effekt (ebd.). In jedem Fall unterstreicht dieses Verfahren den Eindruck des Artifiziellen, der wahrnehmbaren Anwesenheit des Künstlichen. IDIOTERNE beispielsweise kommt tatsächlich wie ein Dokumentar- oder Amateurfilm daher, insofern, als der Film selten den Eindruck entstehen läßt, daß profilmische Geschehen sei im Sinne eines Spielfilms organisiert. »Mockumentaries« nennt man diese Art von Fake-Dokumentarismus.

Doch das Wissen um den fiktionalen Charakter des Films kehrt die »authentische Wirkungsweise« in ihr Gegenteil um und demaskiert das Amateurvideohafte als bloßen Pseudo-Dilettantismus, was im Ergebnis recht irreal wirkt.[4] Mit einiger Berechtigung kann man schon daher die Behauptung aufstellen, daß »das Gewackel der Handkamera (...) eine neue Form der Wichtigtuerei des Mediums gegenüber seinem Objekt [ist]«. (Ebd.) Außerdem wird wohl nur selten den ästhetischen Produktionsstrategien von Filmen eine derartige Beachtung in der Öffentlichkeit zuteil, wie es hier der Fall ist.

Wenn die dänischen Regisseure ihr Dogma als Befreiungsschlag begreifen, mag dies nur auf den ersten Blick wie eine Paradoxie anmuten, doch tatsächlich bedeutet das Kino der »unbegrenzten« Möglichkeiten womöglich ein noch mächtigeres Korsett als jenes, das

---

[3] Möglicherweise resultieren die streckenweise mißlungenen schauspielerischen Darstellungen auch aus Levrings Streben nach ästhetischen Bildern, in denen sich die Kamera dann doch nicht nach den Darstellern richtet, sondern diese für das Bild arrangiert werden.

[4] ... und den Betrachter regelrecht aus der Handlung herausreißt. Dieser Effekt kann natürlich intendiert sein, etwa um den suggestiven Realismus zu brechen (vgl. Abschnitt zu Brecht). Es ist jedoch fraglich, ob Lars von Trier eben dies im Sinn hatte.

sich die Dänen selbst auferlegt haben. Und daß gerade aus der Perspektive der Schauspieler die Dogma-Methodik eine Befreiung darstellt, ist evident.

Aus künstlerischer Perspektive mindestens ebenso interessant und reizvoll ist die Tatsache, daß die methodischen Beschränkungen, die das Dogma-Regelwerk dem Filmemacher auferlegt, eben nicht nur eine faktische Einengung künstlerischer Mittel des Ausdrucks sind, sondern gleichermaßen eine potentielle Quelle der Inspiration.

Einerseits stellen die ästhetischen Vorschriften gewissermaßen ein Grundgerüst zur Rahmung und Orientierung zur Verfügung, das verhindert, sich in der Opulenz und Vielfalt der formgebenden Mittel, die der Film sonst prinzipiell bereithält, zu verlieren. Damit wird die Entwicklung einer Geschichte in bestimmte Bahnen gelenkt bzw. der mitunter schwergängige Herstellungsprozeß eines Films in Hinsicht auf die Kreativität beschleunigt.[5]

Andererseits ist in den Beschränkungen des Dogmas bereits das Moment ihrer Aufhebung, im doppelten Sinne des Begriffs, eingeschrieben. Abgesehen davon, daß bestimmte Vorschriften des Manifests ohnehin nicht einzuhalten sind, ist die formalästhetische Vielfalt der Dogma-Filme nicht allein darauf zurückzuführen, daß bestimmte Dogma-Regeln großzügig mißachtet wurden. Kristian Levring drehte THE KING IS ALIVE nicht nur chronologisch, sondern auch unter Berücksichtigung der Einheit von Ort und Zeit, indem er mehrere Kameras einsetzte, um die Unmittelbarkeit von Aktion und Reaktion der Darsteller zu gewährleisten.

Thomas Vinterberg hat daher immer wieder darauf hingewiesen, daß das Konzept der Reduktion, das Beachten von Regeln, der wichtigste Aspekt von Dogma 95 ist (vgl. Interview, vgl. auch Interview mit Mogens Rukov).

Als ein weiteres Resultat kann man schließlich festhalten, daß die »Ästhetik der Verweigerung« (Seeßlen 1999: S. 43) nicht zwangsläufig eine Null-Ästhetik bedeutet, was schon FESTEN, vor allem aber THE KING IS ALIVE deutlich beweisen.

---

[5] Lars von Trier hat sein Drehbuch zu IDIOTERNE angeblich in weniger als einer Woche verfaßt und auch Thomas Vinterberg teilte mit, daß er das FESTEN-Drehbuch für seine Verhältnisse in Rekordtempo verfaßt hat.

Genausowenig wird auf die »Kraft des Erzählens« verzichtet, wie Seeßlen behauptet, was vielleicht auf IDIOTERNE zutrifft, nicht aber auf FESTEN oder MIFUNE. Diese beiden Filme halten letztendlich an den Konzepten der klassischen Dramaturgie und Erzählweise, wie man sie vom Mainstream-Kino kennt, fest. Bei MIFUNE hat man sogar Mühe, diesen Film überhaupt als Dogma-Produktion zu identifizieren.

Letztlich wäre auch der Erfolg der drei ersten Dogma-Filme, die zahlreichen internationalen Preise, die vielen lobenden Kritiken wie die positive Resonanz beim Publikum nicht erklärbar, würde ihr Reiz allein in der »Sensation der körperlichen und seelischen Entblößung« bestehen oder darin, »den Wahnsinn filmisch nutzbar« (ebd.) zu machen.

Inwieweit die Dogma-Methodik zu diesem Erfolg beigetragen hat, ist schwer abzuschätzen. Der Reiz des vordergründig Neuen hat mitunter vielleicht auch die ästhetische Urteilskraft mancher Kritiker geschwächt. Die zukünftigen Epigonen der Dogmatiker werden diesen vermeintlichen Bonus jedenfalls nicht mehr so leicht in Anspruch nehmen können.[6]

Es besteht die Gefahr, daß die Handkamera im Zuge der Dogma-Bewegung zum bloßen Manierismus verkommt, sicher ist allerdings, daß die Dogma–Filme zunehmend zur Konvention werden.

Thomas Vinterberg hat in einem Interview vom 4. November 1999, womöglich um dem unausweichlichen Ende zuvorzukommen, Dogma 95 bereits für tot erklärt: »(...) Mein Standpunkt ist, daß eine der grundlegenden Ideen von all dem hier war, Erneuerung zu schaffen. Und wenn man diese Erneuerung einfach nur wiederholt, dann ist man tatsächlich wieder da, wo man angefangen hat. Ich könnte jetzt also keinen Dogma-Film mehr machen. Ich würde es als klaustrophobisch und als Fließbandarbeit empfinden – ich weiß nun, wie es gemacht wird. Mein Weg, das zu bekämpfen, ist, beim nächsten Mal etwas Extravagantes und Spektakuläres zu machen. (...) Vielleicht sollten Sie

---

[6] »In Venedig präsentierte der Amerikaner Harmony Korine das Verwirrspiel ›Julien Donkey Boy‹ (...) Freundliche Betrachter nannten Korines bunt-verwackeltes Panoptikum einen ›echten Experimentalfilm‹, in Wahrheit ist es schon fast eine Bankrotterklärung für Dogma: Schließlich ging es den Dogma-Mitstreitern nicht um das Zubereiten kunstsaurer Bildsalate, sondern um ein genaueres Abbild der Realität.« (Höbel 1999: S. 283)

»›Lovers‹ ist der fünfte Kinofilm, der sich zum Minimalismus der dänischen ›Dogma‹-Bruderschaft bekennt, und leider erweist sich dabei, dass man mit diesem Prinzip nicht zwangsläufig mehr als ein ambitioniertes Amateur-Video zustande bringt.« (o.V., Kino in Kürze, Spiegel 45/1999: S. 234)

schreiben ›Dogma ist tot!‹ Die Erklärung ist einfach: Dogma wird konventionell, genau wie die Konventionen, die wir zu vermeiden versuchten, und das ist ein Ende, das alle Initiativen wie diese erleiden müssen. Einst war es revolutionär, die Kamera auf die Straße zu stellen – das ist nicht mehr der Fall. Ebenso war die Handkamera einst revolutionär – mittlerweile treibt sie jedermann in den Wahnsinn, und das war bereits vor Dogma der Fall.« (Rundle 1999: online)

Wenn auch Thomas Vinterberg enttäuscht über die filmischen Reaktionen auf die Dogma-Regeln reagiert, wenn er beklagt, daß niemand auf die Idee kam zu sagen: »Jetzt zeigen wir diesen Dogma-Leuten mal, was man mit einer Lampe, was man mit einem großen Stab alles anstellen kann!« und der Dogma-»Stil« statt dessen unreflektiert in die alltägliche Bilderwelt integriert wurde, so kann man jetzt schon sagen, daß das Dogma eines geleistet hat: Es hält die Diskussion und das Nachdenken über das Kino lebendig.

Vinterberg hat die Erklärung über das Ende der Bewegung mittlerweile zwar revidiert (s. Interview), doch vielleicht war diese Zurücknahme zu voreilig, und vielleicht geht sein Wunsch nach einer »Anti-Dogma-Bewegung« doch noch in Erfüllung.

Zur Zeit wird über das Kino mal wieder so diskutiert, als strebe es einer Art Idealzustand entgegen, genau das tut es aber nicht. Die Bilder kommen und gehen in Wellen. Und in fünf Jahren werden wir möglicherweise sagen: »Endlich hat sich das Kino von dieser ganzen Authentizität gelöst und zeigt wieder Träume, Illusionen, Visionen.«

Noch mag die die Abkehr vom Zwang des Möglichen Regisseure, vor allem die jüngeren oder die unbekannten, beflügeln. Aber Dogma 95 hat einer bestimmten Filmästhetik auf lange Zeit seinen Stempel aufgedrückt. Zukünftige Filmemacher, die auch aus finanziellen Erwägungen auf eine teure technische Apparatur verzichten, Videomaterial verwenden und vielleicht eine Handkamera einsetzen, werden es schwer haben, sich aus der Umlaufbahn des Fixsterns Dogma zu lösen. Nicht nur für etablierte Filmemacher dürfte es wenig interessant sein, den hundertfünfzigsten Dogma-Film gedreht zu haben.

V. Interviews

Wolfgang Lenk / Andreas Sudmann
»Was liegt näher, als das Familienleben anzugreifen?«
Interview mit Thomas Vinterberg, Kopenhagen, 23.10.00

Ist Dogme 95[1] so etwas wie die diametrale Reaktion auf das digitale Kino, das beinahe jede Vision und Illusion darstellen kann? In welcher Hinsicht ist der filmische Purismus von Dogme 95 dem digitalen Kino der unbegrenzten Möglichkeiten überlegen?

Der Grundgedanke von Dogme war, eine Art Erneuerung zu schaffen, die nichts mit dem digitalen Kino zu tun hat.

Aber das Manifest war nicht als technische Revolution gedacht. Seltsamerweise sind wir zu Botschaftern dieser technischen Welle des Filmemachens auf Video geworden. Tatsächlich kann man stundenlang darüber diskutieren, was es für die Ästhetik bedeutet, auf Video zu filmen. Aus ästhetischer Sicht kann man sagen, daß Video mit Überwachungskameras und Objektivität assoziiert wird. Und natürlich haftet der digitalen Kamera etwas Wahrhaftiges an, weil man sie mit einer Hand halten kann. Man kann die Bewegungen sehr deutlich sehen und spürt so die Anwesenheit des Kameramanns auf dem Set. Aber letztlich kann das digitale Signal, das bereits in der Kamera kalibriert ist, von einem Chip manipuliert werden. Und außerdem wird der Film nicht auf dem Medium vorgeführt, auf dem er aufgenommen wurde. Was ich für die wertvollste Idee von Dogme halte, ist, daß das, was man vor Ort dreht, so nah wie möglich an dem ist, was man nachher auf der Leinwand zeigt. Also, ich halte das Drehen auf Video für einen Fehler. Ich würde es ehrlicher finden, auf dem gleichen Material zu drehen, auf dem es nachher gezeigt wird. Aber das ist eine sehr technische Debatte, weil es natürlich auch Filter gibt und so weiter. Bisher hat jeder Dogme-Film die Regel gebrochen, die besagt, daß auf 35mm Academy gedreht werden muß. Wir haben gesagt, wenn wir es nur auf 35mm für die Vorführung kopieren, sind wir dieser Regel gerecht geworden.

---

[1] Auf Wunsch von Nimbus Film wurde in den Interviews mit den dänischen Gesprächspartnern der dänische Originalbegriff »Dogme 95« verwendet.

151

Was ich am digitalen Filmemachen mag, ist, daß es eine Demokratisierung, zumindest die Illusion einer Demokratisierung der Medien schafft. Es ermutigt Leute, die kein Geld haben. Es nimmt dem Filmemachen das Elitäre, weil es sicherlich etwas ist, an dem jeder teilhaben kann. Filmemachen ist immer noch so elitär, wie es schon immer war. Es sind immer noch die Kinder der Bourgeoisie, (lacht) wie ich, und finanziell sehr gut situierte junge Leute, die Filme machen. Ich finde das nicht gut, aber die Realität ist nun mal so. In dieser Hinsicht bin ich also ein wenig pessimistisch. Ich würde es wundervoll finden, wenn das Filmemachen demokratisiert würde, vielleicht wird es das auch ein wenig, aber nicht entscheidend. Ich stelle mir diese Frage sehr oft, obwohl ich das Manifest mitbegründet habe. Das ist eine sehr ernste Frage. Und wir haben das Manifest sehr ernst genommen.

Habt ihr es wirklich in einer halben Stunde geschrieben? Und war nicht auch ein Moment der Ironie dabei im Spiel?

Vielleicht nicht Ironie, es hat eher diese Leichtigkeit, als ob wir das aus dem Ärmel geschüttelt hätten. Ja, wir haben es in einer halben Stunde geschrieben, und wir haben dabei gelacht, und gleichzeitig wußten wir, daß der Grundgedanke etwas sehr Wichtiges brachte. Das Manifest ist ambivalent. Es ist nicht nur ironisch und nicht nur ernsthaft. Außerdem ist es das Produkt von zwei Personen. Lars und ich sind sehr unterschiedlich. Wir haben es auch nicht als reines Media-Event gemacht, aber genau das sollte es eben auch sein: der Versuch, eine Welle zu schaffen und Aufmerksamkeit zu erregen. Ich denke, der wahre Gedanke hinter Dogme ist offensichtlich und sehr klar. Und dazu kam dann dieser Überzug aus Ironie, in den Formulierungen und in der Verbreitung des Manifests. Das dänische Kino, und ich denke Kino überhaupt, war bis jetzt sehr konservativ, aber das ist eine andere Geschichte. Es gab eine Reihe von Konventionen und Methoden, die einfach gesprengt werden mußten. Und die Idee, nach einer »Purity«,[2] nach etwas zu suchen, das einer Art Wahrheit näher kam, war ideologisch und künstlerisch offensichtlich eine gute Idee.

---

[2] Wir belassen den englischen Begriff, weil die deutschen Wörter, »Reinheit«, »Keuschheit«, »Unschuld«, ihn u.E. nicht angemessen wiedergeben.

Künstlerisch war es offensichtlich ermutigend, den Raum zu beschränken: Dieses sind die drei Farben, die ich benutzen kann, und hier ist der Rahmen, innerhalb dessen ich zu arbeiten habe. Darüber habe ich mit meinen Kollegen diskutiert. Hindernisse zu überwinden, ist natürlich ermutigend. In der Weltgeschichte hat dies die Menschen stark gemacht. Hindernisse zu haben, ist ermutigend in jeder Hinsicht, auch für Künstler und für Regisseure, die gerade anfangen, Filme zu machen. Das ist es doch, was man tut, wenn man ein Drama schreibt: Man schafft Charaktere und stellt ihnen Hindernisse in den Weg. Es wäre langweilig, wenn alles einfach ist.

Das ironische Moment, ja die Rigidität von Dogme läßt sich auch als Öffnung eines Spielraums interpretieren, in dem von der Strenge der Vorgaben abgewichen werden darf, vielleicht sogar muß.

Der Film, den ich vorher machte, litt darunter, daß ich einfach das gemacht habe, was man halt so macht. Man hat diese »Computerprogramme«, wo alles aufgeführt ist, Casting-Agenten etc., und man benutzt alles ganz einfach, weil es genau das ist, was man üblicherweise so tut. Also wurde ich mit den Konventionen Hollywoods und auch mit meiner eigenen Konventionalität konfrontiert. Es wäre leicht zu sagen, es ist Hollywood, aber es ist Hollywood in mir. Insofern war Dogme ein Reinigungsprozeß. Dieser Kampf gegen die Konventionen war sehr enthüllend. Es ist seltsam, es war erhellend, und es war kreativ. Ein gutes Beispiel dafür ist, daß ich keine Musik, nach der ich eigentlich süchtig bin, verwenden durfte. Und in FESTEN singen sie die ganze Zeit. Wenn man etwas liebt, bringen diese Hindernisse einen dazu, etwas anderes, aber zugleich sehr Ähnliches zu machen.

Das ist ein Geschenk, das daraus resultiert, gemäß den Regeln zu spielen, was ich wirklich mag. Entscheidungen fangen an, von selbst getroffen zu werden. Sie gewinnen ein eigenes Leben. Aber dieser ironische Aspekt ... Ich hasse, vielleicht nicht hassen, aber ich fürchte mich vor dem heutigen ironischen Kino, und auf seltsame Art und Weise bin ich mittendrin und schaffe es selbst mit dem Dogme-Manifest, dessen bin ich mir bewußt. Die Arroganz des Dogme-Manifests, die Ironie ist auch dazu da, uns selbst zu schützen. Und das mag ich eigentlich nicht.

Wir haben bereits über Widersprüche im Dogme-Manifest gesprochen.
Welche genaue Funktion hat diese Ambivalenz?

Man hat dann alle Karten in der Hand. Beide Seiten waren notwendig.
Wir haben über Ironie geredet, die ich für eine Art Schutz halte, den wir
als Künstler aber nicht brauchen. Das ist letztendlich auch der falsche
Ansatz. Es ist wie ein Spiel, in dem Sinne wie Kinder spielen, d.h.
lächeln und Dinge aus dem Bauch heraus tun oder ein wenig her-
umphantasieren. Das war sehr wichtig, und es war sehr wichtig, daß wir
nur eine halbe Stunde benötigt haben. Lars hätte wahrscheinlich gesagt:
eine Stunde. Ich halte es für sehr wichtig, daß wir uns soweit wie
möglich an die Regeln gehalten haben. Wir haben das sehr ernst
genommen, und trotzdem haben wir gleichzeitig gelacht. Das hat diese
Mischung aus Leichtigkeit und Ernsthaftigkeit erzeugt. Das eine hätte
ohne das andere nicht existieren können. Es wäre krank gewesen, wenn
alles die ganze Zeit ernst und steif gewesen wäre, in einem sehr
engstirnigen Sinne religiös.

Jenseits der zwangsläufigen formalästhetischen Übereinstimmungen
zwischen den ersten drei Dogme-Filmen sehe ich in den Filmen FESTEN,
MIFUNE *und* IDIOTERNE *auch viele inhaltliche Gemeinsamkeiten. Die*
Filme spielen z.B. alle an einem Ort und handeln alle von Gruppen-
zusammenhängen. Ähnlichkeiten gibt es meiner Ansicht nach auch in der
Darstellung von Sexualität.

Ich denke, du hast recht ...

Produziert die Dogme-Methode ganz bestimmte Filmhandlungen oder
ähneln sich diese Geschichten aufgrund des gemeinsamen Hintergrunds der
Regisseure?

Ich denke, sie reflektieren, an welchem Punkt seines Lebens sich der
Regisseur, der Schöpfer, gerade befindet. Ja, es gibt Übereinstimmungen: Wir waren selbst eine Gruppe, eine sehr definierte Gruppe, und die
Filme wurden Portraits von Gruppen, wiederum sehr definierter
Gruppen, die, zumindest haben wir es so empfunden, etwas Mutiges
oder sogar Selbstmörderisches taten. Etwas, das von dieser Gesellschaft
gehaßt und als abstoßend empfunden wurde und dann große Aggressionen hervorrief. Natürlich wissen wir, daß so etwas schon vorher
gemacht wurde. Nehmen wir IDIOTERNE: Da gibt es auch einen Führer,

der versucht, die Leute in den Wahnsinn zu treiben, und ich bin sicher, Lars hat hier Parallelen zu seinem eigenen Leben gefunden (lacht).

Die Regeln sind mit einem großen Pathos formuliert, seltsam genug. Die einfachste Erklärung ist, daß man nur die Schauspieler und die Geschichte hat, um Emotionen für die Zuschauer zu schaffen. Also muß man direkt sein, emotional direkt. Das kann einer der Gründe dafür sein, daß die Regeln so pathetisch wurden. Ich mag das, es ist natürlich irgendwie mit einer »Purity« verbunden oder mit etwas Religiösem. Das ist es, was die Regeln erzeugen.

Die Sache mit der Gruppe, ich weiß es nicht genau ... Vielleicht befördert Dogme zuerst diese Art von Themen. Man kann tun, was man will, aber man wird dazu aufgefordert, sehr konsequent zu sein und mit allem, womit sich Film befaßt, konsequent umzugehen. Was liegt näher, als das Familienleben anzugreifen? Ich dachte, okay, das ist die Maschinerie, das ist, was wir versuchen wollen und wobei uns die Regeln helfen können. Wir sind also zu dem gegangen, der »am besten angezogen« war und haben versucht, den »auszuziehen«, weil das lustiger ist.

Es geht nicht um Null-Ästhetik oder Ähnliches ...
Nein, ich habe damit große Probleme. Was ist Null-Ästhetik in einem Spiel, in dem man schließlich schneiden muß und jemand die Kamera an- und ausschalten muß. Bereits da fängt man an, ästhetische Entscheidungen zu treffen, oder? Also hatte ich mit meinem Kameramann von Tag zu Tag Diskussionen darüber, jeden Tag ungefähr eine Stunde, wie weit man hinsichtlich ästhetischer Entscheidungen gehen kann. Das war selbst ein Teil des Dogme-Gedankens. Wir hatten diese Diskussionen, und wir entschieden uns, nicht so vorbereitet vorzugehen, wie wir es normalerweise getan hätten, mit Storyboards und der Festlegung des Kamerastandpunkts oder den Positionen der Schauspieler und statt dessen die Szene einzurichten und zu drehen, was wir dann auch oft so gehandhabt haben. Als ich den Film nachher sah, muß ich sagen, war er in ästhetischer Hinsicht sehr reif und kontrolliert, was auf seltsame Weise einer der guten Aspekte an dem Film ist.

Bei dem Film von Lars ist das ebenso. Das darf man nicht mißverstehen – er ist ein Wolf im Schafspelz. So mit der Kamera umzugehen (schwenkt eine imaginäre Kamera wild hin und her) ist ohne Zweifel eine ästhetische Entscheidung. Natürlich sieht es willkürlicher aus, und auf eine merkwürdige Weise ist es auch willkürlich, aber absichtlich willkürlich und an und für sich ästhetisch. Das kann man unmöglich vermeiden.

In der Tat enthält FESTEN *eine ganz Reihe klassischer filmsprachlicher Elemente, wie sie Hollywood-Filme ständig vorführen, z.B. die Parallelschnittsequenz.*

Ich würde nicht sagen klassisch, sondern konventionell. Unser Hauptziel war, spontan das umzusetzen, was uns gerade einfällt. Diesen Moment umzusetzen, und natürlich ist diese Minute, diese Sekunde auch ein Produkt aller Hollywood-Filme, die wir je gesehen haben. Es war nicht so, daß ich mich hingesetzt und die Szenen durchgeplant habe. Natürlich, beim Schneiden habe ich dann wieder mit dem Planen angefangen. Aber als Ganzes wurde der Film so spontan wie möglich geschaffen. Schneller als ich es jemals zuvor gemacht habe, was es – so glaube ich – etwas näher »an die Sekunde« herangebracht hat.

Natürlich ist das, was mein Kopf wie ein Reflex erzeugt, und das erschrickt mich, definitiv vom Hollywood-Kino beeinflußt. Ich denke, dieser Film beweist das. Er wurde innerhalb von drei Monaten geschrieben. Normalerweise bin ich ein sehr, sehr langsamer Schreiber. Ich habe sogar für meine Kurzfilme mehr als ein Jahr gebraucht. Das Schreiben mag ich eigentlich nicht. Diesen Film zu schreiben, hat drei Monate gedauert, was aus meiner Sicht einem Reflex nahekommt. Es war (Geschwindigkeitsgeste) wie außer Kontrolle. Und er ist auf klassische Weise dramatisch geworden.

Neben den konventionellen Filmelementen sind aber auch andere enthalten, die sich aus den Dogme-Regeln ergeben ...

Natürlich, aber was ist klassisches Filmemachen? Es ist nicht der Hollywood-Film. Letztlich war es Aristoteles, der diese Dinge tatsächlich »erfand«, der ihnen ihre Form gab. Was er tat, war letztlich nur die Natur zu kopieren und niederzuschreiben, wie wir Musik spielen oder wie wir kommunizieren. Ich vermute, es ist eher der Rhythmus der Kommunikation selbst, als es das Hollywood-Kino ist.

Aus Hollywood kommen sehr gute Filme, großartige Filme. Es ist ein großes Mißverständnis, daß Dogme eine Opposition zum Hollywood-Kino ist. Ich sehe eine bestimmte Ehrlichkeit in der reinen Kommerzialisierung, die ich persönlich mehr mag als diese künstlerische, halbprofessionelle und halbkommerzielle Kunstebene Europas. Egal!

Obwohl ihr die Filme, wie du es einmal genannt hast, in »Uniformen gesteckt habt«, gibt es eine Reihe stilistischer Unterschiede, z.B. zwischen FESTEN *und* IDIOTERNE. *Siehst du das auch so?*

Da würde ich sogar noch weiter gehen. Sie reflektieren etwas, das nicht im Dogme steht, nämlich Lars und mich als Personen und sind in gewisser Hinsicht sehr persönlich, obwohl wir versucht haben, sie zu uniformieren. Da ist eine Sache, die wichtiger als die Uniform ist, das ist die »Purity«. Ich würde die »Purity« der Uniform voranstellen. Für mich, das geht jetzt etwas weiter als deine Frage, war es die persönlichste Sache, die wir je gemacht haben. Es war nichts, was ich selbst erlebt hätte, ich habe nicht mit meinem Vater geschlafen oder so. Aber beide Filme, FESTEN und IDIOTERNE, kamen uns als Künstler sehr nahe, obwohl wir versuchten, sie zu uniformieren. Aber auf irgendeine seltsame Weise gelang es uns, sie auszuziehen. »Purity« und »Nacktheit« liegen eng beieinander. Es klingt ein wenig metaphorisch, aber nur so kann ich es im Moment erklären. Ja, sie sind sehr unterschiedlich und nicht sehr uniformiert, das ist ein Vorteil und auch dem Manifest gemäß. Obwohl wir uns dem Uniformtragen unterwarfen, unterwarfen wir uns auch der Suche nach »Purity«. Ist das Blödsinn?

Obwohl Dogme dem Autorenkino den Kampf angesagt hat, hat es eine besonders starke Form des Autorenkinos hervorgebracht.

Es gibt diesen großen Unterschied, ein Autor oder ein Künstler zu sein oder »Geschmack« zu haben. Was wir im Manifest verurteilen, ist »Geschmack« zu haben. Das ist das Wort, das den Unterschied markiert. Es geht darum, Filme zu vermeiden, die Produkt unseres Geschmacks sind. Wie ich bereits sagte, sind sie unmittelbare Reflexionen. Was ist Geschmack, und was ist eine künstlerische Entscheidung? Wo ist der Unterschied? Das können wir nicht genau unterscheiden, zumindest aber können wir die »Nacktheit« anstreben. Verstehst du den Unterschied? Der Abschnitt, wo wir unserer Abscheu gegenüber dem Künstlerbegriff Ausdruck verleihen, bezieht sich in erster Linie auf genau die europäische künstlerische Form, die sehr mit sich selbst beschäftigt und gleichzeitig »geschmackvoll« ist, die bloß irgendwie auf persönlichen Erfahrungen beruht und diese dann mit netten Bildern illustriert, was wir verlogen finden und wirklich ziemlich nervend. Obwohl wir das natürlich bis zu einem gewissen Grad selbst auch machen. Aber zumindest versuchen wir, es zu vermeiden, weil wir es für dekadent halten.

Kannst du schildern, wie ihr versucht habt, die ersten Dogme-Filme zu finanzieren und welche Probleme dabei auftraten?

Das Arrogante an diesem Projekt war, daß wir sagten, niemand darf das Skript vorher lesen. Es war damals sehr seltsam, die Reaktion der Leute zu beobachten. Möglicherweise waren sie sogar darüber erleichtert, von nichts zu wissen. Wir machen das alleine, ihr braucht keine Verantwortung zu übernehmen, zahlt einfach. Das war auch ein hervorragendes Signal. Es gab dann institutionelle Probleme mit dem Dänischen Filminstitut, das am Anfang sagte, sie würden die Filme finanzieren. Aber normalerweise ist es so, daß Institute wie dieses so arbeiten, als ob da ein Berater wäre: Du bringst ein Skript, sie lesen es und entscheiden dann, ob es produziert wird. Aber in diesem Fall durften sie es noch nicht mal lesen, und so mußten sie dieses Projekt als ein echtes Projekt behandeln. Und das taten sie auch. Aber dann war das Filmbusiness verärgert, so vorzugehen würde schließlich bedeuten, daß es praktisch jeder so machen könnte.

Mir scheint, die Dogme-Regeln beeinflussen die Schauspieler entscheidend, insofern als sie ihnen weit mehr Bewegungsfreiheit und Autonomie erlauben, was, wie dein Film beweist, den Schauspieltechniken zugute kommt. Gibt es Schwierigkeiten, die aus der neugewonnenen Freiheit der Schauspieler resultieren? Inwieweit beeinflußt diese Autonomie die Rolle des Regisseurs?

Die Schauspieler fühlten sich in den ersten zwei bis drei Wochen unsicher. Letztlich war ihre Lage das genaue Gegenteil meiner Lage. Ich hatte meine Regeln, die mich sicher machten, was ermutigend war. Dagegen ist es verunsichernd, alles tun zu dürfen. Sie hatten keine Hindernisse. Plötzlich waren da keine Markierungen auf dem Boden mehr, auf denen sie stehen mußten. Sie konnten laufen, schreien und rufen, was auch immer, was ihre Situation erschwerte. Es war ein Mißverständnis meinerseits zu denken, es reiche, wenn sie tun könnten, was sie wollen. Natürlich sind sie als Künstler in derselben Situation wie ich. Irgendwie brauchen sie es, eingeschränkt zu werden, sie brauchen eine Reihe von Regeln. Und dann mußten wir diese erfinden: Ich mußte ihnen Regeln geben, und sie mußten Regeln und Begrenzungen finden. Sie mußten also etwas finden, wogegen sie spielen konnten. Erst dann fing es an zu funktionieren. Die ermutigende Erfahrung für die Schauspieler war, daß sie konstant spielten und sich innerhalb ganz anderer Grenzen als sonst bewegen konnten.

Es ging nicht um Lampen o.ä., es war eine emotionale Geschichte, die wir aufbauten. Die Schauspieler waren die ganze Zeit da, wegen der Sound-Regel. Also mußten sie die ganze Zeit im Hintergrund anwesend sein, streiten und kämpfen, obwohl das ein Film war und sie dennoch nicht im Bild sind, was eine theaterhafte Atmosphäre vermittelte. Und natürlich war das Beste für sie, daß das einzige Instrument, das ich besaß, die Schauspieler waren.

Kannst du ein Beispiel für spezifische Formen von Freiheit geben, die die Schauspieler durch die Dogme-Methode gewonnen haben?

Die spezifischen Szenen waren beispielsweise die, als sie Schlüssel finden mußten, die ich versteckt hatte und ich ihnen sagte, sie sollen sie finden, statt ihnen zu sagen, wo sie sind. Sie gingen in den Räumen herum und mußten wirklich suchen. Oder die Szene, in der Helene den Brief sucht. Wir fanden es sehr dem Dogme entsprechend, ihr nicht zu sagen, wo der Brief liegt etc. und ihr dann beim Herumsuchen zu folgen. So wurden die Regeln zu psychologischen Regeln. Oder in der Anfangsszene zwischen den Brüdern war die Regel für Mikael, Christian so oft wie möglich zu berühren, während Christians Regel lautete, jede Berührung zu vermeiden. Offensichtlich ist das eine Familienkrankheit. Und Mikael hat das sehr wörtlich genommen und ist auf ihn draufgesprungen und fing an, diese Bewegung zu machen (entsprechende Geste aus dem Film).

Wie hoch war der Anteil von Improvisationen? Ich habe gelesen, daß es in der Streitszene zwischen Mikael und Mette improvisierte Elemente gab, z.B. als er das Glas aufnimmt, gerade, bevor er anfängt auszurasten?

Möglicherweise ist das während der Proben entstanden, und dann habe ich es verwendet. So läuft das häufig. Man probt die Szene, und etwas passiert, das interessant oder lustig ist, und dann verfolgt man es weiter. Ich sah ihn einen Schluck Wasser trinken und dann weiter streiten, und ich dachte, das können wir gebrauchen. Wieviel Improvisation habe ich verwendet? Die treffendste Antwort ist, ich folgte den Schauspielern. Der Vater und der Protagonist beispielsweise sind Leute, die wirklich mit dem Text arbeiten, die Respekt vor dem geschriebenen Wort haben, was ich mag. Mikael ist ein großer Improvisator, zum Teil, weil er nicht lesen kann. Nein, er kann lesen, aber nur sehr langsam. Aber improvisieren kann er. Die anderen nicht, die können sehr gut lesen und den Text reproduzieren. Also, was ich tat, war den Schauspielern zu folgen, und letztlich gab es nicht viele Improvisationen.

Überraschenderweise hast du bereits das Ende von Dogme erklärt und andere Regisseure davor gewarnt, noch einen Dogme-Film zu machen. Glaubst du, Dogme ist tatsächlich am Ende?

Nein, ich muß zugeben, daß ich bedaure, was ich gesagt habe. Man hat mir bewiesen, daß ich falsch lag. Das war ein sehr egoistisches Statement, weil es ein Statement über mich und nicht über die Bewegung ist. Was ich hätte sagen sollen, ist, daß Dogme für *mich* konventionell geworden ist, auch weil ich so viel darüber geredet habe, was es bedeutet, einen Dogme-Film gedreht zu haben. Wenn ich mich in Dänemark umsehe, gibt es inzwischen Dogme-Möbel und Kurse darüber, wie man Dogme-Werbung macht. Du siehst, es ist eine Mode. Trotzdem gibt es da draußen einen Haufen Regisseure, denen diese Idee Mut gibt und die eine frische, »unverbrauchte« Einstellung zu Dogme haben.

Ich werde meinen Egoismus nicht die Tatsache zerstören lassen, daß die Leute faktisch noch immer etwas aus dem Dogme gewinnen können. In der Tat bedaure ich, was ich gesagt habe. Ein Körnchen Wahrheit steckt allerdings doch darin, z.B. ist es heute einfacher, einen Film zu finanzieren, wenn es ein Dogme-Film ist. Es ist auch einfacher, einen Film zu verkaufen, wenn es ein Dogme-Film ist. Das war kein Aspekt der Dogme-Idee. Es liegt vielmehr in der Konsequenz des konventionellen Kinos, das einen kommerziellen Stempel trägt. Das ist in Ordnung, da es für die Leute einfacher wird, Dogme-Filme zu drehen. Wäre ich ein Priester, würde ich es mögen (lacht).

In dem Interview mit Peter Rundle, in dem du das Ende von Dogme erklärt hast, sagst du im gleichen Zusammenhang, es komme nicht auf die konkreten Regeln an, es hätten auch zehn andere Regeln sein können. Ist das sinnvoll? Hätten es tatsächlich zehn beliebig andere Regeln sein können?

Die meisten der Regeln sind dem Ziel sehr dienlich, deshalb sind sie gut. Das Ziel wäre durch zehn andere Regeln nicht verändert worden, aber der Zugang wäre ein anderer gewesen. Einige Regeln sind sehr spezifisch, wie z.B. das Verbot, künstliches Licht zu verwenden. Die schlimmste Regel ist die, daß die Geschichte nicht vorhersehbar sein darf. Was soll das? Ich meine, das ist sehr ungenau und eigentlich unmöglich. Das baut keine Mauer auf, gegen die man spielt, weil man nie weiß, wo diese Mauer steht. Worauf es mir ankommt, ist, daß die Diskussion darüber, ob die Regeln die richtigen sind, nicht wirklich interessant ist. Siehst du, das sind die Regeln, das ist die Hauptsache. Wir haben inzwischen einen Haufen Interviews über die Widersprüche des Manifests gegeben, die es natürlich gibt, weil wir es in einer halben Stunde gemacht haben. Es ist gut darüber zu reden und es zu analysieren, aber für das Ganze ist es nicht wichtig.

Kannst du mir eure Erfahrungen mit dem New Year's Project schildern?
Das Neujahrsprojekt war ein riesiger Reinfall. Gut, in bestimmter Hinsicht doch nicht. Kommerziell und dramaturgisch war es nichts. Was wir auf den jeweiligen Kanälen sendeten, war eigentlich sehr uninteressant. Es war ein Bankraub und wurde nicht mehr als das. Es war sogar weniger als ein Bankraub, was wir da auf den Bildschirm gebracht haben. Die Tatsache, daß man zwischen den verschiedenen Kanälen hin- und herschalten konnte, brachte gar nichts, eben weil nichts Nennenswertes zu sehen war. Ich betrachte es als Fehlschlag, abgesehen von der Tatsache, daß sich das Fernsehen für eine interessante Idee geöffnet hat. Nun, ich bin in dieses spezifische Projekt eingebunden gewesen, und es tut mir leid. Aber der Gedanke, der dahinter stand, schafft in den Medien etwas Neues: Die Möglichkeit, innerhalb einer Story zwischen zehn verschiedenen Perspektiven hin- und herzuwechseln, zwischen einem Zimmer, in dem über etwas geredet wird, und einem anderen, in dem über etwas anderes geredet wird. Aber wenn es langweilig wird, wollen die Zuschauer das nicht.

Georg Seeßlen hat in der »Zeit« geschrieben, Dogme sei reaktionär, weil es den Abschied von einer gesellschaftlichen Utopie verkörpere, ablesbar besonders an euren Darstellungen der Sexualität, die »wie ein Schock der Realität, als das Häßliche« über die Zuschauer kommen.
Was meinen Film betrifft, handelt er von sexuellen Abnormitäten. Wie hätte ich es also vermeiden können, ihm ein entsprechendes Bild von Sexualität zu geben? Was Seeßlen sagt, ist tatsächlich Blödsinn, weil

ich nicht etwa eine Entscheidung getroffen habe, dieses Bild von Sexualität zu erzeugen. Ich untersuche nur eine dieser sexuellen Abnormitäten, die in Familien passieren. Was Lars angeht, für den ich nicht sprechen kann, glaube ich, daß er immer einen Pornofilm drehen und immer mit Erotik arbeiten wollte, auf seine eigene versponnene Art und Weise. Es gibt da keine gemeinsame Botschaft, aber natürlich beschäftigen sich die Leute mit Tod und Sex.

Seeßlen wirft euch vor, puritanische Filme zu machen, da in den Darstellungen des Körpers eine »Verurteilung der Lust« enthalten sei. Ihr seid neue Pharisäer, »die sich über ihre eigenen Sünden, ihre eigenen Experimente, ihre eigene Lust nicht mehr verständigen wollen.« Die filmische Utopie arbeite nicht mehr an der Befreiung des Sex'.

Tatsächlich würde ich ihm zustimmen. Auf seltsame Weise ist das Thema Sexualität eine Reflexion unserer Zeit. Ich rede nicht im besonderen über Aids, aber über die riesige Anzahl von Fällen von Kindesmißbrauch, die plötzlich auftauchen, und die riesige Menge von Pornografie, die unter die Leute gebracht wird. Sexualität wurde materialisiert, das erotische Leben ist vor Kälte erstarrt. Und vielleicht geht es in unseren Filmen nur darum.

Berührt sich das mit den Romanen von Michel Houellebecq, wo der Sex als mechanisch erstarrt, von allem Erotischen entleert beschrieben wird und die Pornografie vor allem den »sexuellen Verlierern« als Kompensation dient?

Die Bücher von Houellebecq kenne ich leider nicht, aber mit Gewißheit kann ich sagen, daß es heute einige Formen der Sexualität gibt, die abstoßend und brutal geworden sind.

Wolfgang Lenk / Andreas Sudmann
»Alles in dem Film ist unplausibel«
Interview mit Mogens Rukov, Kopenhagen, 24.10.2000

Mit Dogme hat das dänische Kino Aufsehen erregt, und in diesem Zusammenhang ist auch Ihr Name häufig genannt worden. Gibt es in der dänischen Filmtradition Vorbilder für Dogme, oder ist es tatsächlich ein Bruch?

Nein, es gibt Wurzeln. Ich würde sagen, die gibt es seit 15 bis 20 Jahren. Was wir hier an der dänischen Filmschule unter anderem tun, ist Regeln aufzustellen und das in zweierlei Hinsicht: Regeln für die Produktion und Regeln für das Erzählen. In den letzten 15 bis 20 Jahren haben wir immer auf der Grundlage von Regeln gearbeitet. Dabei dreht es sich um Filmlängen, um die Bedingungen des Filmens oder Drehens: Was muß in diesem Film enthalten sein? Wie muß die Filmsprache beschaffen sein? Wir haben hier Übungen, da heißt es: Ihr dürft zehn Einstellungen verwenden, nicht mehr und nicht weniger. Eine andere lautet: Ihr habt nur einen oder zwei Orte, an denen gedreht werden darf, wobei die eine Einstellung nur die Einleitung für die folgende ist. Das gleiche haben wir hinsichtlich der Erzählung gemacht. Wir haben darauf bestanden, daß es erzählerische Regeln gibt. Einige davon sind dramaturgischer, andere sind kinematografischer Natur.

Man kann sagen, daß dies von einem dänischen Filmemacher, der nicht so bekannt, aber sehr wichtig ist, beeinflußt wurde. Das ist Jørgen Leth, ein Dokumentarfilmemacher. Er hat seit 1959 ausschließlich gemäß selbstauferlegten Regeln gefilmt. Das heißt, daß es ein Vorbild gibt. Jørgen Leth kommt aus der Fluxus-Bewegung und der Soziologie und ist ein sehr großer Bewunderer Malinowskis. Er hat verschiedene Regeln entworfen mit dem Ziel, die Impulsivität zu zähmen. Natürlich geht es bei den Dogme-Regeln und dem Gelöbnis der Keuschheit darum, Regeln anzuwenden, und dann auch darum, daß wir darauf bestanden haben, daß Film nicht in erster Linie eine technische Aufgabe ist, sondern ein erzählerische. Und daß wir sagen, wenn ihr nur zwei Lampen habt, könnt ihr nur zwei benutzen. Ihr braucht keine vier Lampen. So, ja, Dogme hat etwas mit dem zu tun, was wir hier gemacht haben. Der Auslöser war natürlich die Tatsache, daß Lars und Thomas, zunächst Lars, denke ich, sich hingesetzt und diese Regeln aufgeschrieben haben.

Eine Frage zu Jørgen Leth: Wurden seine Filme im Kino gezeigt oder im Fernsehen?

Seine Filme wurden im Kino gezeigt, ja, immer vor einem sehr kleinen Publikum.

Mit welchen Themen hat er sich auseinandergesetzt?

Mit unterschiedlichen Themen, man kann sagen, er hat eine Filmreihe darüber gemacht, was Dänemark bedeutet. Was ist das dänische nationale Gefühl? Er ist kein Nationalist, aber er hat die Atmosphäre Dänemarks darzustellen versucht.

Im Sinne eines ethnografischen Zugangs?

Genau wie es Malinowski gemacht hat. Die andere Reihe handelte vom Sport. Leth ist ein ausgesprochener Liebhaber von Radrennen. Er hat Filme über die Euro d'Italia und Paris - Roubaix gemacht. Derzeit ist er Fernseh-Kommentator bei Radsport-Ereignissen in Europa, Tour de France usw. Sein drittes Themengebiet beinhaltet Untersuchungen über Themen wie Liebe oder Spiel. Er ist hier eine sehr wichtige Persönlichkeit. Wissen Sie, jede Art von Bewegung in der Geschichte der Kunst besteht aus sehr, sehr wenigen Leuten. Wir denken: Oh, nun gibt es eine dänische Bewegung! Es sind aber nur zwei oder drei Filme von zwölf bis fünfzehn, und es sind nur fünf oder zehn Leute, die sie anführen. Das war im übrigen das gleiche mit dem deutschen expressionistischen Film. Wir sagen: Oh, die Deutschen in den 20ern, das war der deutsche expressionistische Film. Nein, das war es nicht. Es gab damals in Deutschland vielleicht fünf, sechs oder acht expressionistische Filme im Jahr und fünfhundert Filme, die jetzt vergessen sind.

Als Sie von Dogme 95 hörten, was war da Ihr erster Gedanke?

Exakt das, was ich eben sagte. Es gab gewisse kleine Zeitschriftenpolemiken gegen die Dogme-Regeln. Alle dachten, es ginge nur um Lars von Trier beziehungsweise darum, Aufmerksamkeit zu erregen. Und dann schrieb ich einen kleinen Artikel darüber, daß Lars und Thomas ihre Filme immer gemäß Regeln gemacht hätten, daß das also nicht besonders erstaunlich wäre. Zum Beispiel Thomas, sein Abschlußfilm hier beinhaltete die Regel, daß jede Szene eine Abschiedsszene sein muß, eine erzählerische Regel. Und das war nicht von irgendwelchen Dänen beeinflußt, sondern in der Tat durch die letzte Hälfte von John Cassavetes THE KILLING OF A CHINESE BOOKIE inspiriert. Wir unterhielten uns darüber und sahen uns den Film an, und ich schlug vor: Mach' aus jeder Szene eine Abschiedsszene. Letztendlich haben sie also das Arbeiten nach Regeln nur weitergeführt.

Zu dieser Zeit wußte ich nicht, daß ich an den Dogme-Filmen mitarbeiten würde. Thomas kam und erzählte mir davon. Ich denke, das war im Dezember 1997. Und wir unterhielten uns 1½ Stunden darüber, wie es zu machen sei. Das erste Problem, das auftauchte, war: Welchen Zeitraum sollte die Handlung umfassen? Wir dachten an zwei Wochen, eine Woche, drei Tage und endeten sehr schnell bei diesen 24 Stunden, der klassischen Zeitspanne. Aber es war wieder ein Arbeiten nach einem gewissen Muster.

Es ist sehr interessant, daß Sie John Cassavetes erwähnen, denn ich denke auch, daß wesentliche Bestandteile von Dogme 95 sehr stark an die Überlegungen von Cassavetes angelehnt sind. Aber ebenso interessant finde ich, daß Thomas und Lars ihn nicht erwähnt haben. Hat das vielleicht damit zu tun, daß die einzelnen Dogme-Regeln nicht so wichtig sind wie das grundlegende Konzept der Beschränkung?

Ich denke, der Gedanke der Beschränkung ist natürlich der wichtigste Gedanke. Die zehn Regeln sind im Grunde nur eine Spezifizierung dieser Idee. Ich glaube, daß sie nicht an Cassavetes dachten, als sie die Regeln aufstellten, Lars sicherlich nicht. Ich denke nicht, daß Lars irgendeine Vorliebe für Cassavetes hat. Thomas hat sie mit Sicherheit. Ich bin aber sicher, beim Aufstellen der Regeln haben sie beide nicht daran gedacht. Aber Sie haben recht. Ich hatte aber noch nicht darüber nachgedacht. Cassavetes war einer unserer Helden zu der Zeit, als Thomas hier studiert hat, nicht als Lars hier war.

Aber ich bin ziemlich sicher, daß Sie und ich wissen, daß einige andere Personen auch als Inspiration für Dogme herhalten können, z.B. Tarkowskij oder Pasolini. Wie hieß doch gleich der Film? Er spielt in *einem* Haus, während des Faschismus, ein schrecklicher Film (gemeint ist hier SALÒ O LE 120 GIORNATE DI SODOMA). Wenn man sich diesen Film anschaut, findet man heraus, daß diese Regeln und das Gelöbnis der Keuschheit technische Regeln sind: Dir ist es nicht gestattet, dieses und jenes zu tun ... wie die zehn Gebote. Wenn man diese Beschränkungen nachvollzieht, dann findet man daraus, daß man auf den Kern der Kinematografie stößt. Und daher kann man sagen, und ich stimme da mit Ihnen überein: Oh, es ist sehr nahe an John Cassavetes. Cassavetes machte das gleiche, diese Beschränkung aus Notwendigkeit, und er machte es, weil er es wollte. Er filmte sehr viel in seinem eigenen Haus. Da haben wir das Haus wieder. Und warum haben wir das Haus in den ersten drei Dogme-Filmen? Weil sie einem damit etwas sehr Wichtiges zeigen: den Ort.

Wir machen gerade einen Dogme-Film (EN KÆRLIGHEDSHISTORIE von Christian Madsen), der sehr viele Locations hat. Das ist auf Basis dieser Regeln nicht gerade einfach. Wir haben das nicht wirklich erkannt. Uns war nicht bewußt, wie wichtig dieses *eine* Haus für Dogme ist. Aber es gibt da ein mystisches Verhältnis zwischen dieser Art technischer Regeln und der kinematografischen Einfachheit.

Es scheint, als würde Dogme Probleme der Privatsphäre, der Intimität privilegieren, ebenso wie die Zerstörung von privatem Glück.
Wissen wir das genau? Ich würde fragen, ob das so ist, weil es Teil der heutigen Realität in der westlichen Zivilisation ist, oder ob das Bestandteil des Filmemachens ist. Ich weiß nicht, ob Dogme so etwas privilegiert, oder ob nicht die heutige Zeit derartige Themen erzeugt. Ich weiß es nicht. Andererseits kann man sagen, daß, wenn man an die expressionistischen Filme denkt, die ich vorhin erwähnt habe, sieht man, daß die Aufmerksamkeit weder der öffentlichen Sphäre noch der privaten Sphäre galt, sondern dem Aufeinanderprallen von Privatem und Öffentlichem, z.B. in DER LETZTE MANN oder M – EINE STADT SUCHT EINEN MÖRDER. Da gibt es einiges, das uns sagt, daß die 20er die Zeit dafür waren, während die 90er und das neue Millenium die Zeit für diese privaten Themen sind. Ob das die wirklichen Konflikte sind? Wir sind heute mit uns selbst konfrontiert, damals waren sie mit ihren Lebensbedingungen konfrontiert. So könnte es sein.

Glauben Sie, daß die Dogme-Methode Authentizität befördert?
Definitiv. Ich habe nur eine Antwort darauf: definitiv, definitiv. Filmemachen ist keine technische Aufgabe. Es ist auch nicht in erster Linie oder nicht einmal eine erzählerische Aufgabe. Es ist eine Aufgabe der Interpretation von Realität. In der Tat könnte man sagen, daß Filmemachen nicht von Innen kommt. Filmemachen ist das absolute Gegenteil. In dieser Hinsicht ist es möglicherweise eine unreife Kunst, weil man sich das Außen anschaut, weil man das Außen filmt, die äußere Welt audiovisuell aufnimmt und dann auswählt. Ich denke, daß jede Kunst so ist, aber es ist sehr leicht, durch die Künste verwirrt zu werden, auch beim Filmemachen. Das führt dann dazu, daß man denkt, daß man aus dem Inneren produziert, daß man aus seiner Seele heraus das

Artefakt herstellt. Aber ich denke nicht, daß das so ist. Ich denke, daß wir es mit sehr konkretem Material zu tun haben und daß wir in der Realität sammeln gehen.

Das ist sehr nahe an dem, was Bazin oder Kracauer filmtheoretisch formuliert haben. Stimmen Sie deren Überlegungen zu?
Wissen Sie, ich kenne sie nicht so gut. Irgendwann wußte ich mal, was sie geschrieben haben, aber ich habe es vergessen. Kracauer ist meiner Meinung nach sehr schwer lesbar. Kracauer ist keine Hilfe für Leute, die Filme machen. Aber natürlich war Bazin eine Hilfe und ist es immer noch. Bazin hat den modernen Film sehr stark beeinflußt. Aber Kracauer ist meiner Meinung nach so schwer lesbar, weil er diese soziologische Verpflichtung hatte, weil er ein Wissenschaftler sein mußte, und er war ein Wissenschaftler. Meiner Meinung nach ist er in seinen kürzeren Büchern viel unterhaltender.

In seinen Essays beispielsweise.
Ja, in seinen Essays, z.B. in »Der Angestellte«. Das ist in der Tat brillant. Das ist sehr schön. Er wollte ein *großer* Wissenschaftler sein. Ich würde den Wissenschaftlern sagen: Sei ein kleiner Wissenschaftler, dann wirst du großartig sein.

Jenseits der formalästhetischen Korrespondenzen der drei ersten Dogme-Filme gibt es viele inhaltliche Entsprechungen. Zum Beispiel, wie Sie sagen, die Beschränkung auf einen Ort, nicht zuletzt wegen der Dogme-Regel, die besagt, daß die Handlung hier und jetzt spielen muß. Glauben Sie – auch wenn Sie in gewisser Hinsicht schon die Antwort gegeben haben – daß Dogme zwangsläufig eine bestimmte Art von Geschichten produziert?
Ich weiß es nicht (lächelt). Aber aus der Erfahrung heraus, die wir teilen, scheint es, als wäre es so. Diese Gruppengeschichten sind aber offensichtlich keine Gruppengeschichten im Sinne von SHORT CUTS beispielsweise, wo wirklich eine Gruppe existiert. Ich denke, daß die Regeln die Leute dazu veranlaßt haben, über alles einfach zu denken. Bis Sie mir diese Frage gestellt haben, hatte ich nicht darüber nachgedacht. Nicht, daß es da eine Gruppe gibt, natürlich habe ich darüber nachgedacht, aber nicht darüber, ob es eine Dogme-Regel ist, die sozusagen eine Gruppe produziert. Ich würde sagen: ja. Ich nehme an, daß es sehr schwierig ist, unter diesen Umständen ein psychologisches Portrait einer

Person umzusetzen. Es ist so aber sehr viel leichter, den Umgang von Leuten untereinander umzusetzen. Und es geht wieder darum, daß der Film eine äußerliche Kunst ist. Ich zeige diesen Mann, der so und so und so ist, das heißt, diesen Mann zu nehmen und ihn eine Person treffen zu lassen, die so und so und so ist. Wie reagiert er darauf? Und ihn wieder eine Person treffen zu lassen, die so und so ist, und wie reagiert er jetzt darauf und so weiter. Ich glaube, daß dies der einfachste Weg ist, ein klares Portrait einer bestimmten Person zu entwerfen.

Der Dogme-Film, den wir im Moment machen, ist nicht unbedingt das Gegenteil, aber er hat eine eher traditionelle Storyline. Er handelt von *einer* Frau, das ist exakt das Gegenteil. Aber wieder wird man bemerken, daß Cassavetes der Geist im Theater ist. Was wir machen, ist eine Art von 2000 WOMEN UNDER INFLUENCE.

Ich denke, es gibt eine andere Gemeinsamkeit der ersten drei Dogme-Filme, die Beschreibung von Sexualität.

Ja. Aber da kann ich sicher sagen: Es sind nicht die Dogme-Regeln. Es ist die Zeit und es sind die Personen, die hinter den Filmen stehen. Ich wage zu behaupten, daß sie sehr keusche Personen sind: Thomas Vinterberg, Lars von Trier und Søren Kragh-Jacobsen. Ich weiß nichts Genaues über den vierten Film. Aber Vinterberg, von Trier und Kragh-Jacobsen achten sehr darauf, ihre Liebe in ihrem privaten Rahmen zu halten. Ich glaube, daß das nichts mit den Regeln zu tun hat. Man könnte einen wundervollen Pornofilm mit diesen Regeln machen.

Es ist interessant, daß Sie das erwähnen, weil ich über Lars von Trier gehört habe, daß er immer wieder mal davon spricht, einen solchen Film zu machen.

Einen Pornofilm? Ja, ja, das wäre lustig. Mag sein, daß es gut für ihn ist.

Es ist recht seltsam, daß in Deutschland die Aufmerksamkeit für Dogme 95 den Regeln gilt, den technischen Aspekten der Filmsprache. Aber die Anziehungskraft scheint aus der Erzählung zu kommen, der Geschichte, dem Inhalt, ebenso aus zeitdiagnostischen Aspekten.

Aber das sagt etwas über Deutschland und deutsche Filme, oder nicht?

Aber auch über deutsche Filmemacher ...

Ja, auch über deutsche Filmemacher. Das ist ein sehr septisches Milieu. Es gibt nur sehr, sehr wenige Filme, von denen ich höre, die überhaupt auf irgendein Verlangen hindeuten, eine Geschichte zu erzählen. Es ist sehr schwierig für mich, weil in nicht-deutschsprachigen Ländern tatsächlich kein deutscher Film existiert. Möglicherweise gibt es einen deutschen Film in Deutschland und in Österreich oder in den deutschsprachigen Teilen der Schweiz. Aber wir wissen nichts darüber, *und uns ist es egal.* Die deutschen Filmemacher, die ich getroffen habe, ich meine junge Filmemacher, sind so mit ihrem eigenen Bauchnabel beschäftigt. Sie erzählen uns keine Geschichten. Es ist so kompliziert! Jedesmal, wenn ich eine Geschichte höre, handelt sie von Monstern, anomalen Lebensweisen usw. Es muß immer ins Extrem gehen. Es ist fast so, als wäre Deutschland besessen, und es scheint, als gelte dies seit vielen, vielen Jahren. Die Absurdität und das anomale Leben, nur wenige Leute sind in der Lage, das zu bewältigen. Faßbinder, natürlich, konnte es. Aber was ihr herausbringt im deutschen Filmmilieu, ist dieser gekünstelte, dumme, undenkbare und unglaubliche Druck, nicht-existierendes Leben zu schildern. Sie sehen, ich schätze den deutschen Film nicht sehr. Ich denke, sie verschwenden einen Haufen Geld, und es kommt nichts heraus. Tut mir leid.

Es gibt eine weitere Kritik, der Sie vermutlich widersprechen werden, daß der Sex in FESTEN *als etwas sehr Problematisches gezeigt wird, manchmal als etwas Asketisches und Häßliches.*

Oh, asketisch? Sicherlich. Häßlich? Warum? Ich verstehe das nicht. Möglicherweise, weil es asketisch ist. Es könnte der Verdacht aufkommen, daß, wenn man asketisch ist, man häßliche Sachen versteckt ... Ich bin erstaunt. Möglicherweise ist die Häßlichkeit des Sexs eher auf Seiten der Kritiker und der Leute, die über Dogme reden als in den Dogme-Filmen selbst. Es gibt eine Schwierigkeit im Verhältnis von offenem Sex und Dogme. Dogme-Filme verlangen von den Schauspielern die ganze Präsenz, sie erfordern, die Dinge »in full« zu spielen: Wenn man ein Dinner mit vierzehn Personen hat, sitzen dann während des Dinners alle vierzehn Personen tatsächlich da. Es kann sein, daß Dogme das beinhaltet. Echten Sex kann man nicht haben, und man kann ihn am Set auch nicht vortäuschen, ihn sich nicht vorstellen. Es ist irgendwie auch nicht erlaubt ...

Georg Seeßlen hat in der »Zeit« die Körperdarstellungen in den ersten drei Dogme-Filmen als puritanisch kritisiert. Sie seien Dokumente von neuen Pharisäern, »die sich über ihre eigenen Sünden, ihre eigenen Experimente, ihre eigene Lust nicht mehr verständigen wollen.« Sie würden nicht zustimmen, daß ein Film, der das Drama der Sexualität thematisiert, zugleich sichtbar an einem Projekt der Utopie festhalten muß?

Nein, ich denke, das ist nicht notwendig.

Beispielsweise die Bücher Michel Houellebecqs, kennen Sie die? Ein französischer Autor, der über Sexualität, Masturbation und Pornografie schreibt, den Zustand unserer Kultur als höchst autistisch zu diagnostizieren scheint und keinen möglichen Ausweg offenläßt. Auch ihm wird der Vorwurf gemacht, den Konservatismus des Abschieds von der sexuellen Emanzipation zu bedienen. Die Argumentation geht ein wenig in diese Richtung: Ist es in Ordnung, eine Diagnose unserer Zeit zu liefern, die die Einbahnstraßen im Erzählerischen bevorzugt?

Ja (freut sich), ich würde sagen, natürlich ist das erlaubt! Und ich würde auch sagen, daß die Alternative im Publikum sein sollte. Sie sollte nicht notwendigerweise auf der Leinwand sein. Jedesmal, wenn man eine Art Leben auf der Leinwand sieht, nimmt man als Zuschauer einen Standpunkt ein. »Medea« bietet keine Alternativen, »Hamlet« bietet keine Alternativen, welche Alternativen hat man in »Ulysses« oder in »Der Prozeß«. Welche Alternativen? Du sollst nicht vor der falschen Tür warten? (amüsiert) Ist das die Alternative in »Der Prozeß«?

Würden Sie sagen, daß es in der gesellschaftlichen Ökonomie der Aufmerk-samkeit, was die Themen, die Inhalte, das Narrative betrifft, einen bedeutenden Wandel hin zum »Privaten« gibt? Schriftsteller beschäftigen sich auffallend häufig mit Problemen der Authentizität in der Gesellschaft, der Kälte in den Familienstrukturen, emotionalen Krisen oder Verletzungen im Privatleben. Hat Dogme mit dieser neuen Atmosphäre zu tun? Und was hat das zu bedeuten?

Ihre Frage mag einfach klingen. Aber wie Sie wissen, ist sie sehr kompliziert. Wenn wir einen Film sehen, benutzen wir thematisches Material, natürlich. Aber wenn wir einen Film machen, sollten wir nicht so viel darüber nachdenken. In FESTEN zum Beispiel dachten wir nicht viel darüber nach, wie die Familie ist. Was wir taten, ist, eine Geschichte über das Wiedersehen einer Familie zu erzählen. Und dann nahmen wir unsere Erinnerungen und Erfahrungen über Familientreffen und ließen sie einfließen.

In Ihrer Frage liegt dieser schädliche Einfluß des thematischen Inhalts auf das Erzählen einer Geschichte. Wenn man einen Film sieht, erlebt man das Erzählen einer Geschichte, und, natürlich, weil man seine Welt ständig ordnen will, steckt man das in seine thematische Maschine. Und das ist es, was wir als Zuschauer leisten müssen. Aber als Geschichtenerzähler müssen wir das nicht. Wenn man als Geschichtenerzähler sehr darauf aus ist, Themen zu berücksichtigen, wie ihr, wie ich denke, es in Deutschland tut, dann wird man keine guten Geschichten bekommen, weil ihr Statements in den Vordergrund stellen wollt. In unendlich vielen deutschen Filmen geht es um Prostitution, weil man da ein Statement unterbringen kann. Sie können etwas kundtun, statt neugierig zu sein und die Welt anzuschauen und aus der Welt heraus Momente, Ereignisse, Geschehnisse zu finden, die etwas über die Welt aussagen. Ihre Frage zielt auf einen sehr sensiblen Bereich. Wir wissen nicht, woher das thematische Material kommt. Was wir zu sagen versuchen, ist: Das, woran wir uns erinnern, sind Vorkommnisse, die in einer bestimmten Reihenfolge geschehen, und wir stellen sie zusammen, und dann erst erkennen wir, daß es inhaltlich um ein bestimmtes Thema geht.

Aber darum geht es in dieser Frage, nicht darum, daß das Statement schon vor dem Film feststeht. Wenn wir einen Film ansehen, entdecken wir im nachhinein, daß es eine neue Konzentration auf neue Probleme gibt, obwohl wir uns dessen nicht bewußt waren, und dann ist es uns plötzlich bewußt.

Das ist wunderbar, oder? Das ist genau das, wofür wir da sind. Wenn es so ist, ist es wunderbar. Ich habe darüber etwas in »Die Deutsche Bühne« gelesen. Sie haben sehr positiv über das Theaterstück FESTEN geschrieben. Sie schrieben auch, daß die Sache der Realität von jetzt an überdacht werden muß. Und ich denke, das ist eine sehr wichtige Sache. Also, wenn das der Hintergedanke Ihrer Frage war, stimme ich dem voll und ganz zu. Ich würde das so formulieren: Wenn man einen Film macht, ist es jeder Moment, in dem man vergißt, worum es darin geht, sondern nur schaut: Was ist in bezug auf dein Gefühl von Authentizität wahr? Beispielsweise muß man hinsichtlich jedes einzelnen Schnitts vergessen, was dieser Schnitt bedeutet. Man sollte nur fühlen: Das ist Realität. Und aufgrund dessen mögen wir in der Lage sein, einige neue Strukturen in unserer Realität zu finden.

Ein anderer Aspekt der Antwort: Es gibt einen dänischen Künstler, der vor einem Monat gestorben ist. Sein Sujet sind Stadtlandschaften. Einmal fuhr ich durch Kopenhagen, und plötzlich sah ich die Gebäude und den Raum der Stadtlandschaft durch seine Bilder und erlebte eine völlig neue Stadt. Es war erstaunlich. Und das ist der Grund, warum wir Kunst machen. Wir verändern den Blick, aber ohne uns das bewußt zu machen, während wir das Kunstwerk herstellen, daß wir den Blick verändern können oder daß wir das Denken von Leuten auf neue Gebiete lenken, die Art und Weise steuern, wie sie gewohnte Dinge betrachten. Wenn man dieses Gefühl hat, denke ich, ist es wundervoll, durch eine Stadt zu gehen und die Stadt plötzlich mit ganz anderen Augen zu betrachten. Das ist ein gutes Resultat eines Kunstwerks.

Ein interessantes Ergebnis der Dogme-Filme ist, daß, obwohl die Regisseure die Filme gewissermaßen in eine Uniform stecken wollten, es doch deutliche stilistische Unterschiede gibt, z.B. besonders offensichtlich zwischen MIFUNE *und* IDIOTERNE. *Worauf, meinen Sie, sind diese Unterschiede zurückzuführen?*
Oberflächlich betrachtet, ist es die Wahl der Kamera. IDIOTERNE wurde mit einer sehr handlichen DV-Kamera gedreht. MIFUNE wurde auf 16mm gedreht und sollte ursprünglich mit einer 35mm-Kamera gemacht werden. Es tut mir leid, daß es nicht auf 35mm gedreht wurde, weil es den Stil noch deutlicher gezeigt hätte. Unter der Oberfläche gibt es einen unterschiedlichen Blick auf die Realität. MIFUNE glaubt, daß das Interessante innerhalb des Rahmens ist. IDIOTERNE definiert die interessanten Dinge außerhalb des Rahmens. Daher bewegt sich die Kamera dort so viel. In IDIOTERNE führt uns die Kamera in die Irre. Weil die Kamera uns ständig sagt: Das ist nicht interessant, weil wir uns jetzt auf eine andere Sache zubewegen. Nebenbei gesagt, ist es auch mit der Erzählung so.
In IDIOTERNE ... Es ist so schwierig, die Erzählung zu beschreiben. Was ich nun sage, ist natürlich nur eine Interpretation, aber man könnte sagen, daß in IDIOTERNE die Erzählung die Narration des Abwesenden ist. Ein Franzose würde diesen Ausdruck lieben: die Narration des Abwesenden (amüsiert). Aber z.B. die Interviews in IDIOTERNE, Lars und ich unterhielten uns darüber. Und wir stimmten beinahe sofort überein, daß die Interviews, die normalerweise eingesetzt werden, um Dinge zu klären, hier »dumme« Interviews sein sollten. Die Leute

172

sollten vergessen haben, woran sie teilgenommen hatten. Sie sollten das, was sie gemacht hatten, falsch interpretieren. Sie sollten sich gegenseitig widersprechen. So, statt Sicherheit zu schaffen, wozu jeder amerikanische Film Interviews einsetzen würde, z.B. beim Psychiater, um etwas zu klären, sollten sie hier benutzt werden, um zu sagen: Oh, da ist etwas Abwesendes. Es gibt verschiedene Arten von Erklärungen, die Oberfläche und darunter und noch tiefer.

Ich hatte den Eindruck, daß FESTEN *auf der Oberfläche sehr viele »lose Enden« hat, tatsächlich aber über eine sehr komplexe und ausgefeilte Erzählstruktur verfügt, vor allem in Hinblick auf die Figurenzeichnung. Man denke nur an die Figur der »Else« und die Beziehungen der Charaktere untereinander. Das trägt dazu bei, daß die Personen des Films und die Handlung einen so realistischen, authentischen Eindruck hinterlassen. Diese Leichtigkeit, mit der in* FESTEN *erzählt wird, gerade wenn man das Pathos, das dem Thema des Films anhaftet, berücksichtigt. Das erinnert mich sehr an einige Filme des neueren britischen Kinos.*

Mag sein ... (lächelt) Ich muß zugeben, ich habe mir noch nicht einmal TRAINSPOTTING angesehen. Also, ich weiß es nicht. Aber wenn Sie sagen »lose Enden« ... Ich habe das Gefühl, daß in den meisten Szenen in FESTEN etwas passiert, das normalerweise nicht passieren kann. Wenn man sich FESTEN ansieht, ist dieser sehr authentische Film voller Ereignisse, von denen man sagen würde: Dies ist nicht möglich. Natürlich ist es möglich, aber es würde niemals passieren. Sogar in der allerersten Szene: Ein Mann, elegant angezogen, geht eine Autostraße entlang. Später erfahren wir, daß er reich ist: Er würde niemals zu Fuß gehen. Er würde ein Taxi nehmen. Nächste Szene: Ein Mann fährt an ihm vorbei und er sagt: Gott, das war mein Bruder. Weil man seinen Bruder in dieser Situation immer erkennen würde, bereits 200 m bevor man an ihm vorbeifährt. Nächster Schritt: Der Mann im Auto schmeißt seine gesamte Familie raus, um mit seinem Bruder allein zu sein. Das ist nicht plausibel. Ich denke, daß wir mit FESTEN einen authentischen Film gemacht haben, der aus vielen Elementen besteht, die nicht plausibel, nicht glaubhaft sind. Aber Sie glauben daran. Möglicherweise zeigt uns das ein bißchen über unser Gefühl für das, was Authentizität ist.

Der Film ist auch realistisch und authentisch in seiner Betrachtung von Ängsten, die Leute haben. Man mag Angst davor haben, daß man von seinem Bruder nicht sofort erkannt wird, man könnte befürchten, daß man zu Fuß gehen muß? Also ist es realistisch auf eine unrealistische Art.

Oh, darüber habe ich noch nicht nachgedacht. Das ist eine sehr gute Erklärung. Aber wir haben darüber nicht nachgedacht. Wenn wir darüber nachgedacht hätten, wären wir nicht in der Lage gewesen, es zu machen.

Aber da muß es eine Komplizenschaft geben, zwischen dem Film, dem Erzählerischen und der Öffentlichkeit ...

Ja, natürlich.

Wie funktioniert das in der Öffentlichkeit?

Ich weiß nicht. Ja, es funktioniert in dieser Richtung. Wir dachten nicht über diese Angst nach. Ich denke, das ist eine großartige Erklärung. Daß alle diese Punkte ankommen, weil sie mit etwas, wovor wir Angst haben, korrespondieren. Das ist interessant. Das Verhältnis zwischen dem Erzählerischen und dem Zuschauer muß so sein, daß das Erzählerische Raum schafft für die eigenen Träume und Gedanken des Zuschauers. Die schlechteste Erzählung ist eine Erzählung, die einem die eigene Vorstellungskraft, die eigenen Träume und Gedanken wegnimmt. Die beste Erzählung ist die mit einer Menge Leerstellen, so daß man selbst während des Zusehens anwesend ist. Leerstellen sind das Wichtigste am Erzählen.

Ich möchte noch einmal auf den Punkt zurückkommen, daß bestimmte Handlungselemente von Ihnen in gewisser Hinsicht als unrealistisch beschrieben wurden. Ich kann Ihnen da nicht ganz zustimmen. In der Anfangsszene des Films vielleicht, aber nehmen wir z.B. die Szene, in der Christian seine Rede hält und die Festgemeinschaft mit dem Inzestvorwurf konfrontiert. Die Art und Weise, wie das Publikum reagiert, halte ich für ausgesprochen plausibel.

Ja, ja ... und warum ist das so?

Weil man schockiert ist, weil man nicht weiß, was man tun soll, weil es noch die anderen Gäste gibt, die man beobachtet und die die Situation ebenso wenig erfassen.

Exakt. Und warum realisieren sie die Situation nicht? Weil es eine Situation ist, die außerhalb unserer Vorstellungskraft liegt, die nicht stattfinden kann. Man kann sich an eine Million Reden bei Familientreffen erinnern, und sie werden alle positiv sein und: Jetzt laßt uns feiern. Also, wenn Christian die Rede hält, redet er genau in diesem Tonfall. Er ist nett, humorvoll, großzügig, und dann sagt er: Mein Vater hat uns gefickt. Und wenn wir in dieser Situation dasitzen, sagen wir: Aber dies ist eine festliche Rede, also muß sie vor Festlichkeit nur so strotzen. Das heißt, wenn jemand in diesem Tonfall über Verbrechen redet, kann es nicht so sein! Das ist der Grund dafür, daß es die Zuschauer beim Dinner und die Zuschauer im Kino fressen. Daran haben wir viel gearbeitet. Das ist sehr, sehr bewußt gemacht.

Wir haben sehr daran gearbeitet, daß jeder Moment im Film zu dem gemacht wird, was wir eine »natural story« nennen. Ankunft z.B.: Man kommt irgendwo an. Das bedeutet, daß man z.B. mit dem Auto kommt. Wir sehen eine Ankunft, zuerst die von Christian und Mikael. Und dann sehen wir plötzlich eine andere Ankunft: Die Schwester ist auf dem Weg. Wir sehen sie nicht wirklich ankommen, aber es ist in unserem Kopf, weil die »natural story« sagt: Wenn man sich an einen Ort annähert, kommt man an, und man geht dort hinein, wo man hinwollte. Die dritte Ankunft ist völlig unnatürlich. Haben Sie jemals eine komplette Party gleichzeitig ankommen sehen? In einem Konvoi? Nein! Aber wir konnten es tun, weil die Zuschauer bereits im Kopf hatten: Ankunft! Die »natural story« einer Ankunft. Das nutzten wir auch bei den Reden aus, weil man Reden hält, die normalerweise *so* sind, und dann hat glücklicherweise einer der Partygäste der Rede applaudiert. Und man sitzt dort und sagt: Ok, wir haben etwas gehört, aber es war falsch, weil er applaudiert hat. Ich weiß nicht, ob das eine ausreichende Erklärung ist. Aber ich sage Ihnen: Alles in dem Film ist unplausibel. Es wurde auf der Grundlage von »natural stories« gemacht, die unser Verhältnis zur Realität widerspiegeln. Die Garderobe wechseln vor dem Dinner, und dann machten wir ein Drama daraus. Dann machten wir auch noch ein Drama daraus, daß Leute telefonieren, dann veranstalten sie ein Wiedersehen, und dann ficken sie (lacht). Ist das deutlich genug?

Glauben Sie, daß es problematisch ist, einen Film zu machen bzw. eine Geschichte zu erzählen, wenn man zu viel über die Motivation der Handlung nachdenkt? Wenn man zuviel von Ursache und Wirkung zeigt, wie es im amerikanischen Film häufig der Fall ist?

175

Das ist natürlich auch eine komplizierte Frage. Natürlich sollte man alles motiviert finden. Es sollte aber nicht übermotiviert sein oder zuviel erklären. Wir dürfen eine Schwierigkeit nicht vergessen, eine Ursache-Wirkung-Erfahrung ist im Film immer langweilig. Es müßte Wirkung und Ursache sein. In einer Hinsicht sollte es motiviert sein, in anderer Hinsicht sollte es niemals wirklich explizit motiviert sein. Weil es dann keine Überraschung gäbe und keinen Suspense. Das ist, was ich zu Ursache und Wirkung sagen kann.

Ist das möglicherweise auch ein Problem des deutschen Films?
Ja, natürlich ist es das. Sehr tief unter der Oberfläche ... und zwar sehr tief, weil sie mit den Themen beginnen und damit anfangen, die Welt erklären zu wollen.

Sie sind der Lehrer von Lars von Trier und Thomas Vinterberg gewesen. Wie würden Sie die beiden charakterisieren?
Nur auf das allerpositivste und nicht wegen der Situation heute. Ich denke, daß Lars extrem diszipliniert und aufmerksam ist und extrem respektvoll, wenn etwas geschieht, das es wert ist. Für mich war er die Person, mit der ich am leichtesten arbeiten konnte. Weil er in der Lage ist zuzuhören und auszuwählen, auszuwählen zwischen dem, was für ihn nützlich ist und dem, was er denkt, daß es nicht nützlich ist. Ich erinnere mich daran, daß er es damals ablehnte, einen Film nach einem bestimmten Skript eines anderen Studenten zu machen. Ich war zu der Zeit nicht an der Schule, aber die Schule wollte ihn rausschmeißen. Dann las ich das Skript und nahm an einem Krisengespräch teil. Und da konnte ich sehr leicht sagen, daß sie Lars nicht rausschmeißen sollten, wenn er keinen Film nach diesem Skript machen will. Sie sollten ihn rausschmeißen, wenn er einen nach diesem Skript machen wollte. Weil das Skript von so schlechter Qualität war, daß, wenn jemand mit einem solchen Skript einen Film machen will, er von der Filmhochschule geschmissen werden müßte. Also blieb er. Ich denke, mit ihm war es immer leicht.

Mit Thomas hatte ich die ersten paar Jahre, während der er hier war, keinen Kontakt. Aber von seinem Vordiplom-Film bis zu seinem Abschluß-Film hatten wir zunehmend Kontakt. Ich arbeite äußerst gern mit ihm, auch wenn er einen ständig unterbricht und nicht zuhört. Er ist das Gegenteil von Lars. Aber er hat eine Qualität beim Filmemachen, die erstaunlich ist. Er ist sehr respektvoll und liebevoll. Aber es ist sehr schwierig, mit ihm zu arbeiten, sehr, sehr schwierig, weil er insistiert und insistiert. Aber er macht immer, immer weiter, bis die Sache zufriedenstellend ist. Wo ich sagen würde: Ach Scheiße! Laß es uns *so* machen. Nein! Diese Personen sind wirklich absolute Gegensätze.

Søren Kragh-Jacobsen, er war nicht an dieser Schule, mit ihm zu arbeiten ist wiederum etwas anderes, weil es leicht ist. Es geht so leicht, es ist gewissermaßen keine Arbeit. Es ist nur ein Fließen. Ich kann es nicht besser beschreiben.

Die Dogme-Idee ist möglicherweise nicht nur für Filmemacher oder Leute, die Kunst produzieren, interessant, sondern beispielsweise auch für Leute, die Home-Videos machen. Gibt es Bezüge zwischen der Dogme-Bewegung und anderen Bewegungen im populären Bereich, die von diesen Ideen beeinflußt sind?

Ich denke, daß sie nicht von diesen Ideen beeinflußt sind. Aber es sind verwandte Ideen. In der Tat würde ich sagen, daß das meiste, was in der Öffentlichkeit passiert, komischerweise wie eine Art Dogme funktioniert. Wie Sie wissen, ist höflich sein eine Art Dogme. Dies und dies tut man nicht. Das Schlechte ist, daß wir dazu tendieren zu denken, daß Gebote besser sind als Verbote. Aber tatsächlich sind in den menschlichen Beziehungen negative Regeln besser. Ich meine Regeln, die Dinge verbieten, die unser positives und blühendes Zusammensein wesentlich schöner machen sollen. Beispielsweise ist es uns im Fußball nicht gestattet, unsere Hände einzusetzen, außer wir sind der Torhüter. Ich denke, wenn man danach fragt, würde ein Soziologe herausfinden, daß es eine Menge Verbote gibt, die das Leben überhaupt erst möglich machen. Ich glaube, es sind nicht die positiven Gebote, sondern die negativen Verbote, die das soziale Leben in Bewegung bringen.

Wolfgang Lenk / Andreas Sudmann
»...wie Ferien für alle Schauspieler«
Interview mit Birte Neumann, Frederiksberg, Dänemark, 23.10.2000

Ihre Darstellung in FESTEN *war sehr eindrucksvoll, und »Else« ist ein ausgesprochen interessanter Charakter ...*

Ich habe viele unterschiedliche Ansichten gehört, darüber wie sie ist. Ich mag sie nicht. Aber ich habe einige Leute sagen hören: Ich denke, sie ist in Ordnung, und am Ende ist sie es, die der ganzen Geschichte so etwas wie Hoffnung gibt. Ich sehe das nicht so. Meiner Meinung nach ist sie völlig kalt. Aber es ist seltsam, daß einige Leute sie anders erlebt haben.

Ich stimme Ihnen zu. Sie ist eine sehr kalte Person. Sie nimmt so etwas wie eine Verteidigungshaltung ein.
Ja, genau. Es ist eine Verteidigungshaltung. All diese Dinge, die mit den Kindern passiert sind, diese Inzest-Geschichte. Sie wußte davon. Sie hat es nur verdrängt. Aber sie weiß die ganze Zeit, daß es passiert ist. Und der Grund dafür, daß sie ihren Ehemann nicht damit konfrontiert, ist, daß sie, glaube ich, Angst vor den Konsequenzen hat, Angst um ihren sozialen Status.

Angst vor Diskriminierung und dergleichen ...
Nein. Nun, natürlich auch vor Diskriminierung. Es muß schrecklich sein, wenn der Ehemann pädophil ist, natürlich. Als wir gedreht haben, habe ich es als die Angst um den sozialen Status interpretiert, und so ist es auch. Auch weil diese Geschichte an diesem sehr schönen Ort spielt, in diesem Herrenhaus. Wir waren so von all diesem Reichtum beeindruckt. Und aus dem Skript kannten wir die Hintergrundgeschichte, die im Film nicht gezeigt wurde. Aber wir wußten, daß die Eltern der Frau (Else) die früheren Eigentümer des Herrenhauses waren, und daß mein Ehemann (Helge) sie aus einer finanziellen Bredouille gerettet hatte. Als er jung war, hatte er alles gekauft. Es wäre der vollständige Niedergang der ganzen Familie gewesen, wenn sie die Situation mit dem Ehemann zugegeben hätte und das vor allen seinen guten Freunden.

Wie weit versuchte Thomas Vinterberg, seine Funktion als Regisseur einzuschränken, insbesondere bei Ihrer Rolle. Sagte er Ihnen z.B., wie Sie sich innerhalb des Raums bewegen sollten?
Ich kann das kaum präzise benennen. Die Szenen waren sehr lang, und er schnitt nicht. Er drehte die ganze Szene von einem Standpunkt aus und dann mit vielen Kameras. Dann spielten wir die Szene bis zum Ende durch, was einige Minuten dauerte. Das ähnelte dem Spielen am Theater. Aber wir hatten die Kameras, die uns so nah waren, also war es

wiederum nicht wie Theater. Nur gab er keine lauten Regieanweisungen, nicht in Gegenwart der anderen. Er sagte nicht, was in der Szene letztendlich passieren würde. Er sagte den Schauspielern, einem nach dem anderen, was ihm oder ihr passieren würde und gab individuelle Anweisungen: Wenn das geschieht, denke ich, solltest du das tun. Aber er sagte uns nicht, was der andere Schauspieler dann tun würde. Also waren wir alle überrascht, wenn die Szene gedreht wurde. Insbesondere natürlich die Leute, die die Gäste darstellten, die von nichts wußten, die nicht einmal das Skript gelesen hatten. Als der Sohn also seine Rede hielt, war es so ein Schock für sie, der gleiche Schock, den man beim Sehen des Films erlebt, und die Kameramänner drehten diesen Schockmoment. Das bedeutet, daß diese Dinge, die man im Film sieht, wirklich passierten. Weil die Gäste völlig davon überwältigt waren und nicht wußten, ob sie sagen sollten: Hey, hört mal auf! Weil sie dachten, daß es ein Witz ist, wie man das in der Realität auch glauben würde.

Z.B. sagte Thomas Vinterberg mir: Wenn das und das passiert, dann denke ich, solltest Du mit einer Art Energie spielen und: Ich möchte, daß du an diesem Punkt den Raum verläßt. Dann sagte er meinem Ehemann, daß er den Raum verlassen sollte, wenn er seine Rede gehalten hätte oder jemand anders gesungen hätte oder ähnliches. Aber wir wußten beim ersten Drehen nicht, was der andere tun würde. Also wurde es für uns, obwohl Thomas Vinterberg wußte, was er haben wollte, zu einer Form von Improvisation. Das erzeugte eine Art Realität, während wir es drehten. Natürlich, als wir es dann noch einmal und noch einmal machten, war es eine Wiederholung. Aber dann verwendete er das, was beim ersten Mal geschehen war ...

Er verwendete das Material, das zuerst gedreht wurde?

Nein, aber er brachte die Leute dazu, das gleiche zu tun, was sie beim ersten Mal spontan getan hatten. So kann man sagen, daß sich die Improvisation in der ganzen Geschichte durchgesetzt hat. Ich erinnere mich, daß er viel von der Energie im Raum redete und darüber, wie lange man das aushalten kann, wieviel man aushält, ohne etwas zu tun, etwa während der Situation am Tisch. Er sprach darüber, wie man in dieser Situation bestehen könnte, obwohl man versteht, was geschieht, und wie lange man es schafft, nicht aus ihr auszubrechen, bis es dann absolut notwendig wird. Dann konnte man sich selbst entscheiden auszubrechen, wenn man fühlte: Jetzt kannst du nicht mehr. So gab es beispielsweise eine Menge Momente, in denen man Augenkontakt hatte, wo er sagte: Versuche, ihn solange wie möglich und länger als du dachtest, daß es möglich wäre, zu halten. Versuche, ihn sogar noch länger zu halten. Dadurch wurden die Aufregung und die Spannung sehr stark. So führte er Regie, mit Begriffen wie »Energie« und insbesondere »innerhalb und außerhalb des Raums«. Es wurde zu einem Spiel, in dem es darum ging, wie lange man es aushalten kann. Ich erinnere mich, daß Ulrich Thomsen, ich weiß nicht, ob das im Film ist, aber er steht auf dem Tisch. Tut er das im Film noch?

Nein.
Er brachte uns dazu zu versuchen, Dinge ausdrucksvoller zu tun, als man sie in der Realität tun würde. Und plötzlich springt Ulrich hoch und steht dann auf dem Tisch. Das ist ein Bild für Thomas Vinterbergs Art, Regie zu führen. Er gab uns die Möglichkeit, solche spontanen Dinge zu tun.

Also bedeutet das, daß Sie als Schauspieler viel Freiheit hatten?
Ja, sehr viel.

Und das ist schwer?
Nein, es war wundervoll. Es war wie Ferien für alle Schauspieler.

Aber es ist nicht leicht ...
Nun, man war abhängig von all der Arbeit und den Gesprächen, die im Vorfeld stattfanden. Alle Leute wußten über die Beziehungen der Personen untereinander Bescheid. Wir haben ausführlich darüber geredet. Das gab einem Sicherheit in der Darstellung, weil die Beziehungen definiert waren. Aber als Schauspieler konnte man vieles entscheiden. Man hatte seinen Text, der auftauchen mußte oder vorschrieb, ob man rein- und rausgeht. Aber man konnte entscheiden, wie man es tut: Wird man weinen oder wird man flüstern? Bevor wir drehten, sagte er uns nicht, wie es gemacht werden sollte, ob man weinen sollte oder ob nicht. In diesen Situationen konnte man selbst entscheiden. Und das hat Spaß gemacht, weil jeder jeden überraschte. Da sind eine Menge Sachen passiert, die man nicht im Film sieht, die aber sehr wichtig sind, weil sie Erfahrungen waren, die wir miteinander gemacht hatten. Sie sind Teil der Geschichte, obwohl sie nicht im Film auftauchen.

Es gab Szenen, für die Thomas mehrere Kameras benutzte. Die erste Szene, in der die Gäste nicht wissen, was auf sie zukommt, wurde die mit mehreren Kameras gefilmt?

Ja, wurde sie.

Haben Sie sich weitgehend an den Originaltext gehalten?

Ja, ich denke, wir sind sehr nah am Text. Ich weiß, da waren Sachen, die verändert wurden, und da gab es Szenen, bei denen wir nicht übereinstimmten. Die Schauspieler waren nicht mit dem Skript einverstanden, und wir diskutierten darüber. Meistens endete es damit, daß wir das machten, was Thomas Vinterberg und Mogens Rukov geschrieben hatten. Ich erinnere mich, daß ich in der letzten Szene am Morgen den Raum nicht zusammen mit meinem Ehemann verlasse, im Skript tue ich das. Wir gehen zusammen hinaus zu einem kleinen See. Aber darüber diskutierten wir. Und das, denke ich, war eine der wenigen Sachen, denen Thomas zustimmte, der Art, wie *ich* es gern hätte, dort zu bleiben und keine Konsequenzen aus dem, was geschehen war, zu ziehen und nur ihn gehen zu lassen, weil das für Else überlebensnotwendig war.

Sie erwähnten, daß die Kamera Ihnen sehr nah war. Die Dogme-Kamera ist den Schauspielern noch wesentlich näher als die übliche Filmkamera.

Oh, das war sie.

War das irritierend?

Nein, nein. Weil es, wie gesagt, die ganze Zeit wie ein Spiel war. Das ganze Projekt, vom ersten Gespräch an, bis es im Herrenhaus gedreht wurde. Es hatte diese »Es-wird-zum-Spaß-gemacht«-Stimmung.

Ich erinnere mich an eine Szene mit Thomas Bo Larsen, in der er gegen die Kamera stößt: In der Szene mit Mette, an der Eingangstür, als er sie anfaßt, sie sich wehrt und er dann den Kameramann berührt. Thomas Vinterberg hat das im Film gelassen. Ich denke nicht, daß das beabsichtigt war?

Nein, natürlich war es das nicht. Nein, da gab es eine Menge solcher Sachen, die nicht geplant waren.

Könnten Sie vielleicht ein anderes Beispiel geben, in dem sich diese Spontaneität zeigt?

Oh, ich erinnere mich nicht. Oh, doch, das tue ich. Ich erinnere mich an die Szene in der Nacht, als sie im Dunkeln tanzen. Es war eine richtige Party. Und Else kommt herein und sagt, daß ihr Ehemann getötet wird. Es war da tatsächlich *sehr* spät in der Nacht, und es ging mir nicht so gut. Da gab es ein Bett unten im Haus, ich hatte die Möglichkeit mich hinzulegen, und hatte geschlafen bis zu dem Zeitpunkt, an dem ich hereinkommen und sie unterbrechen und ihnen sagen sollte, was passiert. Dann bin ich hochgegangen und statt zu sagen, was los war, bin ich einfach zusammengebrochen. Ich bin dann in einen anderen Raum gegangen, weil ich Fieber bekam. Einen Tag später war ich wirklich sehr krank. Ich weiß nicht, ob es tatsächlich daran lag, weil mir nämlich da in den Sinn kam: Sie hält es die ganze Zeit aus, aber jetzt muß sie zusammenbrechen. Es muß diesen Punkt geben, und es muß jetzt sein, und dann bin ich zusammengebrochen. Dann versuchte, ich glaube, es war Paprika, mir aufzuhelfen, und ich habe sie geschlagen, und als ich sie schlug, habe ich den Kameramann auch getroffen. Wir haben es wieder und wieder gedreht, und wir haben es jedesmal wieder genauso gemacht. Ich weiß aber nicht, ob dieses erste Mal im Film ist. Wir hatten nicht darüber gesprochen, wie ich in den Raum kommen sollte, bis das passierte.

Wir haben bereits darüber gesprochen, daß die Dogme-Regeln die Schauspieler unterstützen. Welche Regel, glauben Sie, ist die wichtigste aus Sicht der Schauspieler? Da gibt es beispielsweise diese Regel, die besagt, daß die Kamera auf die Schauspieler reagieren muß und nicht umgekehrt. Ist es vielleicht diese Regel oder eher die, die künstliches Licht verbietet?
Nein. Nun, die Vorbereitungszeit ist natürlich wesentlich kürzer, wenn man nicht das ganze Licht einrichten muß und das ganze Make-up und wenn man kein eigenes Skript hat. Es ist ganz nett, das mal so zu versuchen. Aber ich glaube nicht, daß es das ist, was die gute Darstellung ausmacht. Was das gute Darstellen ausmacht, ist, daß, wenn man dreht, sich alles auf das Darstellen konzentriert. Dann ist es das Jetzt, und dann ist es wie Theater. Das war für mich das Revolutionäre an dieser Machart. Aber den Schauspielern wurde die Freiheit gegeben. Ich denke nicht, daß es so lustig ist, seine eigenen Sachen und sein eigenes Make-up vorzubereiten. Wissen Sie, ich kann nicht so gut sehen. Also habe ich das Make-up nur auf eine Wange aufgetragen und die andere vergessen, und es war niemand da, der das kontrollierte. Aber das war Teil davon.

Ich denke, das Wichtige war die Freiheit. Das war das Fantastische daran, für die Schauspieler. Das ist es, was den Film ausmacht, die Stärke und die Kunst. Ich denke, es reicht nicht aus, das künstliche Licht wegzulassen. Das ist nicht so toll, denke *ich*. (lacht)

Als Sie das erste Mal von den Dogme-Regeln hörten, bei Ihrem ersten Kontakt mit Thomas Vinterberg, war es Ihnen bewußt, was dieses Manifest für Sie als Schauspielerin bedeuten würde?

Nein, das war es nicht. Aber es wurde sehr deutlich, daß Thomas Vinterberg nicht unbedingt das Dogme-Projekt am wichtigsten war, sondern die Geschichte, die er erzählen wollte. Und das war sehr außergewöhnlich. Darüber redete er, nicht über die Dogme-Regeln. Er erwähnte, daß es etwas Neues sei, aber das war nicht das, worauf wir uns konzentrierten. Zu 99 % konzentrierten wir uns auf die Gespräche und die Rollen, nicht darauf, wie es gemacht werden würde. Natürlich erzählte er davon, aber in dieser Hinsicht war er sehr traditionell: Wir lasen die Geschichte und redeten über die Charaktere. Darum ging es in erster Linie.

Woran arbeiten Sie gerade?

Ich spiele zur Zeit am Theater. Ich bin seit 28 Jahren am Königlichen Theater. Wir proben gerade ein neues Stück und haben vor einer Woche den »Tod eines Handlungsreisenden« beendet, wo ich Linda, die Ehefrau, gespielt habe. Und jetzt spiele ich einen Engel in einem neuen dänischen Stück, das auf englisch »The Angel of Accident« heißt.

Ist es als Theater-Schauspielerin schwierig für Sie, sich dem Film anzupassen, den Regeln im Film?

Nein. Tatsächlich denke ich, daß es die andere Seite ist. Die eine Seite ist zu lernen, wie man es künstlerisch für das Theater umsetzt, und was wir im Film tun, ist authentischer. Ich würde es nicht leichter nennen.

Bedeutet es mehr Arbeit, authentisch zu sein?

Ja.

Was bedeutet dieses Bedürfnis nach Authentizität? Dieser Wunsch, einen Film mit authentischen Figuren zu sehen und nicht die etablierten Rituale der Kino-Kultur?

Ich erinnere mich daran, daß ich, als wir den Film drehten, nicht dachte, die Geschichte sei authentisch. Ich wußte nicht, ob sie das war. Ich dachte nicht, daß sie irgendwie eine Art wahrer Geschichte war. Und als ich sie las, las ich sie nicht wirklich als eine Geschichte über Inzest. Ich las sie eher als die Geschichte des Sohnes, des Kampfes mit seinem Vater, den letzten Kampf. Aber als wir drehten, begann ich, an die klassischen Dramen zu denken, wie »König Ödipus«. Weil ich denke, daß die Geschichte eher in diese Richtung geht, als authentisch zu sein.

Tatsächlich gibt es einige Bezüge zu »Hamlet«.
Nun, es ist eine Art Hamlet-Geschichte. Ich denke, alle Geschichten sind das, aber hier wird es ziemlich deutlich. Ich meine, es sind die Räume des klassischen Dramas, auf die man durch die Dogme-Regeln zurückkommt. Ich weiß nicht, ob die Regisseure daran gedacht hatten, aber so ist es. Irgendwie führt es zurück zum klassischen Drama.

Beruht die Form auf der Idee von einem aktiven Schauspieler, der mehr Selbstverantwortung trägt? Und auf einer authentischen Art, Geschichten zu beschreiben und zu erzählen? Auch die Zuschauer fühlen, daß dies ein Film ist, der eine Erzählung oder ein narratives Geschehen auf sehr andere Art zeigt.
Ich bin nicht wirklich in der Lage, das zu beantworten, weil ich das nicht so empfunden habe. Ich habe das nicht so empfunden, als ich es gesehen habe, weil wir Rollen spielen. Ich verhielt mich nicht so, wie ich tatsächlich bin. Das tat niemand. Wir machten Rollen zu Charakteren. Ich weiß nicht, ob das Ihre Frage beantwortet. Aber natürlich kann ich sehen, daß wir irgendwie realistisch erscheinen. Aber es war nicht meine eigene Kleidung, weil ich nichts habe, was hier hätte gebraucht werden können. Ich muß eine Person spielen, die so lebt: Was kann ich tragen? Und dann mußte ich jemanden finden, der solche Sachen besitzt und so weiter. Wenn man das wie in herkömmlichen Filmen gemacht hätte, hätte man gesagt: Eine Frau wie diese, sie ist reich, hat einen Friseur, besitzt das und das, und sie würde nicht so aussehen, wie ich aussah. Also denke ich, ist es diese Kombination, die aufregend ist, weil da die Charaktere den Film verlassen und die Persönlichkeiten der Schauspieler hereinkommen. So bezieht man irgendwie das Private mit ein.

Kirsten Jahn / Andreas Sudmann
»Keine Genre-Filme! Dreifaches Hurra!«
e-mail-Interview mit Rick Schmidt, USA (Regisseur Dogma #10
CHETZEMOKA'S CURSE), 27.10.2000

Wann hast du zum ersten Mal von Dogma gehört?

Da ich hier in der tiefsten Provinz wohne (Northwestern Washington State, in der Nähe der kanadischen Grenze) und nicht in New York City oder Seattle, wurde ich erst mit einem Dogma-Film konfrontiert, als ich meinen Sohn Morgan in Berkeley besuchte und eine Vorstellung von FESTEN in einem Kino in San Francisco sah. Ich hatte von der Aufregung gehört, die er hervorgerufen hatte. Und aufgrund der Berichte über die »Roheit der Technik« mußte ich ihn einfach sehen. Ich bin nicht enttäuscht worden. Da ich 1970 meine Karriere als Filmemacher damit begonnen habe, daß ich eine »reel to reel Sony Portaback ½«-Videokamera und einen Recorder zum Haus meiner Ex-Frau mitnahm und eine 20-Minuten-Diskussion über das, »Was in unserer Ehe schiefgelaufen war«, aufnahm, glaube ich, daß die Dogma 95-Bewegung ein wichtiger Wendepunkt ist, in Richtung eines Realismus, mit dem ich die vergangenen 30 Jahre meines Lebens in trauter Einheit verbracht habe.

Was, glaubst du, ist das Neue an Dogma 95 (im Vergleich zum Direct Cinema, der Nouvelle Vague oder dem Neorealismus)?

Tatsächlich kann ich diese anderen Richtungen nicht spontan kommentieren. Aber jetzt kommt, WAS ICH SAGE: Ich kümmere mich nicht so sehr um das, »was neu ist«, sondern um das, »was gebraucht wird«. Meiner Meinung nach wird die Dogma 95-Bewegung gebraucht, um dem »no budget indie feature filmmaking moviement« des Hollywood-Studio-Systems entgegenzuwirken.

Jeder, der die Entwicklung des Sundance Film Festivals (1988 - 2000) verfolgt hat, kann sehen, was ich erlebt habe, und das ist, daß der FOKUS vom Feiern des »kleinen unbekannten und künstlerischen amerikanischen Indie- (lies: selbst-produzierten) No-Budget Film« VERSCHOBEN WURDE, hin zu einer HOLLYWOODYSIERTEN VERSION, einer Version mit einem Budget von nahezu einer Million Dollar, mit halbwegs bekannten Stars (Bridget Fonda, Parker Posey etc.), Filmen, die einem Hollywood-Produkt auffällig ähnlich sahen.

Plötzlich gab es im Wettbewerb KEINEN PLATZ mehr für kleine »handgemachte« Streifen. 1989, in dem Jahr, als mein $ 15.000-Film MORGAN'S CREEK für den Sundance Wettbewerb ausgewählt wurde, als einer von 17 weiteren Filmen, unter anderem SEX, LIES AND VIDEOTAPE, HEATHERS etc., hatte ich die Ehre mitzuerleben, wie mein Film vor Agenten, Vertriebsleuten, Einkäufern und dergleichen mit einem defekten 16 mm-Projektor vorgeführt wurde (Resultat war eine schlechte Kritik in Variety). Ich stellte mir die Frage: »Warum wurde mir so eine lausige Show geboten, auf einem Festival, das sich eigentlich als das ›Festival der Entdeckungen‹ solcher Filme wie meinem abfeiert?« Ich fragte mich auch, warum die Filme, gegen die ich anzutreten hatte, Filme mit einem derart hohen Budget waren, von denen einige bereits von Hollywood-Major-Companies vertrieben wurden.

Ich dachte immer, daß das Wort »No« in »No-Budget« für einen Filmemacher oder eine Filmemacherin steht, der/die irgendwie ein paar Tausend Dollar zusammenkratzt, sein/ihr eigenes Geld, um einen Film zu machen. Das ist der Weg, den ich in meinem Buch »Feature Filmmaking at Used Car Prices« (Penguin Books 1988, 1995, 2000) seit Jahren empfehle.

Inwiefern haben dich die Regeln inspiriert?

Nun, alle Beschränkungen im KEUSCHHEITSGELÖBNIS entsprachen sowieso der Art und Weise, auf die ich meine No-Budget Filme schon immer gemacht habe. Also war es sehr erfrischend, sie ausformuliert und gedruckt und Teile des Kino-Publikums ihnen Beachtung schenken zu sehen.

Tatsächlich waren die Dogma 95-Regeln die reine Deklaration der »Regeln«, mit denen ich seit meinem ersten Dreh (1970) in trauter Einheit lebte. Im Detail: (1) vor Ort drehen, kein Zeug anschleppen ... Ja! Ich habe immer vor Ort gedreht und niemals einen Set »gefaked«. Und ich habe immer von dem EHRLICHEN Material dort profitiert. Weil ich oft mit Laien-Schauspielern gearbeitet habe, waren ihre Zimmer, die Auswahl der Gegenstände in ihrem Leben wertvolle Hinweise darauf, was sie im wirklichen Leben sind. (2) Der Ton darf niemals unabhängig vom Bild hergestellt werden ... Ich habe immer Sync-Sound vor Ort aufgenommen und daraus den Film zusammengeschnitten. Ich habe sonst Musik von Quellen außerhalb des Bildes benutzt, aber die Schwierigkeiten, die auftreten, wenn man nur Musik verwenden darf, deren Quelle tatsächlich zu sehen ist, haben mir nichts ausgemacht. (3) Bei meinen ersten Videos habe ich bereits eine Handkamera benutzt, also war das nicht gerade aufreibend (und für meinen fähigen Kameramann-Sohn Morgan auch nicht allzu anstrengend, insbesondere weil er seine eigene Sony DSR 200, an die er gewöhnt war, benutzen konnte). (4) Farbfilm ... gut für bestimmte Themen. Ich habe einige schöne und bedeutungsvolle Schwarz-Weiß-Filme gedreht, bin aber durchaus glücklich damit, auch mal einen Farbfilm zu machen. Und mir hing das ewige Lichteinrichten mittlerweile schon zum Hals heraus. Also war ich SEHR froh darüber, das Licht weglassen zu können! (5) Optische Hilfsmittel und Filter sind verboten... So sei es! (6) Keine oberflächliche Action ... Endlich hat dem mal jemand Einhalt geboten(!). Möglicherweise beinhaltet einer meiner Filme so etwas wie oberflächliche Action (einen Mord, mit einer Schußwaffe... in A MAN, A WOMAN, AND A KILLER, Regieassistent war mein damaliger Zimmergenosse Wayne Wang). Aber der Film sollte gerade dieses Thema behandeln: »Gewalt in Filmen«, eine Diskussion, die ich während des Schnitts ausgearbeitet habe. (7) Filme sollen im Hier und Jetzt stattfinden... um so besser für Videoproduktionen... Das Gefühl ist sowieso schon SO unmittelbar. (8) Keine Genre-Filme! Dreifaches Hurra! (9) 35 mm... Geht klar, wenn die Mittel da sind, um das Videomaterial auf 35 mm zu kopieren! (10) Den Regisseur nicht aufzuführen, ist eine exzellente Idee. Es enthüllt die Motivation hinter der Arbeit. Ist Filmemachen nur ein Versuch, Ruhm, Erfolg und materiellen Reichtum zu erlangen? Oder versucht der Filmemacher, »etwas Bedeutungsvolles zu sagen«?

Inwiefern beeinflussen die Regeln das Drehbuch, die Regie und die Kamera?

Was uns angeht, so haben wir eine Form geschaffen, mit der man einen Film in nur vier Tagen drehen kann: alles improvisiert, AN ECHTEN DREHORTEN, ECHTE GEGENSTÄNDE, SYNC-SOUND-AUFNAHMEN. Uns betrafen also nur noch die Kein-Licht-Regel, nur Handkamera und keinen zusätzlichen Ton (keine Musik) beim Schneiden hinzuzufügen. Regieführen war schon immer improvisatorisch, die Realität im Flug abzufangen und sie mit »gesprochenen Anweisungen« zu formen (während die Szene gedreht wird, mit den Schauspielern zu sprechen), so daß der Regisseur den echten Moment ergreifen kann, eine Art »vom Leben geschriebenen Moment«, und Blöcke zu formen, die später geschnitten werden (dem Film einen Anfang, eine Mitte und ein Ende geben, was ich während des Drehens ausprobiere und festlege). Unser Vorgehen beim Filmemachen ist einzigartig. Wir fangen ohne Geschichte an, ohne Drehbuch, oft ohne Drehort (vielleicht einem am Anfang...), ohne Schauspieler (vielleicht einer zentralen Figur ...) und verfolgen die Beziehungen echter Leute untereinander (die der Laien-Darsteller ... vielleicht ein professioneller Schauspieler unter ihnen) vier Tage lang. In den folgenden sechs Tagen schneiden wir die Resultate zu einem Spielfilm zusammen. Wir proben nicht, drehen aber meistens eins zu eins. Oft wissen wir bis zum letzten Schnittag nicht, wovon der Film handelt. Die Regeln von Dogma 95 haben den Prozeß nur ein wenig beschleunigt (kein Licht, Handkamera – also kein Stativ). So konnten wir die improvisierten Momente sogar noch effizienter auffangen.

Kannst du beschreiben, wie ihr den Film finanziert habt und welche Probleme ihr dabei hattet?
Bei FW Productions (www.lightvideo.com/workshop.htm) finanzieren wir unsere Filme selbst. Jeder, der die Arbeit an einem Film mit mir zusammen erleben möchte (weil ich der Autor von »Feature Filmmaking at Used Car Prices« bin, einem Buch, das auch die »No Budget Filmmaking Bible« genannt wird), bezahlt $ 2500, und die Budgets für unsere Projekte entstammen diesen Fonds. Oft arbeiten wir nur mit einem Paar Autor / Regisseur (manchmal Schauspielern), dann decke ich die übrigen nötigen Kosten ab und bezahle einen Teil. Bei CHETZEMOKA'S CURSE habe ich meine $ 2500 zum Budget beigetragen.

Jenseits der unvermeidlichen formal-ästhetischen Übereinstimmungen der ersten drei Dogma-Filme gibt es viele Übereinstimmungen hinsichtlich des Inhalts. Z.B. handeln sie alle von einer geschlossenen Gruppe und sind meistens an einem einzigen Ort angesiedelt. Es gibt auch Ähnlichkeiten bei der Beschreibung der Sexualität. Glaubst du, daß Dogma eine bestimmte Form von Geschichten erzeugt, oder entstammen diese Geschichten dem gemeinsamen Hintergrund der Regisseure?
Dogma-Geschichten erscheinen realistisch, sogar wenn die Filme auf sehr ausformulierten Drehbüchern beruhen. Das »Drehen in EINEM Haus« ist eine typische »No Budget«-Überlegung für jeden Film, der

mit einem kleinen Budget auskommen muß. Die Frage nach der Sexualität kann ich nicht für die anderen Dogma 95-Filmemacher beantworten. Wir Künstler sind immer schon mit einer Unmenge schöner und künstlerischer Frauen gesegnet gewesen (geh' zu irgendeiner Kunsthochschule und sieh' dich um). Wenn also Sex auf freie Art und Weise dargestellt wird, ist das nicht so ungewöhnlich, oder?

Obwohl sich die Dogma-Regisseure gemeinsamen formalästhetischen Regeln unterworfen haben, ihre Filme sozusagen uniformierten, gibt es deutliche stilistische Unterschiede zwischen FESTEN, MIFUNE und IDIOTERNE, die auf die individuelle, kreative Handschrift des Filmemachers verweisen. War es dir wichtig herauszufinden, daß sich die Filme hinsichtlich ihrer ästhetischen Umsetzung unterscheiden, und was, glaubst du, ist der Grund für diese Unterschiede?

Ich bewundere unterschiedliche Standpunkte und ästhetische Richtungen ganz entschieden und bin froh, Unterschiede zwischen den Dogma-Filmen zu sehen. Ich denke, »herkömmliche« Filme sollten sich viel mehr voneinander unterscheiden, als das, was bei Hollywood-Produktionen letztlich rauskommt. Filme sollten ebenso unterschiedlich wie Gemälde und Skulpturen sein, sollten die Grenzen des Mediums verschieben. Van Gogh, Gauguin, Picasso, Seurat, Manet, Renoir, Bergman, Godard ... Wo sind die stilistisch unterschiedlichen Filme? So viele scheinen vom Fließband zu kommen.

Ich denke, die Dogma-Regeln beeinflussen die schauspielerischen Techniken entscheidend, insofern als sie weit mehr Bewegungsfreiheit und Autonomie erlauben, was der Darstellung dient. Stellt diese neugewonnene Freiheit der Schauspieler möglicherweise eine Bedrohung dar, bzw. inwiefern beeinflußt diese Autonomie die Rolle des Regisseurs?

Der Regisseur eines Dogma-Films muß die Schauspieler nicht mehr dazu zwingen, innerhalb der alten steifen Umgebung, dem engen Szenario zu agieren. Statt dessen fängt er die »Seitwärts-Bewegungen« mit der Handkamera ein und muß mit ihnen »Fangen« spielen, wohin sie sich auch bewegen. Der Schauspieler ist für die Bewegung verantwortlich, und der/die Regisseur/-in ordnet sie an, und der/die Kameramann/-frau folgt ihnen, oder der Regisseur dreht. Ich denke, daß die Schauspieler so mehr Verantwortung für die emotionalen Momente tragen. Wenn der Schauspieler sich als intelligent erweist, trägt das nur zum Wohl des Films bei.

Dogma ist erklärtermaßen so etwas wie die diametrale Reaktion auf das digitale Kino, das beinahe jede Vision oder Illusion darstellen kann. In welcher Hinsicht ist der filmische Purismus von Dogma 95 dem digitalen Kino der »unbegrenzten Möglichkeiten« überlegen?

Das digitale Kino mit seinen, wie du sagst, »unbegrenzten Möglichkeiten« ist gefährlich, es kann solides Bildmaterial ruinieren. An der Kunsthochschule hatte ich einen Dozenten, der sagte, daß Einschränkungen das wichtigste Charakteristikum beim Herstellen von Kunst seien. Also ist es hilfreich, einige Parameter zu haben. Ein Drehbuch kann ausreichende Regeln vorgeben ... oder ein gewisser Zeitrahmen: kurz genug, um die volle Konzentration aufrecht erhalten zu können.

Glaubst du, daß Drehen auf DV und das Produkt dann über das Internet zu verkaufen/verteilen, die Zukunft für das (unabhängige) Kino und seine Demokratisierung sein wird?

Ja. DV-Filme im Internet, die auf großen, flachen Fernsehapparaten gezeigt werden, mit HDTV-Qualität und digitalem Stereo-Sound, mit Bezahlung pro Website (pay per view), das wäre ideal. Jemand (wie ich) würde einen Nickle / 5 Cent für einmal Sehen verlangen. Soviel hat es in den 20er Jahren gekostet, in der Nachmittagsvorführung von einem Stummfilm ... Und bei 20.000 Zuschauern ... Das macht $ 1000 in anderthalb Stunden.

Hast du Kontakt zu anderen Dogma-Regisseuren?

Keinen Kontakt zu anderen Dogma-Regisseuren, außer daß Lars von Trier und Thomas Vinterberg mir ihre (unterschriebene) Erlaubnis gegeben haben, daß ich ihr KEUSCHHEITSGELÖBNIS Wort für Wort in der neuen Ausgabe von »Feature Filmmaking at Used Car Prices« abdrucken darf. Das war natürlich sehr nett von ihnen. Ich bin glücklich darauf hinweisen zu dürfen, daß ich eine Linie für Datum und Unterschrift hinzugefügt habe, damit sich jeder Leser auf Seite 280 eintragen kann!

Mittlerweile gibt es 16 offizielle Dogma-Filme. Die Anzahl inoffizieller Dogma-Filme ist wahrscheinlich höher. Ist dies bereits das Ende der

Dogma-Bewegung, wie es Thomas Vinterberg auf der offiziellen Dogma-Homepage erklärt hat?

Möglicherweise ist es das Ende der »offiziellen« Dogma 95-Zertifikate. Aber der Eindruck bleibt bestehen und wird andere DV-Filmemacher irgendwann in der Zukunft immer noch beeinflussen.

Was, glaubst du, ist die Quintessenz von Dogma 95?

Such' nach der Wahrheit, der individuellen Wahrheit. Ehre das Leben und seine Magie. Mach' Filme, die einzigartig sind und deinem besonderen Leben gegenüber ehrlich.

Glaubst du, daß Dogma sich auf den konventionellen Film auswirken wird?

US-Mainstream-Regisseure/-Drehbuchautoren/-Schauspieler versuchen bereits, die Echtes-Leben-Energie auszuleben / anzuzapfen. Ethan Hawke und vier andere »heiße« US-Regisseure/-Schauspieler planen den Versuch, »US-Dogma«-Filme zu machen. Unser Budget betrug $ 4000. Mal sehen, wie viele Millionen sie bezahlen werden, um ihre »No Budget«-Filme zu machen.

Anhang

1. Dogma 95-Manifest (englische und deutsche Fassung)

Dogme 95

... is a collective of film directors founded in Copenhagen in spring 1995.

DOGME 95 has the expressed goal of countering »certain tendencies« in the cinema today.

DOGME 95 is a rescue action!

In 1960 enough was enough! The cinema was dead and called for resurrection. The goal was correct but the means were not! The new wave proved to be a ripple that washed ashore and turned to muck.

Slogans of individualism and freedom created works for a while, but no changes. The wave was up for grabs, as were the directors themselves. The wave was never stronger than the men behind it. The anti-bourgeois cinema itself became bourgeois, because the foundations upon which its theories were based was the bourgeois perception of art. The auteur concept was bourgeois romanticism from the very start and thereby ... false!

To DOGME 95 cinema is not individual!

Today a technological storm is raging, the result of which will be the ultimate democratisation of the cinema. For the first time, anyone can make movies. But the more accessible the media becomes, the more important the avant-garde, it is no accident the phrase »avant-garde« has military connotations. Discipline is the answer...we must put our films into uniform, because the individual film will be decadent by definiton!

DOGME 95 counters the individual film by the principle of presenting an indisputable set of rules known as THE VOW OF CHASTITY.

In 1960 enough was enough! The movies had been cosmeticised to death, they said; yet since then the use of cosmetics has exploded.

THE »supreme« task of the decadent film-maker is to fool the audience. Is that what we are so proud of? Is that what the »100 years« have brought us? Illusions via which emotions can be communicated? ... By the individual artist's free choice of trickery?

Predictability (dramaturgy) has become the golden calf around we dance. Having the character's inner lives justify the plot is too complicated, and not »high art«. As never before, the superficial action and the superficial movie are receiving all the praise.

The result is barren. An illusion of pathos and an illusion of love.

TO DOGME 95 the movie is not illusion!

Today a technological storm is raging of which the result is the elevation of cosmetics to God. By using new technology anyone at any time can wash the last grains of truth in the deadly embrace of sensation. The illusions are everything the movie can hide behind.

DOGME 95 counters the film of illusion by the presentation of an indisputable set of rules known as the VOW OF CHASTITY.

THE VOW OF CHASTITY:

I swear to submit to the following set of rules drawn up and confirmed by DOGME 95:

1. Shooting must be done on location. Props and sets must be brought in (if particular prop is necessary for the story, a location must be chosen where this prop is to be found).

2. The sound must be never be produced apart from the images or vice versa. (Music must not be used unless it occurs where the scene is being shot.)

3. The camera must be hand-held. Any movement or immobility attainable in the hand is permitted. (The film must not take place where the camera is standing; shooting must occur where the film takes place).

4. The film must be in colour. Artificial lighting is not acceptable. (If there is too little light for exposure the scene must be cut or a single lamp be attached to the camera).

5. Optical work and filters are forbidden.

6. The film must not contain superficial action. (Murders, weapons, etc. must not occur).

7. Temporal and geographical alienation are forbidden. (That is to say that the film takes place here and now).

8. Genre movies are not acceptable.

9. The film format must be Academy 35mm.

10. The director must not be credited.

Furthermore I swear as a director to refrain from personal taste I am no longer an artist. I swear to refrain from creation a »work«, as I regard the instant as more important than the whole. My supreme goal is to force the truth out of my characters and settings. I swear to do so by all the means available and at the cost of any good taste and any aesthetic considerations.

Thus I make my VOW OF CHASTITY.

Copenhagen, Monday 13 March
Lars von Trier
Thomas Vinterberg

(Quelle: mehrfach publiziert, u.a. online im Internet: URL: http://www.dogme95.dk/; Stand 1999)

Dogma 95

... ist ein Kollektiv von Filmregisseuren, gegründet in Kopenhagen im Frühling 1995.

DOGMA 95 hat das erklärte Ziel, »bestimmten Tendenzen« im heutigen Kino entgegenzutreten.

DOGMA 95 ist eine Rettungsaktion!

1960 hieß es: Genug ist genug! Das Kino war tot und rief nach einer Wiederbelebung. Das Ziel war richtig, aber die Mittel waren es nicht! Die neue Welle erwies sich als Kräuseln, das an den Strand lief und sich in Dreck verwandelte. Sprüche von Individualismus und Freiheit schufen für kurze Zeit Arbeit, brachten jedoch keine Veränderung. Was die Welle schuf, war reines Glücksspiel, gleiches gilt für die Regisseure. Die Welle war nie stärker als die Männer, die hinter ihr standen. Das anti-bourgoise Kino wurde selbst bourgois, weil die Grundlagen, auf denen seine Theorien fußten, aus der bourgoisen Wahrnehmung von Kunst entsprangen. Das Konzept des Auteur war von Anfang an bourgoiser Romantizismus und damit ... falsch!

Für DOGMA 95 ist Kino nicht individuell!

Heutzutage tobt ein technologischer Sturm, dessen Folge die ultimative Demokratisierung des Kinos sein wird. Zum ersten Mal kann jeder Filme machen. Aber je zugänglicher die Medien werden, desto wichtiger wird die Avantgarde. Es ist kein Zufall, daß der Begriff »Avantgarde« militärische Konnotationen hat. Disziplin lautet die Antwort ... wir müssen unsere Filme in Uniformen stecken, denn der individuelle Film wird per Definition dekadent sein!

DOGMA 95 tritt dem individuellen Film entgegen, indem es ein unanfechtbares Regelwerk vorstellt, DAS GELÖBNIS DER KEUSCH-HEIT.

1960 hieß es: Genug ist genug! Der Film wurde zu Tode geschminkt, sagten sie; seitdem ist der Gebrauch von Kosmetik explodiert.

DAS »oberste« Ziel des dekadenten Filmemachers ist, die Zuschauer zu täuschen. Ist es das, worauf wir so stolz sind? Ist es das, was uns »100 Jahre« gebracht haben? Illusionen über die Emotionen vermittelt werden können? ... Durch des individuellen Künstlers freie Wahl an Tricksereien?

Vorhersehbarkeit (Dramaturgie) wurde das goldene Kalb, um das wir tanzen. Wenn das Innenleben des Charakters die Handlung rechtfertigt, ist das zu kompliziert und keine »hohe Kunst«. Wie niemals zuvor ernten oberflächliche Action und oberflächliche Filme alles Lob. Das Ergebnis ist unfruchtbar. Eine Illusion des Pathos und eine Illusion der Liebe.

Für DOGMA 95 ist der Film keine Illusion!

Heutzutage tobt ein technologischer Sturm, dessen Folge die Erhebung von Kosmetika zum Gott ist. Durch die Verwendung neuer Technologie kann jeder zu jeder Zeit die letzten Körnchen Wahrheit in die tödliche Umarmung der Sensation eintauchen. Die Illusion ist alles, hinter dem sich der Film verstecken kann.

DOGMA 95 tritt dem Film der Illusion entgegen, indem es ein unanfechtbares Regelwerk vorstellt, DAS GELÖBNIS DER KEUSCH-HEIT.

DAS GELÖBNIS DER KEUSCHHEIT:

»Ich schwöre, mich den folgenden von DOGMA 95 aufgestellten und bestätigten Regeln zu unterwerfen:

1. Drehen nur an Originalschauplätzen. Vorhandene Requisiten und Ausstattung müssen miteingebracht werden (wenn ein bestimmtes Requisit für die Geschichte notwendig ist, muß ein Drehort gefunden werden, wo sich ein solches befindet).

2. Der Ton darf niemals unabhängig vom Bild hergestellt werden und umgekehrt. (Musik darf nicht verwendet werden, es sei denn, sie entsteht dort, wo die Szene gedreht wird.)

3. Die Kamera muß von Hand gehalten werden. Jede Bewegung und Unbeweglichkeit aufgrund der Hände ist erlaubt. (Der Film darf nicht

dort stattfinden, wo die Kamera steht. Gedreht wird dort, wo der Film spielt.)

4. Der Film muß in Farbe sein. Künstliche Beleuchtung wird nicht akzeptiert. (Wenn für die Ausleuchtung zu wenig Licht vorhanden ist, muß die Szene geschnitten oder eine einzelne Lampe an der Kamera befestigt werden.)

5. Optische Hilfsmittel und Filter sind verboten.

6. Der Film darf keine oberflächliche Handlung beinhalten. (Morde, Waffen etc. dürfen nicht vorkommen).

7. Zeitliche und geographische Verfremdung sind verboten. (Das heißt, der Film findet hier und jetzt statt).

8. Genre-Filme werden nicht akzeptiert.

9. Das Filmformat muß Academy 35 mm sein.

10. Der Regisseur wird nicht aufgeführt.

Des weiteren schwöre ich als Regisseur, von persönlichem Geschmack abzusehen. Ich bin kein Künstler mehr. Ich schwöre, vom Erschaffen eines »Werkes« abzusehen, ich erachte den Augenblick für wichtiger als das Ganze. Mein oberstes Ziel ist es, die Wahrheit aus meinen Charakteren und Situationen zu erzwingen. Ich schwöre, dies mit allen zur Verfügung stehenden Mitteln und auf Kosten jeglichen guten Geschmacks und jeglicher Überlegung zu tun.

Hiermit mache ich mein GELÖBNIS DER KEUSCHHEIT.

Kopenhagen, Montag 13. März
Lars von Trier
Thomas Vinterberg

(Übersetzung: Andreas Sudmann, Quelle: s.o.)

2. Filmographische Daten FESTEN, IDIOTERNE, MIFUNE und THE KING IS ALIVE

FESTEN

Produktionsland: Dänemark
Produktionsjahr: 1998
Laufzeit: 106 Minuten (Deutschland), 105 Minuten (Dänemark)
Regie: Thomas Vinterberg (uncredited)

Drehbuch: Mogens Rukov, Thomas Vinterberg
Kamera: Anthony Dod Mantle
Schnitt: Valdis Oskarsdóttir
Casting: Marie Louise Hedegaard
Regieassistent: Eigil Jakobsen
Ton: Morten Holm, Ad Stood
Kameraassistent: Peter Hjorth (II)
Schnittassistent: Vagn Rose
Stunts: Thomas Bo Larsen
Produzenten: Birgitte Hald, Morten Kaufmann
Produktionsfirmen: Nimbus Film A/S, Danmarks Radio (DR), SVT Drama
Verleih: October Film (USA), Arthaus Film (Deutschland)

Besetzung:		
	Ulrich Thomsen	Christian
	Henning Moritzen	Helge
	Thomas Bo Larsen	Mikael
	Paprika Steen	Helene
	Birthe Neumann	Else
	Trine Dyrholm	Pia
	Helle Dolleris	Mette
	Therese Glahn	Michelle
	Klaus Bondam	Master of Ceremony
	Bjarne Henriksen	Chef
	Gbatokai Dakinah	Gbatokai
	Lasse Lunderskov	Uncle
	Lars Brygmann	Receptionist
	Lene Laub Oksen	Dead Daughter, Linda
	Linda Laursen	Birthe
	John Boas	Grandfather
	Erna Boas	Grandmother
	Brigitte Simonsen	Christian's friend
	Thomas Vinterberg	Young taxi driver (uncredited)

Auszeichnungen (Auswahl): Bodil Festival (1999, Kategorie: Best Actor: Ulrich Thomsen, Best Film: Thomas Vinterberg), Cannes Film Festival (1998, Thomas Vinterberg), European Film Awards (1998, European Discovery of the Year, Thomas Vinterberg), Guldbagge Awards (1999, Best Foreign Film), Independent Spirit Awards (1999, Best Foreign Film), Los Angeles Film Critics Association Awards (1998, Best Foreign Language Film), Lübeck Nordische Filmtage (1998, Publikumspreis der »Lübecker Nachrichten«, Baltischer Film Preis für einen nordischen Film, Interfilm Preis), New York Film Critics Circle Awards (1998, Best Foreign Language Film), Robert Festival (1999, Best Actor, Best Editing, Best Film, Best Photography, Best Screenplay, Best Supporting Actress: Birthe Neumann),

Rotterdam International Film Festival (1999, Citroën Audience Award), São Paulo International Film Festival (1998, International Jury Award – Honorable Mention)

Technische Daten: Kamera: Sony PC-7E, Filmnegativformat: Video (PAL), Vorführformat: 35 mm (Blow Up), aspect ratio: 1.33 : 1

IDIOTERNE, Idioten

Produktionsland: Dänemark
Produktionsjahr: 1998
Laufzeit: 117 Minuten (Dänemark)
Regie: Lars von Trier (uncredited)
Drehbuch: Lars von Trier
Kamera: Casper Holm, Jesper Jargil, Kristoffer Nyholm, Lars von Trier
Schnitt: Molly Marlene Stensgård
Casting: Marie Louise Hedegaard
Ton: Per Streit
Produzenten: Per Aalbæk Jensen (ausführender Produzent), Erik Schut (Co-Produzent), Marianne Slot (I) (Co-Produzentin), Vibeke Windeløv (Co-Produzentin),
Peter van Vogepoel (Co-Produzent)
Produktionsfirmen: u.a. Zentropa Entertainments (dk), Le Studio Canal+(fr), Zweites Deutsches Fernsehen (ZDF), Danmarks Radio (DR), La Sept Cinéma, Arte
Verleihfirmen: u.a. Arthaus Filmverleih (Deutschland), October Films (USA)

Besetzung:		
Bodil Jørgensen	Karen
Jens Albinus	Stoffer
Anne Louise Hassing	Susanne
Troels Lyby	Henrik
Nikolaj Lie Kaas	Jeppe
Henrik Prip	Ped
Luis Mesonero	Miguel
Louise Mieritz	Josephine
Knud Romer Jorgensen	Axel
Trine Michelsen	Nana
Anne-Grethe Bjarup Riis	Katrine
Paprika Steen	High Class Lady
Erik Wedersøe	Svend, Stoffer's Uncle
Michael Moritzen	Man from Municipality
Anders Hove	Josephine's Father
Jan Elle	Waiter
Claus Strandberg	Guide at Factory
Jens Jørn Spottag	Boss at Advertising Agency

John Martinus	Man in Morning-jacket
Lars Bjarke	Rocker #1
Ewald Larsen	Rocker #2
Christian Friis	Rocker #3
Louise B. Clausen	Rocker Girl
Anders Hans H. Clemensen	Anders, Karen's Husband
Lone Lindorff	Karen's Mother
Erno Müller	Karen's Grandfather
Louise Regitze Estrup	Louise, Karen's Sister
Britta Lotte Munk	Britta, Karen's Sister
Marina Bouras	Axel's Wife
Julie Wieth	Woman with 2 Kids
Kirsten Vaupel	Art Class Lady #1
Lillian Tillegren	Art Class Lady #2
Birgit Conradi	Art Class Lady #3
Albert Wichmann	High Class Man
Peter Frøge	Man in the Swimmingpool
Bent Sørensen	Taxi Driver
Jesper Sønderaas	Svendsen at Advertising Agency
Ditlev Weddelsborg	Severin at Advertising Agency
Svend Erik Plannthin	Handicapped Person
Torben Meyrowitsch	s.o.
Lis Bente Petersen	s.o.
Palle Lorentz Emiliussen	s.o.
Axel Schmidt	s.o.
Iris Albøge	Qualified Carer
Lars von Trier	Interviewer (uncredited)

Auszeichnungen (Auswahl): Bodil Festival (1999, Best Actress: Bodil Jørgensen, Best Supporting Actor: Nikolaj Lie Kaas, Best Supporting Actress: Anne Louise Hassing), Robert Festival (1999, Best Actress: Bodil Jørgensen)

Technische Daten: Filmnegativformat: Video (PAL), Vorführformat: 35 mm, aspect ratio: 1.33 : 1

MIFUNES SIDSTE SANG, MIFUNE

Produktionsland: Dänemark
Produktionsjahr: 1999
Laufzeit: 101 Minuten (Deutschland)
Regie: Søren Kragh-Jacobsen (uncredited)
Drehbuch: Anders Thomas Jensen, Søren Kragh-Jacobsen

Kamera: Anthony Dod Mantle
Schnitt: Valdis Oskarsdóttir
Casting: Stine Bruel
Regieassistent: Christian Grønvall
Ton: Morten Degnbol, Kristian Eldnes Andersen, Hans Møller
Musik: Thor Backhausen, Karl Bille, Christian Sievert
Schnittassistent: Vagn Rose
Kameraassistenten: Philip Forbes, Erik Thal-Jantzen
Produzenten: Birgitte Hald, Morten Kaufmann
Produktionsleitung: Signe Jensen (production manager)
Produktionsfirmen: u.a. Nimbus Film (dk), Zentropa Entertainments (dk), Danmarks Radio (DR)
Verleihfirmen: u.a. Concorde Filmverleih GmbH (Deutschland)

Besetzung:	
Iben Hjejöle	Liva Psilander
Anders W. Berthelsen	Kresten
Jesper Asholt	Rud
Emil Tarding	Bjarke Psilander
Anders Hove	Gerner
Sofie Gråbøl	Claire
Paprika Steen	Pernille
Mette Bratlann	Nina
Susanne Storm	Hanne
Ellen Hillingsø	Lykke
Sidse Babett Knudsen	Bibbi
Søren Fauli	Stemmen (voice)
Søren Malling	Palle Alfons
Kjeld Nørgaard	Claires far
Kirsten Vaupel	Claires mor
Torben Jensen (II)	Ældre Kunde
Klaus Bondam	Præst
Lene Laub Oksen	Luder #1
Line Kruse	Luder #2
Sofie Stougaard	Bagerdame
Rasmus Haxen	Gerners ven
Ole Møllegaard	Gerners ven
Esben Pedersen	Den døde far
Christian Sievert	Herning
Arthur Jensen (II)	Ruds ven
Albert Pedersen	Ruds ven
Morten Flyverbom	Ruds ven
Christian Grønvall	Bartender
Jens Basse Dam	Forretningstype
Peter Rygaard	Forretningstype

Dan Paustian   Forretningstype
Elith Nulle Nykjær   Clarinet player

Auszeichnungen (Auswahl): Berlin International Film Festival (1999, Lobende Erwähnung für Iben Hjejle, Leserpreis der Berliner Morgenpost, Silberner Bär, Spezialpreis), Los Angeles International Film Festival (1999, European Film Award), Nordische Filmtage Lübeck (1999, Baltischer Filmpreis für einen nordischen Film)

Technische Daten: Filmnegativformat: 35 mm, Vorführformat: 35 mm, aspect ratio: 1.37 : 1.

(Quelle: Online im Internet: URL http://us.imdb.com; Stand: 28.11.99)

THE KING IS ALIVE

Produktionsland: Dänemark/ Schweden/ USA
Produktionsjahr: 2000
Laufzeit: 110 Minuten (Dänemark) / 108 Minuten (Frankreich)
Regie: Kristian Levring (uncredited)
Drehbuch: Anders Thomas Jensen, Kristian Levring,
William Shakespeare (KING LEAR)
Kamera: Jens Schlosser
Schnitt: Nicholas Wayman-Harris
Casting: Mali Finn, Moonyeen Lee, Bruno Levy, Joyce Nettles-
Produzenten:Christopher Ball (executive producer),
Malene Blenkov (associate producer),
Kobus Botha (line producer),
Peter Aalbæk Jensen (executive producer),
Patricia Kruijer (producer),
David Linde (executive producer),
William Tyrer (executive producer)
Vibeke Windeløv (producer)

Produktionsleitung: Kristina Kornum (production manager)
Produktionsfirmen: Danish Broadcasting Coporation (dk), Danish Film Institute (dk), Good Machine (US), Newmarket Capital Group, Nordic Film & TV Fund, SVT Drama (se), Zentropa Entertainments (dk)
Verleihfirmen: u.a. Asmik Ace Entertainment [jp], Good Machine International (non-USA), IFC Releasing (2001, USA), Newmarket Films, RCV Film Distribution (Niederlande, Belgien, Luxemburg)
Ton: Jan Juhler
Weitere Crew:

Berater Shakespeare Text: Lars Kaaber
Casting-Assistentin (USA): Lindsey Hayes
Kostümberatung (wardrobe consultant): Rosa Diaz

Besetzung:		
	Miles Anderson (I)	Jack
	Romane Bohringer	Catherine
	David Bradley	Henry
	David Calder	Charles
	Bruce Davison	Ray
	Brion James	Ashley
	Peter Khubeke	Kanana (als Peter Kubheka)
	Vusi Kunene	Moses
	Jennifer Jason Leigh	Gina
	Janet McTeer	Liz
	Chris Walker	Paul
	Lia Williams	Amanda

Auszeichnungen: Tokyo International Film Festival (2000, Best Actress Award: Jennifer Jason Leigh)

Technische Daten: Drehformat: Video, Vorführformat: 35 mm

(Quelle: Online im Internet: URL http://us.imdb.com; Stand: 16.07.01)

3. Quellenverzeichnis

Adorno, Theodor W., 1970: Ohne Leitbild. Parva Aesthetica. 4. Auflage. Frankfurt a.M.

Albrecht, Gerd, 1991: Vom Königsweg zum Marterpfad?. Soziologische Fragestellungen und Methoden der Filmanalyse. In: Korte, Helmut/Faulstich, Werner (Hrsg.): Filmanalyse interdisziplinär. Beiträge zu einem Symposium an der Hochschule für Bildende Künste Braunschweig. 2. Aufl. Göttingen. S. 73-89.

Armes, Roy, 1970: French Film. London, New York.

Armes, Roy, 1971: Patterns Of Realism. London (et al.).

Astruc, Alexandre, 1964: Die Geburt einer neuen Avantgarde: die Kamera als Federhalter. In: Kotulla, Theodor (Hrsg.): Manifeste Gespräche Dokumente, Bd. 2: 1945 bis heute, München. S. 111-115 (Original: Astruc, Alexandre: »Naissance d' une nouvelle avant-garde: La Caméra-Stylo. In: L'Ecran Français, No. 144, Paris, 30. März 1948, Deutsch von Annemarie Czaschke).

Balázs, Béla, 1982: Schriften zum Film. Bd. I »Der sichtbare Mensch«. Kritiken und Aufsätze 1922-1926. München.

Bazin, André, 1975: Was ist Kino? Bausteine zur Theorie des Films. Köln.

Becker, Wolfgang/Schöll, Norbert, 1983: Methoden und Praxis der Filmanalyse. Opladen (Schriftenreihe des Instituts Jugend, Film, Fernsehen. Bd. 5).

Benjamin, Walter, 1974: Gesammelte Schriften Bd. I.2. Frankfurt a.m.

Beyerle, Monika/Brinckmann, Christine N. (Hrsg.), 1991: Der amerikanische Dokumentarfilm der 60er. Direct Cinema und Radical Cinema. Frankfurt a.M., New York (Campus: Forschung. Bd. 659: Schriftenreihe des Zentrums für Nordamerika-Forschung (ZENAF). Universität Frankfurt. Bd. 15).

Beyerle, Monika, 1997: Authentisierungsstrategien im Dokumentarfilm. Das amerikanische Direct Cinema der 60er Jahre. Trier. (Crossroads. Bd. 14). Zugl. Frankfurt. Univ. Diss.1996.

Brecht, Bertolt, 1964: Schriften zum Theater. Bd. 7. 1948-1956. Frankfurt a.M..

Ders., 1967a: Gesammelte Werke 15. Schriften zum Theater. Bd. 1. Frankfurt a.M..

Ders., 1967b: Gesammelte Werke 18. Schriften zur Literatur und Kunst. Bd. 1. Frankfurt a.M..

Ders., 1967c: Gesammelte Werke 19. Schriften zur Literatur und Kunst. Bd. 2. Frankfurt a.M..

Ders., 1973: Arbeitsjournal. Bd. 1. 1. Auflage. Frankfurt a.M..

Bremer, Thomas, 1979: Den Menschen neuschaffen. Kriegserfahrung und Sozial-problematik im neorealistischen Roman In: Text+Kritik. Zeitschrift für Literatur. Italienischer Neorealismus. H. 63, Juli 1979. S. 3-18.

Bundesarbeitsgemeinschaft für Jugendfilmarbeit und Medienerziehung, 1985: Nouvelle Vague. Filmrevolution damals zorniger junger Männer. Aachen.

Chiellino, Carmine, 1979: Der neorealistische Film. In: Text+Kritik. A.a.O.. S. 19-31.

Cotta Vaz, Mark/Duignan, Patricia Rose, 1996: Industrial Light&Magic. Into the digital Realm. Lucasfilm Ltd. (LFL). New York.

Crane, Diana, 1992: The Production of Culture. Media and the Urban Arts. Newbury Park, London, New Delhi.

Decker, Christof, 1996: Black Natchez (1966), Panola (1970), One Step Away (1968): Das gesellschaftskritische Direct Cinema von Ed Pincus und David Neuman. Trier: WVT Wissenschaftlicher Verlag Trier. (Studien zum amerikanischen Dokumentarfilm; Bd. 5).

Elsaesser, Thomas, 1998a: Cinema Futures: Convergence, Divergence, Difference. In: Elsaesser, Thomas/Hoffmann, Kai (Hrsg.): Cain, Able or Cable? The Screen Arts in the Digital Age. Amsterdam: Amsterdam University Press. S. 9-26.

Ders., 1998b: Digital Cinema: Delivery, Event, Time. In: Elsaesser, Thomas/Hoffmann, Kai (Hrsg.): Cain, Abel or Cable?. A.a.O.. S. 201-222.

Ders., 1998c: Specularity and Engulfment. Francis Ford Coppola and Bram Stoker's Dracula. In: Neale, Steve/ Smith, Murray: Contemporary Hollywood Cinema. London, New York.

Faulstich, Werner, 1991: Medientheorien. Einführung und Überblick. Göttingen.

Ders., 1995: Die Filminterpretation. 2. Auflage. Göttingen.

Feldvoß, Marli, 1999: Das Fest. In: epd Film 1/99. S. 41-42.

Forst, Achim, 1998: Breaking the dreams. Das Kino des Lars von Trier. Marburg.

Friedman, Lester, 1993 (Hrsg.): British Cinema and Thatcherism. Fires were started. London.

Gelmis, Joseph, 1970: The Film Director as Superstar. New York.

Gersch, Wolfgang, 1975: Film bei Brecht. Bertolt Brechts praktische und theoretische Auseinandersetzung mit dem Film. 1. Auflage. München.

Gitlin, Todd, 1992: »World Leaders: Mickey, et. al.« New York Times. May 3, 1992, 1 ff.

Gööck, Michael, 1999: Fotografie und Authentizität. Bemerkungen zu *Breaking the Waves*. In: Prümm, Karl et al. (Hrsg.): Kamerastile im aktuellen Film. Berichte und Analysen. Marburg. S. 131-138.

Grafe, Frieda, 1996: Eine Rückwärtsbewegung mit einer gewissen Tendenz nach vorn. In: Dies. (Hrsg.): Nouvelle Vague. Wien: hunderjahrekino. Viennale. Filmcasino. S. 7-16.

Gregor, Ulrich, 1966: »Interview mit François Truffaut«. In: Wie sie filmen. Fünfzehn Gespräche mit Regisseuren der Gegenwart. Gütersloh. S. 138-187.

Hamilton, Jake (Texte), 1998: Spezialeffekte in Film und Fernsehen. Nürnberg.

Happel, Reinhold, 1980: »Kuhle Wampe oder Wem gehört die Welt«. Eine exemplarische Analyse. In: Korte, Helmut (Hrsg.): Film und Realität in der Weimarer Republik. Frankfurt a.M. S. 169-210.

Hant, Peter, 1992: Das Drehbuch. Praktische Filmdramaturgie. Waldeck.

Hauser, Arnold, 1974: Soziologie der Kunst. München.

Hickethier, Knut, 1993: Film- und Fernsehanalyse. Stuttgart, Weimar. (Sammlung Metzler. Bd. 277).

Hillier, Jim, 1994: The New Hollywood (New York: Continuum), S. 18.

Hoebel, Wolfgang, 1999: Lasst uns über Sex reden. In: Der Spiegel. Nr. 37 v. 13.9.1999. S. 282-283.

Hoffmann, Kay, 1997: Vom spektakulären Computereffekt zur unscheinbaren, alltäglichen Manipulation. In: Telepolis Nr. 2, Mannheim, Juni 1997. S. 20-30.

Ders., 1998a: Electronic Cinema: On the Way to the Digital. In: Elsaesser, Thomas/ Hoffmann, Kay (Hrsg.): Cain, Abel or Cable?. A.a.O.. S. 241-250.

Ders., 1998b: »I See, if I Believe It« – Documentary and the Digital. In: Cain, Able or Cable?. A.a.O.. S. 159-166.

Hohenberger, Eva, 1988: Die Wirklichkeit des Films. Dokumentarischer Film. Ethnographischer Film. Jean Rouch. Hildesheim et al. (Studien zur Filmgeschichte Bd. 5).

Jurga, Martin, 1997: Texte als (mehrdeutige) Manifestation von Kultur: Konzepte von Polysemie und Offenheit in den Cultural Studies. In: Hepp, Andreas/

Winter, Rainer (Hrsg.): Kultur – Medien – Macht. Cultural Studies und Medienanalyse. S. 127-143.

Kersting, Rudolf, 1989: Wie die Sinne auf Montage gehen: zur ästhetischen Theorie des Kinos/ Films. Basel, Frankfurt a.M. Zugl. Freiburg (Breisgau). Univ. Diss.1988.

Kino in Kürze, 1999 (o.V.): Kino in Kürze. »Lovers«. In: Spiegel Nr. 45 vom 8.11.1999. S. 234.

Kracauer, Siegfried, 1964: Theorie des Films. Die Errettung der äußeren Wirklichkeit. Frankfurt a.M..

Kuchenbuch, Thomas, 1978: Filmanalyse. Theorien. Modelle. Kritik. Köln.

Lachat, Pierre, 1999: Familienbande Familienschande. In: Filmbulletin, Winterthur, 40. Jg.. H. 220. Februar 1999. S. 28-29.

Löwenthal, Emmi, 1999: Wenn Filme von der Festplatte kommen. Digitale Revolution mischt Kino auf. In: Neue Presse Nr. 177 v. 2.08.1999. S. 23.

Lohmeier, Anke-Marie, 1996: Hermeneutische Theorie des Films. Tübingen (Medien in Forschung + Unterricht. Ser. A. Bd. 42).

Lotman, Jurij M., 1977: Probleme der Kinoästhetik: Einführung in die Semiotik des Films. 1. Auflage. Frankfurt a.M..

Ders., 1981: Die Struktur literarischer Texte. 2. Auflage. München.

Lux, Claudia, 1995: Die Abkehr vom traditionellen Kino in den Filmen der Nouvelle Vague unter Berücksichtigung der Darstellung der Frau. Coppengrave (Aufsätze zu Film und Fernsehen. Bd. 11).

Manovich, Lev, 1997: What is Digital Cinema? In: Blimp, Graz. H. 37. S. 30-38.

Meder, Thomas, 1993: Vom Sichtbarmachen der Geschichte: der italienische »Neorealismus«; Rossellinis PAISA und Klaus Mann. München. Zugl.: Berlin. Techn. Univ. Diss.1991.

Medienwerkstatt Freiburg, 1988: Videofront. In: Petermann, Werner/Thoms, Ralf (Hrsg.): Kino-Fronten. 20 Jahre '68 und das Kino. München. S. 83-100.

Monaco, James, 1995: Film verstehen. Kunst, Technik, Sprache, Geschichte und Theorie des Films und der Medien. Mit einer Einführung in Multimedia. Überarb. u. erweit. Neuausgabe. Reinbek.

Peitz, Christiane, 1999: Die Befreiung der Bilder. Thomas Vinterberg und sein Film »Das Fest«. Ein Porträt. In: Die Zeit. Nr. 2 v. 7.01.1999. S. 31.

Richter, Hans, 1979: Der Kampf um den Film. Für einen gesellschaftlich verantwortlichen Film. Frankfurt a.M..

Reichow, Joachim (Hrsg.), 1983: Film in Frankreich. Berlin.

Schändlinger, Robert, 1998: Erfahrungsbilder. Visuelle Soziologie und dokumentarischer Film. Konstanz. (Band ... (sic!) der Reihe: Close up. Bd. 8). Zugl.: Frankfurt a.M.. Univ. Diss. 1995 u.d.T.: Schändlinger, Robert: Dokumentarfilm und Sozialwissenschaften.

Schlöndorff, Volker, 1999: Der Verlust der Liebe. In: Der Spiegel. Nr. 7 v. 15.2.1999. S. 196-197.

Seeßlen, Georg, 1999: Aufbruch in die Sackgasse. Die dänischen Dogma-Filme. Radikaldilettantismus oder Utopieverrat? Eine Zwischenbilanz. In: Die Zeit. Nr. 28 v. 8.7.1999. S. 43.

Streiter, Anja, 1995: Das unmögliche Leben: Filme von John Cassavetes. Berlin.

Thal, Ortwin, 1985: Realismus und Fiktion. Literatur- und filmtheoretische Beiträge von Adorno, Lukács, Kracauer und Bazin. 1. Auflage. Dortmund.

Thompson, Kristin, 1999: Storytelling In The New Hollywood. Understanding Classical Narrative Technique. London, Cambridge, Massachusetts.

Truffaut, François, 1964: Eine gewisse Tendenz im französischen Film. In: Kotulla, Theodor: Manifeste Gespräche Dokumente, Bd. 2. A.a.O.. S. 116-131 (Original: Truffaut, François: Une certaine tendance du cinéma français. In:»Cahiers du Cinéma, No. 31, Paris, Januar 1954, Deutsch von Annemarie Czaschke).

Tudor, Andrew, 1977: Filmtheorien. Frankfurt a.M.

Turner, Graeme, 1988: Film as Social Practice. London, New York.

Weingarten, Susanne, 1999: Maskenball des Grauens. In: Der Spiegel. Nr. 2/99. S. 174-175.

Winkler, Hartmut, 1994: Tearful reunion auf dem Terrain der Kunst? Der Film und die digitalen Bilder In: Paech, Joachim: Film, Fernsehen, Video und die Künste. Strategien der Intermedialität. Stuttgart, Weimar. 1994. S. 297-307.

Winter, Rainer, 1992: Filmsoziologie. Eine Einführung in das Verhältnis von Film, Kultur und Gesellschaft. München.

Zavattini, Cesare, 1972: Einige Gedanken zum Film In: Witte, Karsten (Hrsg.): Theorie des Kinos. Ideologiekritik der Traumfabrik. 1. Auflage. Frankfurt a.M. 1972. S. 202-220.

Internet-Quellen

Bouzet, Ange-Dominique, 1998: Un »festen« de rosses. Une famille, un secret, et un film grinçant de Vinterberg. In: Libération, 23.12.1998. URL: http://www.liberation.fr/cinema/9812/li-fete981223.html [Stand: 6.12.99] (Dt. Übersetzung: Barbara Lange, Colmar).

Bullet Time Walk Through, 1999: »Website The Matrix«. Bullet Time Walk Through. Online im Internet. URL: http://www.whatisthematrix.com/cmp/sfx-bullet_text.html [Stand: 6.12.99].

Christen, Gabriela, 1999: Beschraenkungen inspirieren mich. Der Regisseur Thomas Vinterberg zum Manifest Dogma 95 und zu seinem neuen Film. In: Zoom (CH) 2/99. URL: http://www.zoom.ch/kritik/iw_vint.htm [Stand: 6.12.99].

Curtis, Quentin, 1999: Raw power of the new guerilla film-making. In: Telegraph (UK), 5.03.1999. URL: http://www.telegraph.co.uk/et?ac=

002173972726383&rtmo=VMSrfK&atmo=99999999&pg=/et/99/3/5/
bfqc05.html [Stand: 6.12.99; Registrierung erforderlich].

Dogme Directors to do joint Millenium film live on New Years Eve 2000, 1999: »Website Dogme 95«. Dogme Directors to do joint Millenium film live on New Years Eve 2000. URL: http://www.dogme95.dk/news/newyears/ newyears.htm [Stand: 6.12.99].

Ebert, Roger, 1998: The Celebration. In: Chicago Sun-Times, ohne Datum. URL: http://www.suntimes.com/ebert/ebert_reviews/1998/11/111301.html [Stand: 6.12.99].

Guilloux, Michel: Toutes les joies de la famille. In: L'Humanité, 19.05.98. URL: http://www.humanite.presse.fr/journal/1998/1998-05/1998-05-19/1998-05-19-065.html [Stand: 6.12.99] (Dt. Übersetzung: Barbara Lange, Colmar).

Guthman, Edward: Intense »Celebration« Descends Into Darkness. In: San Francisco Chronicle, 30.10.1998. URL: http://www.sfgate.com/cgi-in/ article.cgi?/file=/chronicle/archive/1998/10/30/DD68105.DTL [Stand: 6.12.99].

Hairapetian, Marc, 1999a: Die Stimmen im Dunkeln. »Das Fest« und andere problematische Film-Synchronisationen. In: Die Welt, 13.04.1999. URL: http://www.welt.de/archiv/1999/04/13/0413ku06.htm [Stand: 6.12.99].

Hairapetian, Marc, 1999b: »Ich bin dem Dogma nicht zwangsverpflichtet«. In: Berliner Morgenpost, 7.01.1999. URL: http://archiv.berliner-morgen-post.de/export-home/netscape/docsroot/contents/bm/archiv1999/ 99107/feuilleton/story04.html [Stand: 7.12.99].

Heybrock, Mathias, 1999: Hier ist alles nackt und bloß. In: Tages-Anzeiger (CH), 8.02.1999. URL: http://www.smd.ch/cgi-bin/ta/smd_dok.cgi ?RA1999020901614 [Stand 6.12.99].

Higgins, Poly, 1999: The Celebration. In: Tucson Weekly, 11.09.1998. URL: http:// weeklywire.com/filmvault/tw/c/celebration the1.html [Stand: 6.12.99].

Jacobs, Leo, 1998: Helden müssen schießen. In: Die Zeit, Nr. 18, 1998. URL: http:/ /www.archiv.zeit.de/zeit-archiv/daten/pages/filminter.tct.19980423.html [Stand: 6.12.99].

Kampp, Steffen/Kleiner, Allan Heleskov, 1998: Verden er fuld af ordener. In: Filmagasinet Scope, 18.08.1998. URL: http://www.scope.dk/redaktionelt/ raafilmdk/artikler/vinterberg/tekst.html [Stand: 6.12.99]; (Dt. Überset-zung: Stephan A. Glienke, Hannover).

Kirkland, Bruce, 1999: A raw and exceptional Celebration. In: Toronto Sun, 7.11.1998. URL: http://www.canoe.ca/JamMoviesReviewsC/ celebration_kirkalnd.html [Stand: 6.12.99].

Kragh-Jacobsen, Søren et al, 1999.: How To make A Dogme95-Film. Press Release vom 18.10.99. URL: http://www.dogme95.dk/how_to/how_to.htm [Stand: 6.12.99].

Lederle, Josef, 1999: Das Fest. In: Film-Dienst, 1/99. URL: http://www.film-dienst.de/lex/f/fest_das.html [Stand: 6.12.99].

Levy, Shawn, 1998: Forswearing convention, celebrating invention. In: The Oregonian, 13.11.1998. URL: http://www.oregonlive.com/ent/movies/9811/mv981113_celebration.html [Stand: 6.12.99].

Rothe, Marcus, 1999: »Wir haben einen Stein ins Wasser geworfen« In: Neue Zürcher Zeitung, 10.06.1999. URL: http://www.nzz.ch/online/01_nzz_aktuell/feuilleton/film/film1999/film9902/fi990205interview_vinterberg.htm [Stand: 7.12.99].

Rundle, Peter, 1999: It's too late. Exzerpt eines Interviews mit Thomas Vinterberg vom 04.11.1999. URL: http://www.dogme95.dk/menuset.htm

Schulz-Ojala, Jan, 1999: Der Winter des Patriarchen. Dänische Kino-Revolution: Thomas Vinterbergs »Fest« und das Regiekonzept »Dogma 95«. In: Der Tagesspiegel (Berlin), 7.01.1999. URL: http://www.tagesspiegel-berlin.de/archiv/1999/01/06ku-ki-16148.html [Stand: 6.12.99].

Schwager 2000, Robert Towne-Interview. URL: http://mrshowbiz.go.com/interviews/439_1.html [Stand 28:08.00]

Turran, Kenneth, 1998: The ›Celebration‹ (›Festen‹). In: Los Angeles Times, 16.10.1998. URL: http://www.calenderlive.com/search/s97_...arch97admimg%2FTheme=&Company=LA+Times [Stand: 29.05.99].

Ulrich, Allan, 1998: »Celebration«: Something rotten in Denmark. Dark, Curdled look at decay in a wealthy family. In: San Francisco Examiner, 30.10.1999. URL: http://www.sfgate.com/cgi-bin/article.cgi?file=/examiner/archive/1998/10/30/WEEKEND4637.dtl&type=printable [Stand: 6.12.99].

Zander, Peter, 1999a: Zeugen der Anklage. In: Berliner-Morgenpost, 7.01.99. URL: http://archiv.berliner-morgenpost.de/export/home/netscape/docsroot/contents/bm/archiv1999/feuilleton/story03.html [Stand: 6.12.99].

Ders., 1999b: Die zehn Verbote. Freiwillige Selbstbeschränkung: Lars von Trier erlebt Dogma 95 als Erlösung. In: Berliner Morgenpost, 22.04.1999. URL: http://archiv.berliner-morgenpost.de/export/home/netscape/docsroot/contents/bm/archiv1999//990422/feuilleton/story00.html [Stand: 6.12.99].

4. Danksagung

Für die freundliche Unterstützung bei der Realisierung dieses Buches bedanke ich mich bei:

Thomas Vinterberg, Mogens Rukov, Birthe Neumann, Rick Schmidt, Anne Louise Hassing, Jesper Asholt für die Interviews und Hintergrundinformationen,

David Nielsen, Steffen Raastrup Jensen und René @ Nimbus Film für ihre schier unerschöpfliche Geduld,

für die Übersetzungen aus dem Französischen und Dänischen bei Barbara Lange und Stephan A. Glienke, außerdem Thora Jahn, Birgit Franke und Esther Kilian für die Korrektur- und Oliver Heins für das Layoutarbeiten,

für die Bereitstellung der Dialogbücher und Videos bei Kristina Angerstein (Arthaus), Alexandra Schlüter (Concorde Filmverleih) und Alexandra Tunger (Senator Filmverleih),

für Betreuung und Beratung bei Lutz Hieber und Heinz Berger von der Universität Hannover, sowie Helmut Korte (Georg-August-Universität Göttingen), Achim Forst (3sat) und Georg Seeßlen.

Besonderer Dank gilt Wolfgang Lenk, der die Veröffentlichung der Arbeit ermöglicht hat und Kirsten Jahn für die Diskussionen und Anregungen.

Kultur und Gesellschaft

Herausgegeben von Heinz Brüggemann und Wolfgang Lenk

Band 3
Thomas Köhler
Reflexivität und Reproduktion
Zur Sozialtheorie der Kultur der Moderne nach Habermas und Bourdieu
ISBN 3-930345-31-5
360 Seiten
56 DM / 28 €
Aus einer komplementären Kritik der Gesellschaftstheorien von Jürgen Habermas und Pierre Bourdieu wird versucht, eine neue Grundlage für eine Kultursoziologie zu entwickeln, die dazu beitragen soll, die Kämpfe um Anerkennung in der kulturellen Moderne einer schärferen begrifflichen Analyse unterziehen zu können.

Vorschau Frühjahr 2002

Band 4
Heinz Brüggemann
Architekturen des Augenblicks
Raum-Bilder und Bild-Räume einer urbanen Moderne in Literatur, Kunst und Architektur des 20. Jahrhunderts.

Band 5
Hartmut Gieselmann
Der virtuelle Krieg im Computerspiel
Verschwimmen die Grenzen zwischen Wirklichkeit und Spielwelt?

Weitere Bände

Wolfgang Lenk (Hrsg.), Kultursoziologische Studien. Ein Lesebuch.

Kritische Theorie und politischer Eingriff

Herausgegeben von Wolfgang Lenk,
Mechthild Rumpf und Lutz Hieber

Hannover: Offizin, 1999, 702 Seiten,
geb., 59,80 DM / 29,40 €,
ISBN 3-93045-19-6

Für die kritische Theoriebildung Oskar Negts ist es unverzichtbar, Analysen nicht in objektivierender Einstellung allein vorzunehmen: Wie es um die Menschen »bestellt« ist, wie Subjekt und Objekt vermittelt sind, ist seine anhaltende Frage. Erfahrungsräume der Menschen zu antizipieren, neue zu entwickeln und mitzugestalten. um Erfahrungs-, Urteils- und Bindungsfähigkeit wirklich werden zu lassen, als kritischer und kreativer Einspruch gegen die Zurichtung des Menschen zur ökonomischen Größe und gegen die »tödlichen Verletzungen des Gemeinsinns« – das ist ein dominanter Kern von Negts gesellschaftstheoretischen Analysen in praktischer Absicht.

Oskar Negt, geb. am 1. August 1934, aufgewachsen auf einem Bauernhof bei Königsberg, 1945 Flucht und Internierung bis Ende 1947; »zweite Vertreibung« aus der DDR; letzte Schuljahre in Oldenburg; Studium der Rechtswissenschaft in Göttingen, Philosophie und Soziologie in Frankfurt/M.; ab 1964 Assistent von Jürgen Habermas, seit 1970 Professor für Soziologie an der Universität Hannover; Initiative zur Gründung der Alternativschule an der »Glocksee«.

Oskar Negt hat die Entwicklung der Bundesrepublik seit den späten fünfziger Jahren mit kritischen Kommentaren und engagierten Eingriffen begleitet. Sein politisch bewegtes Leben berührt sich zwangsläufig mit einer Fülle von Personenkreisen und Handlungssphären. Etwas von den Zielen (vielleicht auch Träumen) und den Kontexten von Negts politischen Interventionen von einem möglichst weiten Kreis derer aufschreiben zu lassen, die unmittelbar daran mitgewirkt haben, könnte vielleicht ein kleines Stück »links Geschichtsbewußtsein« hervorbringen und dem Verlust von Erfahrung entgegenarbeiten. Dieser Band ist ihm zu seinem 65. Geburtstag gewidmet.

Judentum und politische Existenz
Siebzehn Porträts deutscher Intellektueller

Hrsg. von Michael Buckmiller, Joachim Perels und Dietrich Heimann

Hannover: Offizin, 2000, 419 Seiten, geb., 32,80 DM / 16,40 €, ISBN 3-930345-21-8

Das Buch will die tätige Erinnerung an das humane Denken von Juden in Deutschland, gegen das sich die NS-Diktatur vor allem konstituierte, befördern. Daraus kann sich auch ein gewisses Richtmaß für die gegenwärtige Gestaltung unseres Gemeinwesens ergeben, das über den tagespolitischen Kampf hinausweist.

Die politische Existenz der Juden, die in diesem Band porträtiert werden, war prekär. Anerkennung, Ausgrenzung und Vernichtung war in Deutschland ihre Signatur. Einige der Intellektuellen wurden Opfer des völkischen Terrors oder töteten sich auf der Flucht vor den Schergen des Judenhasses. Im Denken der Verfemten sind die Erfahrungen, Erkenntnisse und Hoffnungen der Ermordeten in bestimmten Maße bewahrt.

Das Buch enthält Porträts von Martin Buber (W. Raupach-Rudnik), Erich Fromm (K. Christoph), Ernst Bloch (D. Horster), Robert Immanuel Geis, Max Horkheimer, Franz L. Neumannn (J. Perels), Gustav Landauer (M. Buckmiller), Walter Benjamin (H. Brüggemann), Ernst Simmel (R. Pohl), Hannah Arendt, Herbert Marcuse (G. Schäfer), Gershom Scholem (Ch. Stäblein), Ernst Fraenzel u.a.